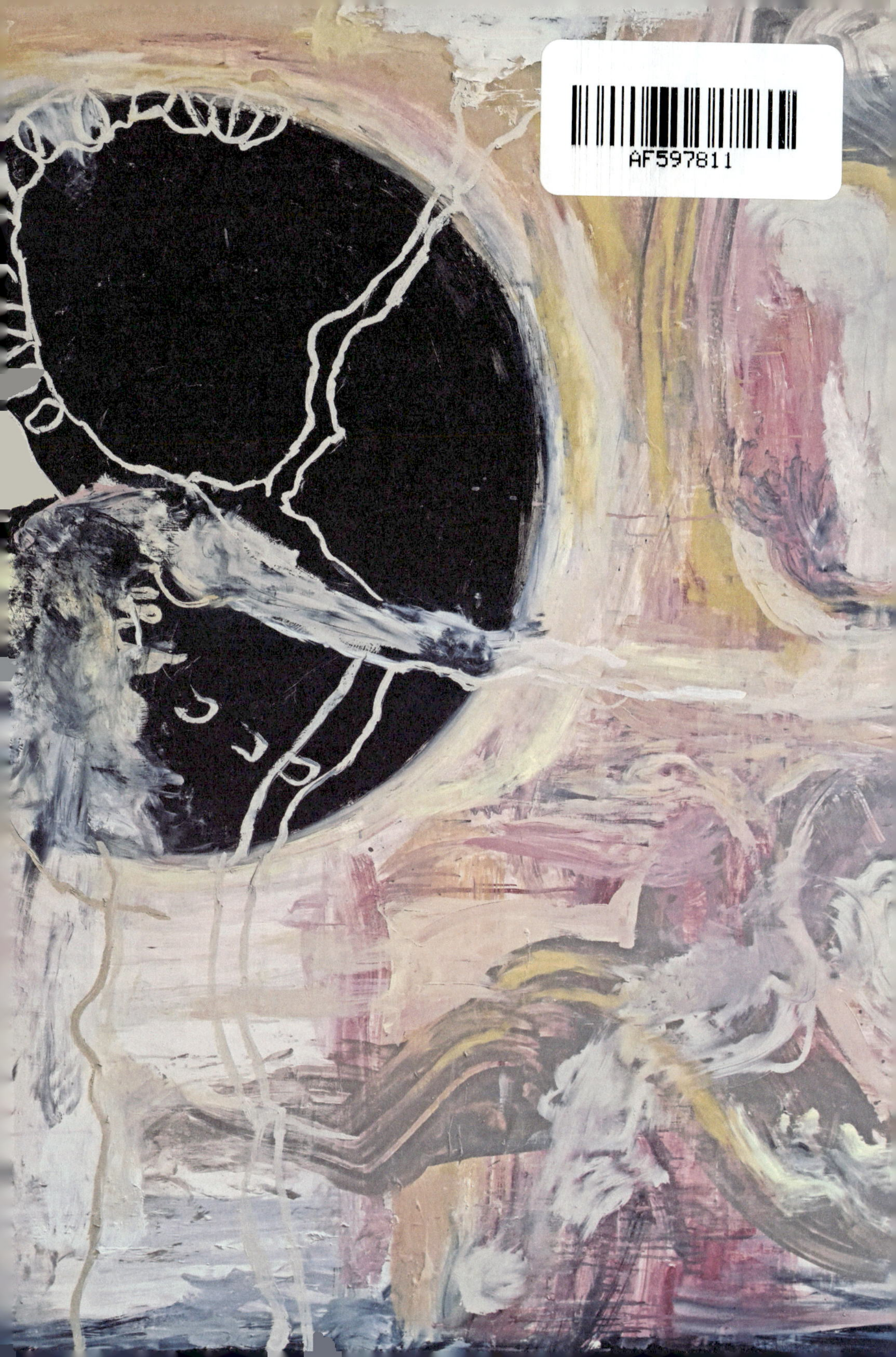

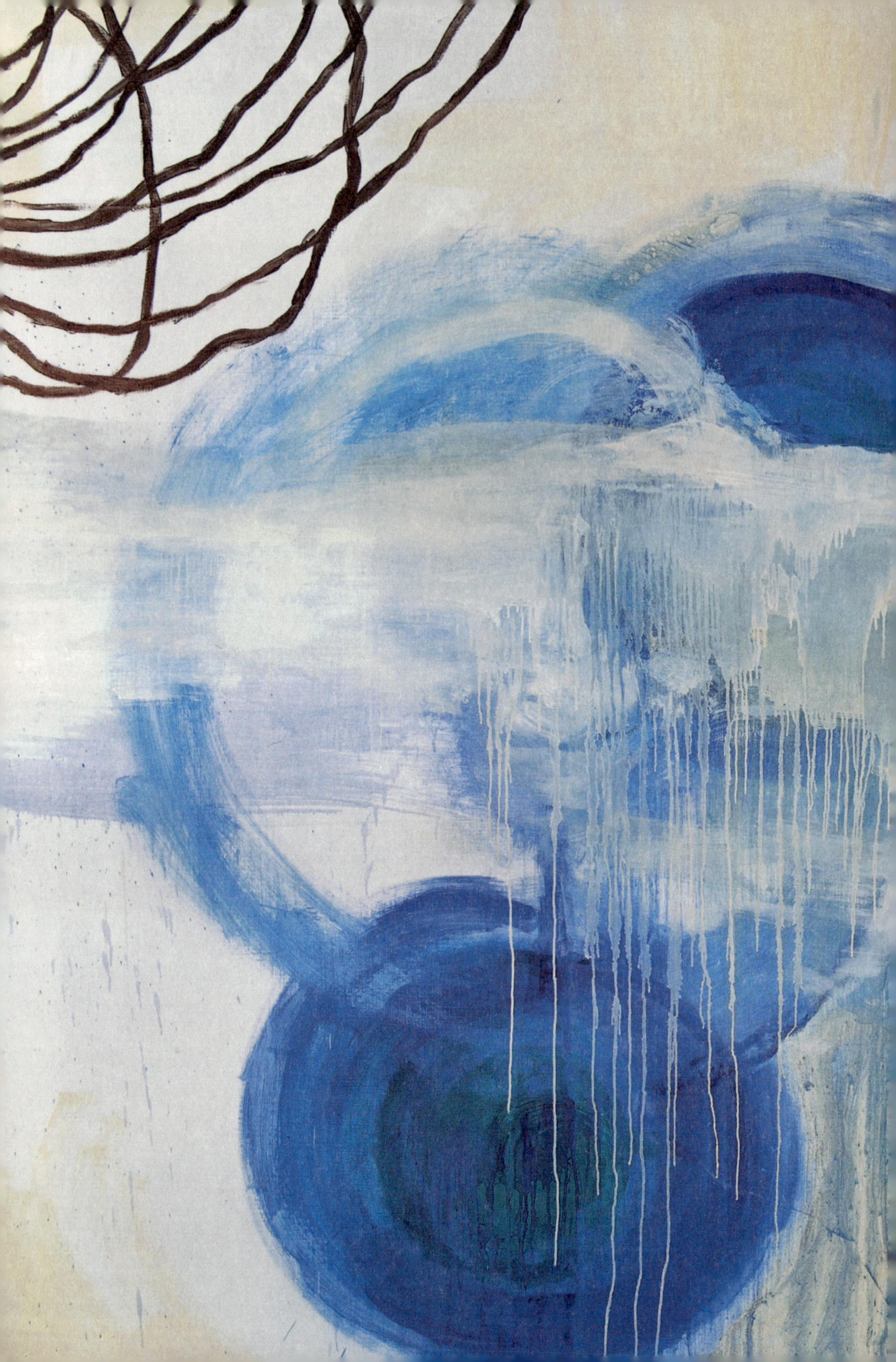

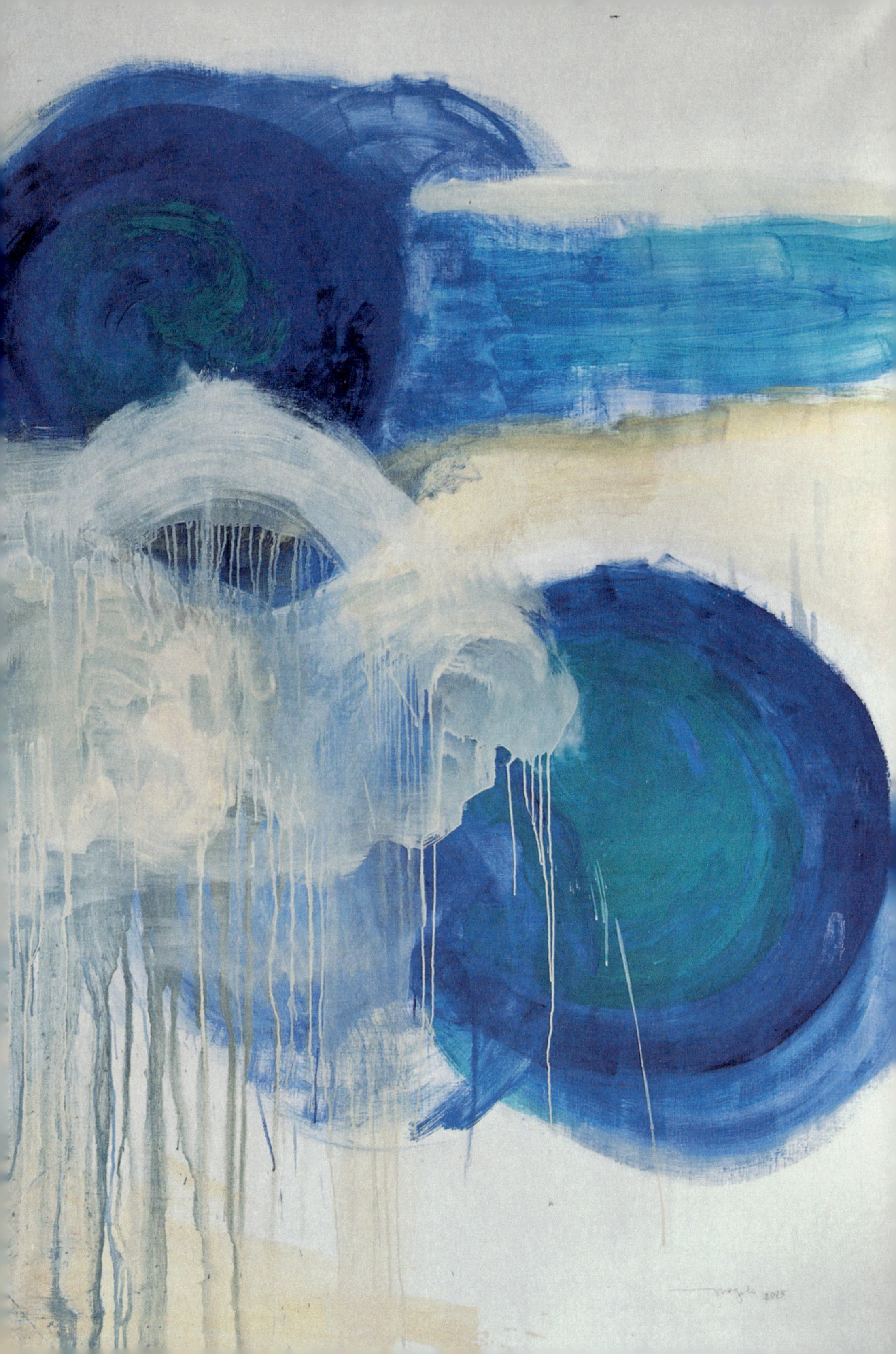

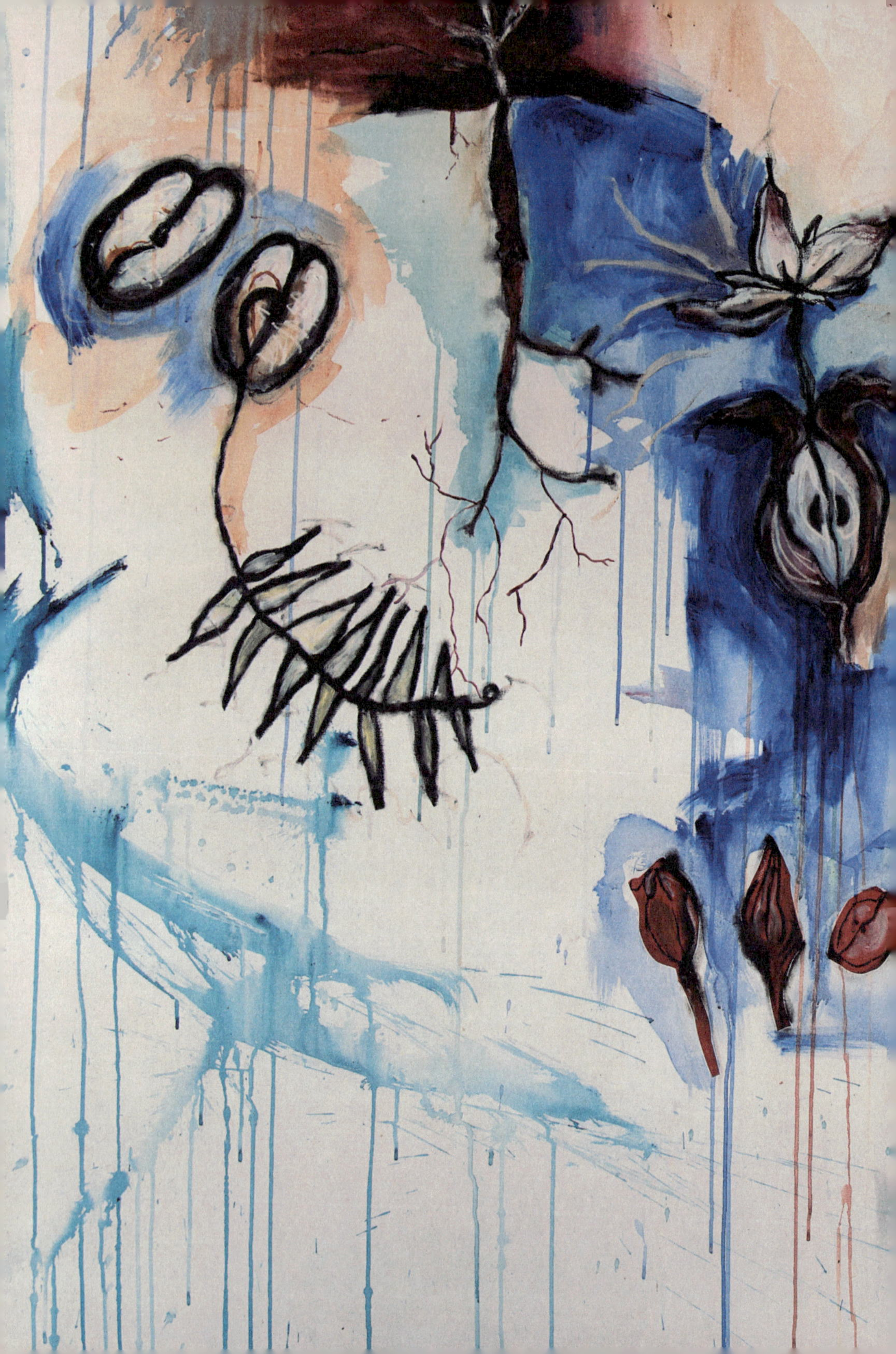

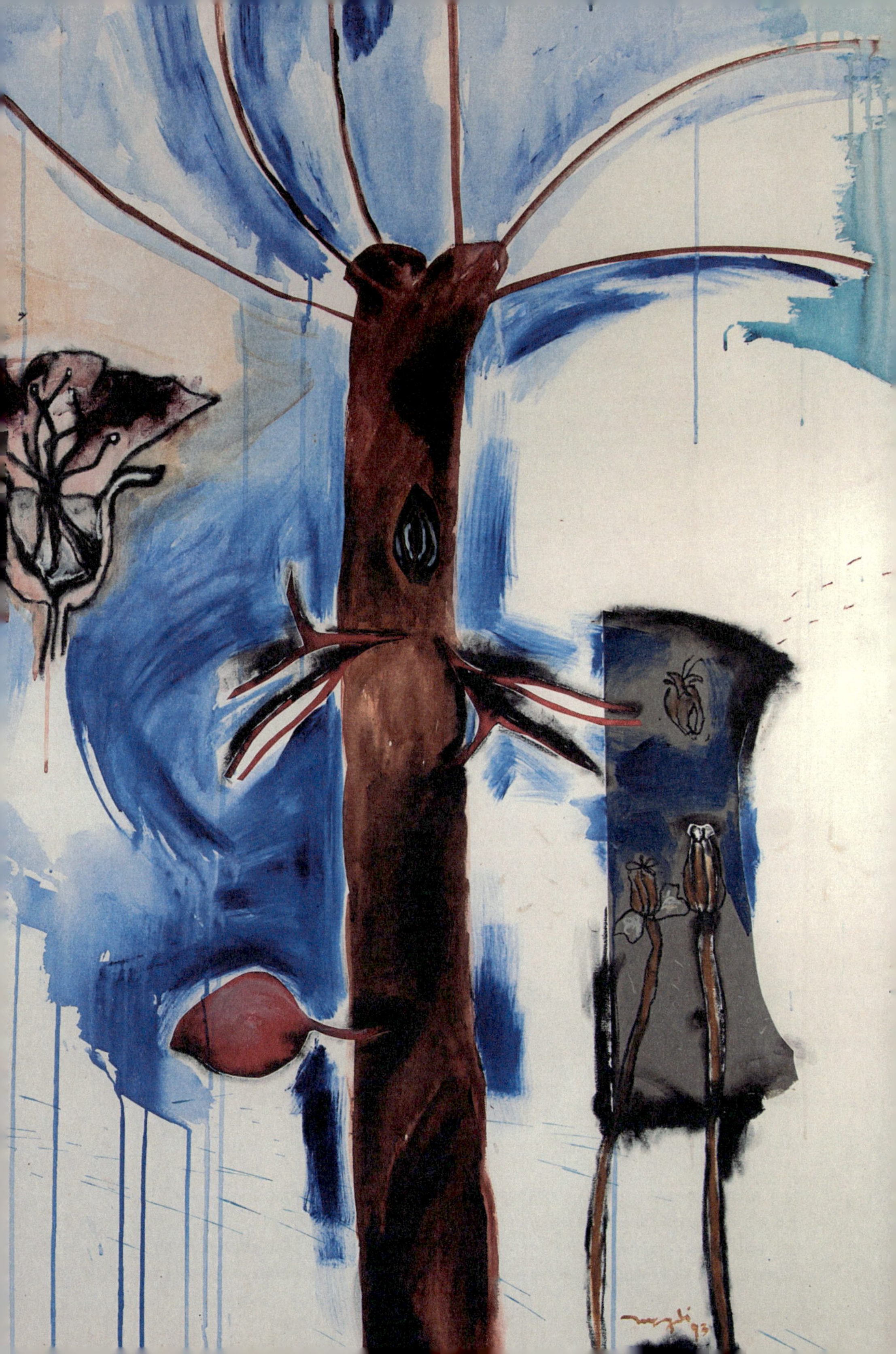

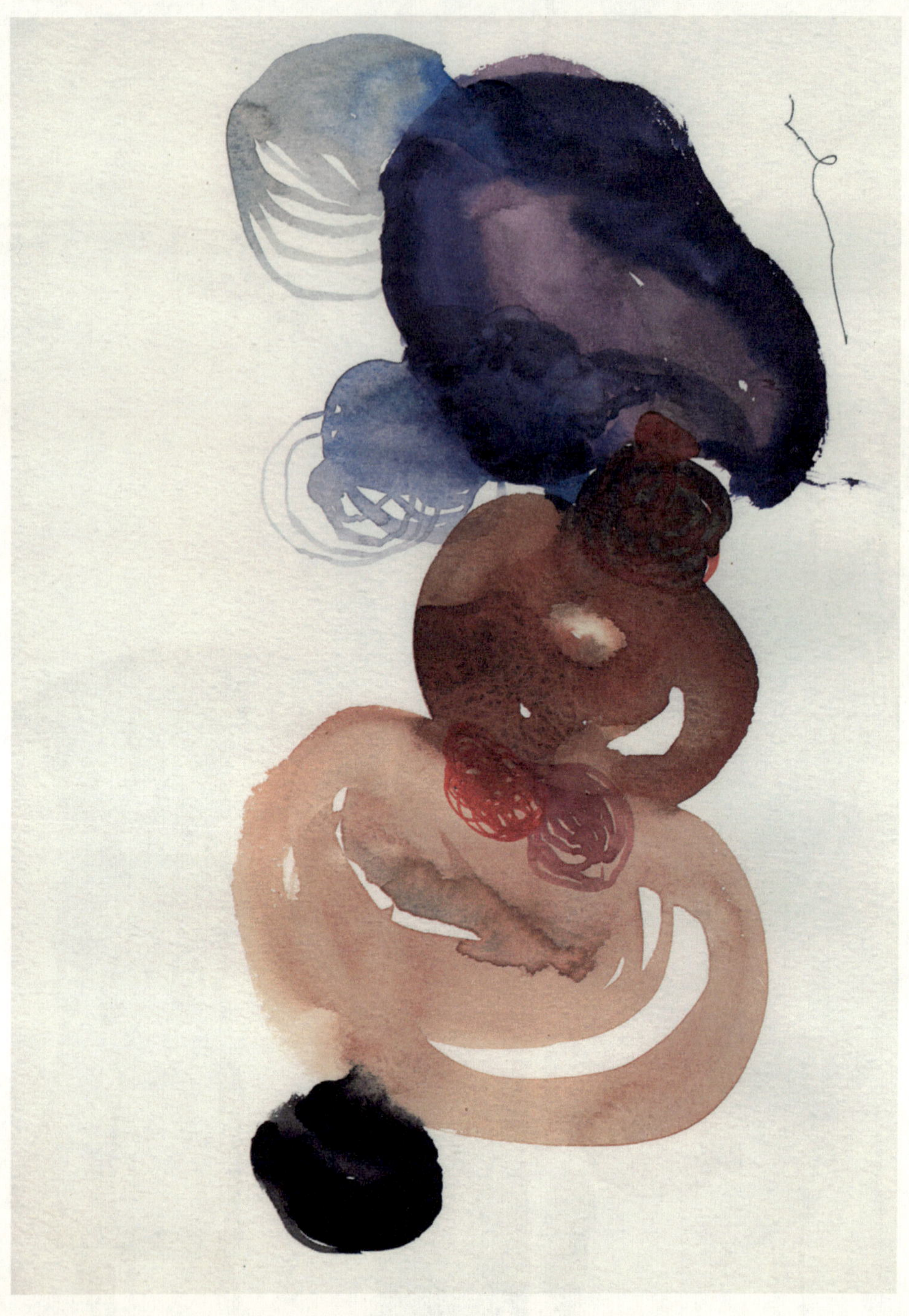

p. 1: *Noche abierta (2)* [*Open Night (2)*], 2021. Foto—Photo: Oswaldo Ruiz [Cat. 2-a]

pp. 2-3: *Futuro* [*The Future*], 2013. Foto—Photo: Francisco Kochen [Cat. 7]

pp. 4-5: *El árbol de la intuición* [*The Tree of Intuition*], 1993. Foto—Photo: Gabriel Batiz [Cat. 37]

El principio [*The Beginning*], 2012. Detalles—Details. Foto—Photo: Cortesía de la artista—Courtesy of the artist [Cat. 50]

El Museo Universitario Arte Contemporáneo (MUAC), el Patronato MUAC y el Instituto de Investigaciones Estéticas (IIE) celebran a Magali Lara, artista visual que se ha distinguido por ser una figura generosa y comprometida con la comunidad universitaria. Su contribución al arte feminista en América Latina, a través de la versatilidad de su trabajo artístico, forma parte de una trayectoria que la reconoce como artista y docente fundamental para la historia del arte en México. Le agradecemos profundamente su dedicación.

—

The Museo Universitario Arte Contemporáneo (MUAC), the Patronato MUAC and the Instituto de Investigaciones Estéticas (IIE) take this opportunity to celebrate the career of Magali Lara, a visual artist who has always demonstrated her generosity and strong commitment to the university community. Her contribution to feminist art in Latin America, over a wide range of disciplines, has earned her an important place, as both creator and teacher, in the world of Mexican art. We would like to express our profound gratitude for her dedication and support.

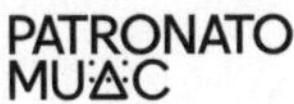

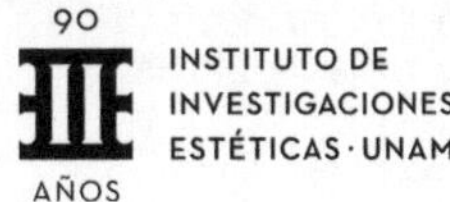

Catalogación en la publicación UNAM. Dirección General de Bibliotecas y Servicios Digitales de Información

Nombres: Lara, Magali, 1956- , artista. | Roy Luzarraga, Virginia, autor. | Medina, Cuauhtémoc, 1965- , autor. | Borowitz, Maggie, autor. | Dechant, Gregory, traductor. | Maldonado, Juan Francisco, traductor. | Moszka, Richard, 1968- , traductor. | Universidad Nacional Autónoma de México.Museo Universitario Arte Contemporáneo, institución sede.

Título: Magali Lara : cinco décadas en espiral = Magali Lara : five decades in spiral / [textos] Virginia Roy Luzarraga, Cuauhtémoc Medina, Maggie Borowitz, Magali Lara ; traducción = translation, Gregory Dechant, Juan Francisco Maldonado, Richard Moszka.

Otros títulos: Magali Lara : five decades in spiral.

Descripción: Primera edición = First edition. | Ciudad de México : Universidad Nacional Autónoma de México, Museo Universitario Arte Contemporáneo, 2025. | "Publicado con motivo de la exposición Magali Lara. Cinco décadas en espiral (5 de abril a 19 de octubre, 2025) MUAC, Museo Universitario Arte Contemporáneo ; Barcelona, España : RM Verlag, UNAM, Ciudad de México = Published on occasion of the exhibition Magali Lara: Five Decades in Spiral (April 5 to October 19, 2025) MUAC, Museo Universitario Arte Contemporáneo. UNAM, Mexico City". | Texto en español e inglés.

Identificadores: LIBRUNAM 2257645 (impreso) | LIBRUNAM 2257675 (libro electrónico) | ISBN 9788410290181 (RM Verlag) (impreso) | ISBN 9786075872605 (impreso) | ISBN 9786075872056 (UNAM) (libro electrónico).

Temas: Lara, Magali, 1956- -- Exposiciones. | Estampados mexicanos -- Siglo XX – Exposiciones. | Grabado mexicano – Exposiciones.

Clasificación: LCC NE546.L37.A4 2025 (impreso) | LCC NE546.L37 (libro electrónico) | DDC 769.92—dc23

Primera edición, 2025—First edition, 2025

Av. Universidad 3000, Ciudad Universitaria, 04510, Coyoacán, Ciudad de México
MUAC, Museo Universitario Arte Contemporáneo
Insurgentes Sur 3000, Centro Cultural Universitario, 04510, Coyoacán, Ciudad de México
www.muac.unam.mx/publicaciones

508

ISBN UNAM 978-607-587-260-5
ISBN RM Verlag 978-84-10290-18-1

Impreso y hecho en México—Printed and made in Mexico

Magali Lara

Cinco décadas en espiral
Five Decades in Spiral

MUAC · Museo Universitario Arte Contemporáneo, UNAM

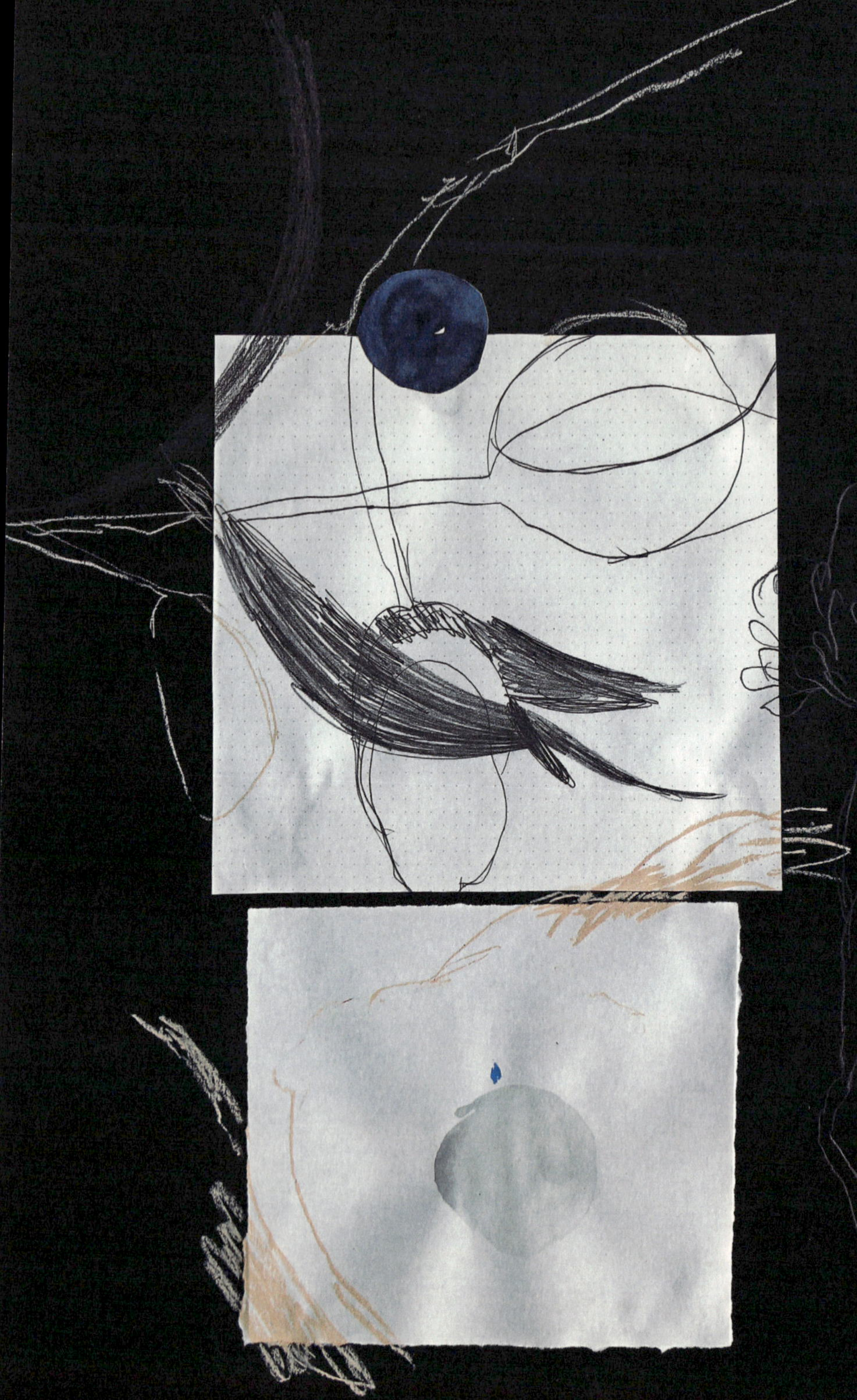

< Sin título (C001) [Untitled], 2018. Foto—Photo: Oswaldo Ruiz [Cat. 2-b]

Los dos bordes de una herida simple*

Virginia Roy Luzarraga

*Título de un dibujo de Magali Lara de la serie *Repetir* de 1997.

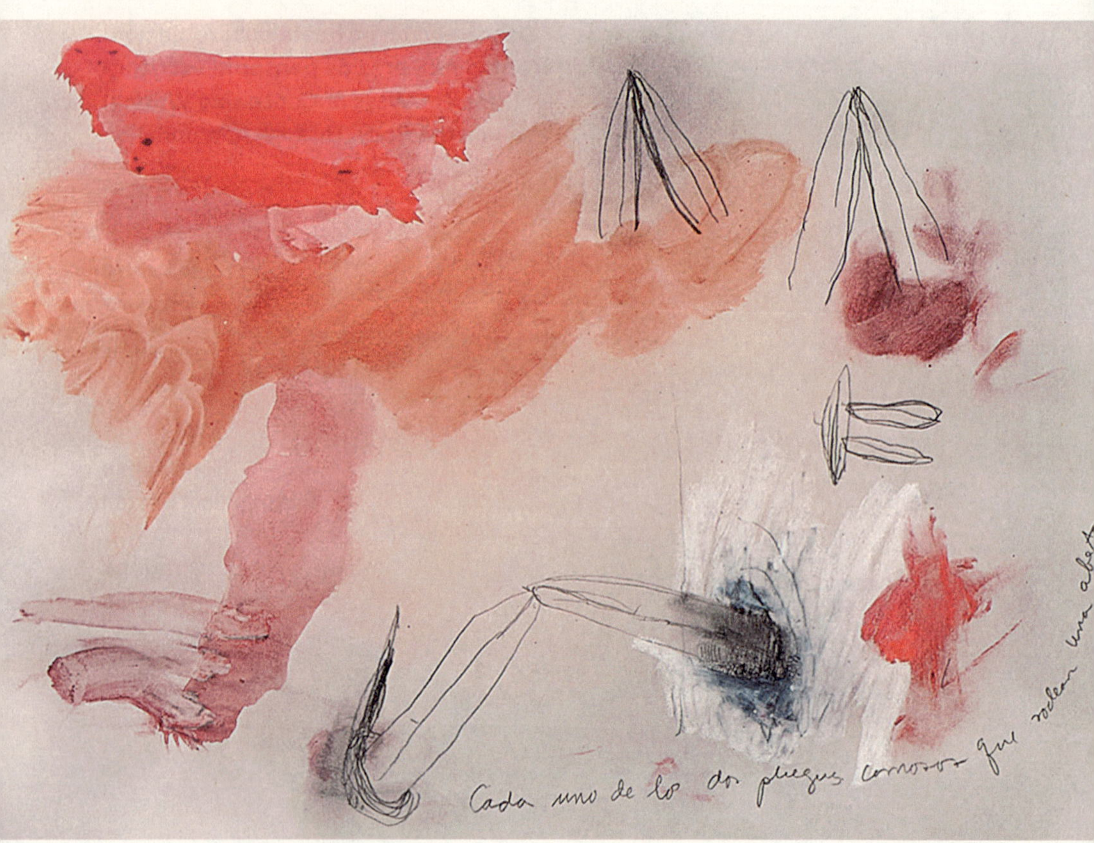

Pliegues [*Folds*], 1997. Foto—Photo: Cortesía de la artista—Courtesy of the artist [Cat. 16]

Espiral y negativo

Una espiral es una serpiente sin serpiente
enroscada verticalmente en ninguna cosa.
Fernando Pessoa

Desde la Antigüedad, existe una infinidad de definiciones y metáforas asociadas a la figura de la espiral, bien como un símbolo de fuerza creadora o destructora, o como una analogía del tiempo que abre un sinfín de alegorías. Los dos extremos abiertos de la línea pueden referir al infinito, a la circularidad o al ensimismamiento de su propia imagen.

A través de la idea de una espiral interminable, de un trazo que se prolonga, *Cinco décadas en espiral* se presenta como una retrospectiva inversa del trabajo de la artista mexicana Magali Lara. Así, la exposición inicia con unos murales realizados especialmente para la muestra y concluye con sus primeros dibujos de las décadas de 1980 y 1970. Como la línea inconclusa —en fuga— de la espiral, esta muestra revisa la búsqueda artística y espacial de Lara a lo largo de su producción; cómo la artista genera un lugar formal y plástico, pero también afectivo para proponer un territorio propio. La obra de Lara manifiesta una pulsión por aprehender una asociación arrolladora de formas, desde una configuración concreta.

Desde el inicio de su trabajo, Lara se ha interesado por la noción del *espacio opuesto*, el remanente que subyace en ausencia. Su investigación ha abordado de qué manera significar el *blanco* del lienzo y del papel y cómo denotar las pausas y los silencios imperceptibles entre pinceladas y gestos, así como los vacíos minúsculos que sobresalen entre palabras e imágenes. De este modo, su experimentación artística es la exploración de un lugar que nunca concluye, que se prolonga en espiral, esbozando un rastro en negativo que se abre y amplía hacia otras narrativas.

La muestra enfatiza la indagación en ese ritmo que emerge desde los márgenes y que conforma su propia perspectiva: “Es posible que un dibujo contenga un relato de la misma manera que una frase dice en lo no dicho”.[1] Los intervalos e intersticios sobresalen entre los elementos compositivos dentro del soporte y, también, entre el propio marco y la pared que lo enmarca. Así,

—

1— Magali Lara, “El paisaje interno: Glaciares”, en *Magali Lara. Animaciones.* Catálogo de la exposición en el Museo Amparo, Puebla, 2012, p. 27.

la pieza siempre está *en relación con*, detenida en un contexto expandido que la connota y la sitúa. Palpita de forma permanente entre el afuera y el adentro, como el espacio proyectado e insinuado de la serie *Ventanas* (1977-1978).

Por otro lado, las obras de Lara manifiestan una tensión entre la fuerza caudalosa —a veces resultante de una presencia plástica o cromática, o bien de una iconografía contundente— y una fragilidad intencionada y necesaria. Como la propia artista ha mencionado: "La pregunta para mí era: ¿de qué manera construir un espacio que permitiera integrar la vulnerabilidad?".[2] Sus obras devienen una bella suspensión: todo parece que está por caerse y desmoronarse, deshacerse, pero a la vez se sostiene, se aferran a algo.

Ese desbordamiento ocurre en una combinación de explosión y contención. Como ha analizado Néstor García Canclini:

> Tal vez sería posible desglosar dos movimientos en muchas de tus obras. Por un lado, lo que se refiere a fantasías, delirios, que es algo que se mueve en los márgenes del discurso, podríamos decir ligado al pensamiento de las subversiones. Tiene relación con la explosión de partes rojas del cuerpo que hay en muchas de tus obras: lengua, labios, sangre, corazón o metáforas del cuerpo, como serían las flores y las frutas, paisajes también rojos [...] Al mismo tiempo, hay un trabajo por la contención formal de esas explosiones; triángulos, ventanas, el tratamiento *Satori*.[3]

En esta dislocación continua, las digresiones, objetos y paisajes nunca son lo que parecen y siempre están en relación con otra lectura: las flores no son únicamente flores, los objetos domésticos tampoco, ni las palabras ni los colores. Es un artificio, una trampa de Lara, que nos obliga a ir más allá de la literalidad de la imagen y bucear en la mutación de formas, de significaciones y heridas que toman lugar.

—

2— Magali Lara, "Tallera", en *ibid.*

3— Néstor García Canclini, "El placer de volverse otro: diálogo con Magali Lara", en *Mi versión de los hechos... [Magali Lara]*, México, MUCA, UNAM, 2004, p. 55.

Escala y estructura

> *La cuestión de proporción es un tema que me apasiona.*
> *¿De qué tamaño es lo monumental?*
> *¿Dónde empieza lo nimio?*
> **Magali Lara**

Más que un acercamiento cronológico lineal, la exposición propone distintos ámbitos, agrupados aproximadamente por décadas, para mostrar los diálogos e inquietudes de la producción artística de Lara: las experimentaciones entre figuración y abstracción, las construcciones cromáticas o la aparición de diversas simbologías. Vaivenes que se modulan y mezclan a lo largo de los años y que abren un espacio en archipiélago que refleja su proceso e intereses artísticos.

Esta estructura formal en red habla de un *tempo* propio de Lara, una cercanía común y cómplice de trabajo en cada momento. Texturas donde se hilvanan y modelan tramas afectivas, sensoriales y narrativas. Como dice la misma artista: "Creo que las formas también hablan de estructuras emocionales, de maneras de entender el tiempo y el espacio".[4] Ramificaciones y germinaciones se entrelazan a modo de una inagotable conversación.

Estas cadencias, que se abren y cierran en la muestra, inician con nuevos murales, que saludan y reciben al espectador desde fuera del museo hasta el inicio del recorrido de la exposición. *La piel son nubarrones negros* (2025), título tomado del escritor Jon Fosse, y *Estiro los dedos* (2025) retoman la investigación de Lara, en sus últimos cinco años, sobre el dibujo de carbón en la pared y su exploración en planos, manchas y superficies donde las ausencias cobran relevancia. De esta disolución de formas y espacios, la muestra se sucede con la serie *El futuro* (2013-2019), que aborda el devenir del mundo y el cosmos a través de obras de círculos abstractos en secuencia, átomos informes y cadenas moleculares que aluden a la incertidumbre de ese futuro próximo. De 1990 al 2012, lo corpóreo y la herida toman preeminencia en el trabajo de Lara con la presencia de figuras en descomposición, manchas de café, garabatos de la serie *Alzheimer* (2007) o los dibujos de ojos en la serie *Llamas* (1997), los cuales se alternan

—

4— Magali Lara, "Tallera", *op. cit.*, p. 25.

con sus composiciones en gobelinos donde el tamaño realza la fuerza y las pulsiones de las cicatrices.

La inmersión en el mundo vegetal se produce en la década de 1990, donde el cuerpo de la artista se traslada al vegetal: ramificaciones, herbarios y germinaciones resultan de ese vínculo con la naturaleza. Una nueva presencia cromática permite a Lara pensar en lo natural como una ampliación del cuerpo y en la carga de estos miembros, órganos o amputaciones que refieren al erotismo.

A partir de la década de 1980, Magali incursiona en la pintura de bodegones para descomponerlos y significarlos. Este género es parte de una genealogía familiar, pues su madre y su abuela los pintaban. Se utilizan como prisma de perspectivas para hablar de los territorios interiores y lugares donde la naturaleza muerta alude a una sensualidad de deterioro y violencia. Anteriormente, entre 1980 y 1985, sus obras se habían centrado en lo que Lara ha denominado la "escatología de los sentimientos": piezas en las que retrataba excusados o baños, como espacios íntimos de aseo y limpieza, pero también de dolor y placer.

Por último, la muestra cierra con los primeros dibujos de su trayectoria y las publicaciones de esa época: su investigación sobre Frida Kahlo, la serie de *Historias de casa* (1982-1983) o *Dibujos sucios del mes de julio* (1984), en que las fuertes connotaciones que tienen los objetos domésticos reivindican el espacio del hogar como lugar de resistencia femenina, simbiosis de la precariedad y la violencia, pero también del empoderamiento. De esta manera, la exposición recoge la amplia amalgama de soportes, tamaños y disciplinas que Lara ha trabajado.

La noción de escala es clave en la obra de Magali Lara, no sólo entendida como la relación física y de proporción entre los elementos, sino también como una tensión conceptual entre éstos, desde la escala en los dibujos y pinturas, en los tapices, en las publicaciones y libros de artista o incluso en el contexto de la instalación. La correspondencia entre tamaños y medidas no sólo refleja la variedad de formatos, sino el ejercicio intelectual de pensar lo pequeño y lo grande en simultáneo. La misma etimología de la palabra *escala* (en latín proviene de *escalera* y en griego de *puerto*) refiere a esa conexión que permite el juego de recorridos y traslados entre distintos componentes. Desaparece la dicotomía constante entre distancia y cercanía, y la práctica de Lara cobra cuerpo.

De esta forma, los diferentes espacios funcionan como un universo de negociación entre medios, formas y cromatismos en el que Lara ahonda en su experimentación y transgresión de los límites plásticos y conceptuales. Más allá de un ejercicio de traducción de soportes, la artista hilvana las posibilidades expresivas de cada formato y sus acercamientos táctiles: desde la sutileza y linealidad de los dibujos hasta la pincelada y densidad de la pintura, pasando por el gramaje de los gobelinos y tapices, la secuencia y composición de los libros de artista, la inmediatez e intervención de la fotografía y el fotostato o también el acabado de la cerámica y la narración de las animaciones en la pantalla como lienzo, donde el sonido es un nuevo agente protagonista. Así, se despliega un largo etcétera creativo. Reescrituras diversas que, como nudos, se hacen y deshacen encadenando las tramas y potencialidad de sus expresiones.

Epílogo: vocabulario propio

Una de las características de la obra de Lara es la reiteración. Las formas, los trazos y los temas se concatenan y repiten, vuelven a ellas. Durante todos estos años, Magali Lara ha creado una suerte de vocabulario íntimo, un lenguaje propio y, consciente de ello, ha orquestado un glosario de ese léxico personal que se publica al final de este catálogo. Cada palabra se define a partir de experiencias biográficas, vivencias e inquietudes que la artista ha plasmado en su obra. Christine Frérot denomina la práctica de Magali Lara como una *sintaxis del tacto*: "uno se arraiga en lo real con el tacto, uno se desliza *en la herida*, en la *piel* o en la *médula*, sin abandonar jamás la *intuición*".[5]

Esas reescrituras recuperan aquello propio, la noción de pertenencia que ha sido crucial en su trayectoria. Inicialmente, Lara quiso ser escritora, pero se decantó por el arte e inició su producción en el dibujo, ya que la pintura formaba parte de un mundo oficial asfixiante, el del sistema canónico patriarcal: "Quería armar historias, pero no quería ser escritora porque me interesaba que el narrador fuera el cuerpo, el mío, que es un perfecto desconocido".[6]

—

5— Christine Frérot, "Insumisión. Magali Lara, a flor de piel", en *Intimidad del Jardín. Magali Lara, pinturas 1985-2016*. México, Centro Cultural Jardín Borda, 2017, p. 22.

6— Magali Lara, "Formas menores: una conversación a distancia entre Magali Lara y María Minera", en *Del verbo estar,* México, Museo Universitario del Chopo, UNAM 2017, p. 50.

Y sigue Lara: “Elegí dibujar porque era más cercano a ese cuerpo que no entendía del todo [...] El dibujo, como la escritura manuscrita, es un lugar entre la imagen y el texto. Y yo necesitaba algo que fuera frágil, que no tuviera la densidad de la pintura porque estaba casi afuera”.[7] No deja de ser sintomático que su entrada a la Academia de las Artes Mexicana en 2020 haya sido en el rubro de la gráfica y no en el de la pintura.

Animal, monstruo, cuerpo, lenguaje, paisaje, ojos, boca y memoria son algunos de los conceptos que han cruzado la escritura de la obra de Lara, desarrollándose de maneras diversas; mutan, se desmiembran, se fusionan; atraviesan su producción y se expanden en un mosaico de nomenclaturas y formas para devorarse unos a otros.

—

7— *Ibid.*, p. 44.

p.19: *Mis poemas (algunos) favoritos* [*(Some of) My Favorite Poems*], 1986.
Detalle—Details. Foto—Photo: Cortesía de la artista—Courtesy of the artist [Cat. 140]

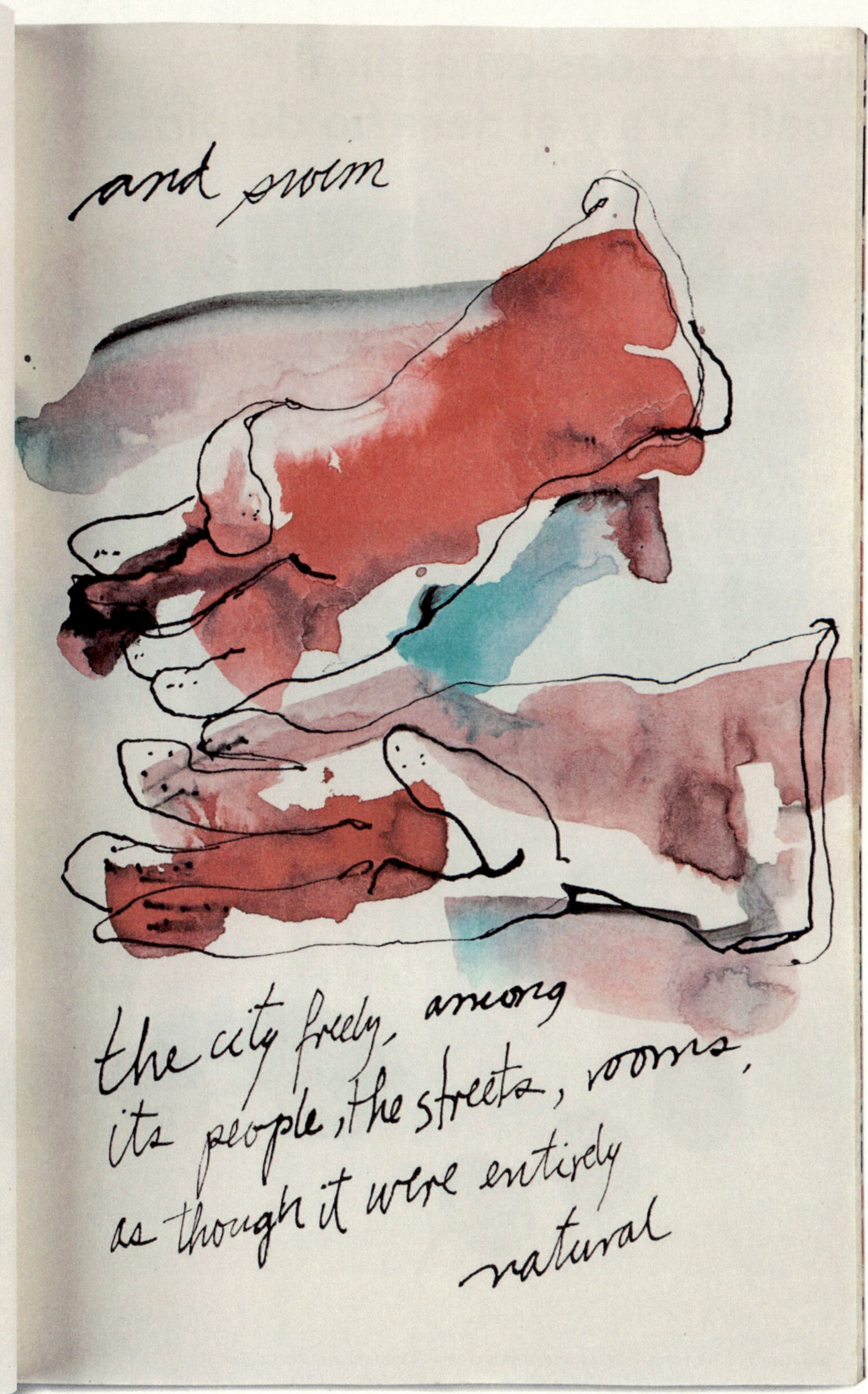
and swim
the city freely, among
its people, the streets, rooms,
as though it were entirely
natural

Cinco décadas en espiral. Magali Lara y el desafío de pintar

Cuauhtémoc Medina

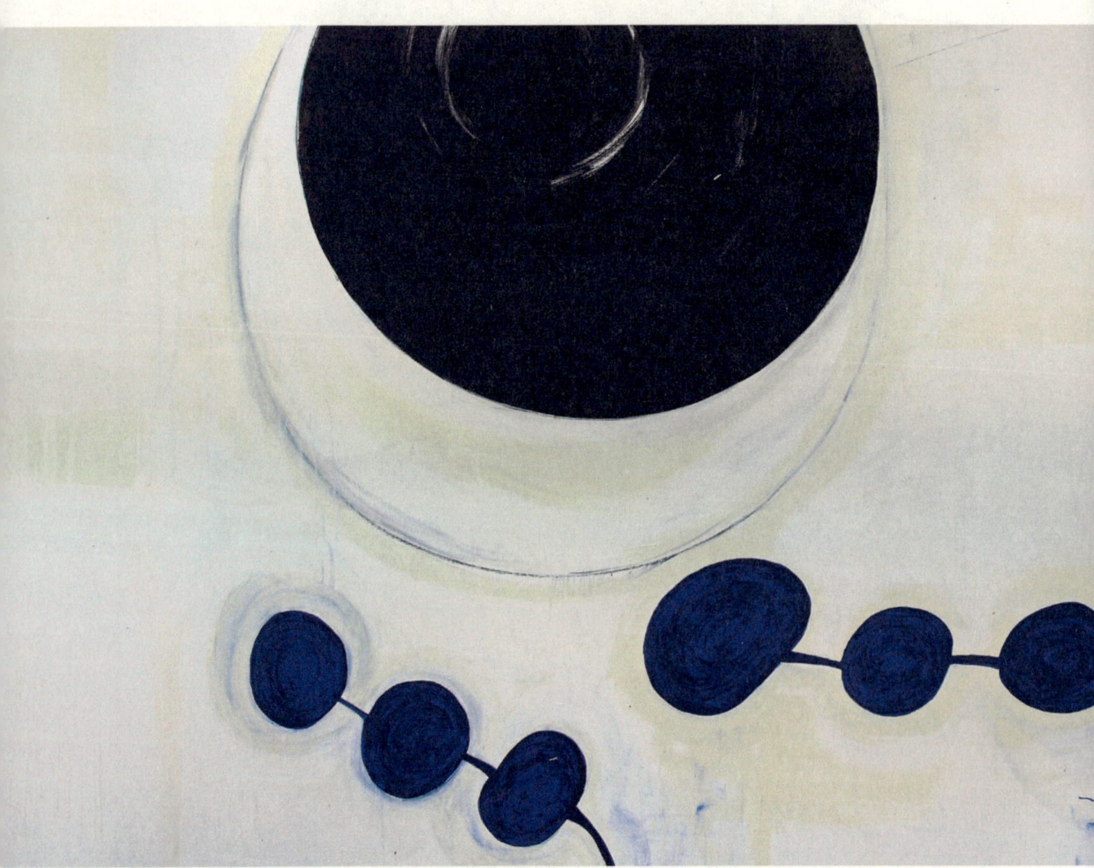

Futuro 5 [*The Future 5*], 2013. Foto—Photo: Cortesía de la artista—Courtesy of the artist [Cat. 11]

Heterogeneidad y des-artificación, *ca.* 2020

En el despunte de la década de 2020, la obra de Magali Lara tuvo una doble expansión. Por un lado, se consolidó como una de las mayores pintoras de América Latina mientras formaba parte de la constelación que agrupa la aventura feminista del sur —definida más por una serie de luchas, aventuras e interrogantes que por una doctrina— y, por otro, se potenció el espacio que ocupa su pintura. Como si la pandemia de ese año hubiera señalado la urgencia de ampliar la vastedad de su mancha, trazo y escritura, Lara empezó a extender el dibujo al muro para establecer una tensión con obras pintadas dentro de los confines de un límite tradicional. Sin duda, la existencia de la pintura más allá del marco se convirtió en un problema crucial. David Joselit citaba a Martin Kippenberger al decir que éste es el problema más importante a ser planteado en el lienzo tras Warhol: "Colgar una pintura en la pared simplemente y llamarlo arte es horrible. ¡La red entera es importante! [...] Cuando hablas de arte, entonces todo lo posible le pertenece. En una galería esto es también el piso, la arquitectura, el color de las paredes".[1]

El recorrido hecho por Magali Lara no se trató de una transición tardo-modernista que va del cuadro al muro, al espacio físico y a la arquitectura, sino de una superposición de complejidades que contenía, de modo tentativo, la creación de diálogos, ecos y contradicciones entre la obra contenida en su lindero y la creación de una serie de contextos. En la sala del Seminario de Cultura Mexicana, ubicada en la colonia Polanco de la Ciudad de México, en el verano de 2021, Lara produjo una exposición eminentemente híbrida, aunque sujeta a una producción manual, y abiertamente en resistencia al dominio de aparatos tecnológicos y posfotográficos. Cuadros gestuales y evanescentes en los que el pigmento disolvía en flujos, velos y manchas la estructura de un círculo negro descentrado, pero dominante, y los residuos de un terreno sugerido por carnaciones ocres y amarillas. Junto a esas pinturas, Lara decidió enmarcar y colgar una serie de papeles pegados negros sobre blanco e intervenidos con elementos circulares en gouache, rodeados de trazos que sugieren órbitas, sombras siderales, nubosidades y desplazamientos. Las tensiones misteriosas, sino es que precarias y a veces imposibles entre

—

1— David Joselit, "Painting beside itself", en Terry R. Myers (ed.), *Painting*, Londres/Cambridge, Whitechapel Gallery/The MIT Press, 2011, p. 218.

esos relatos visuales, se expandían a la superposición de algunos cuadros sobre intervenciones murales: presencias flotantes biomorfas, pero misteriosas, hechas en carboncillo, pintadas sobre el muro en colaboración con los artistas Luis Hidalgo y Minerva Ayón. Magali Lara describió la relación entre esas pinturas como la puesta en escena de una conversación entre las obras, como si sugiriera una relación tensa, no necesariamente articulada, entre el reflejo de dos o más sombras en planos no coincidentes.

El título de aquella muestra —*Toda historia de amor es una historia de fantasmas*— podría sugerir que estos diálogos establecen, de modo no imitativo, la creación de cadenas afectivas: el saldo de encuentros y desencuentros, amores y desamores, que atraviesan nuestra existencia.

Uno estaría tentado en pensar que la forma en que estos objetos visuales se acercan y dispersan, sin predeterminación o *definitividad,* entre esplendores y sombras, no sería ajena a los devaneos que fascinaron, por ejemplo, a Éric Rohmer a lo largo de sus *Seis cuentos morales,* realizados de 1962 a 1972: la condición arbitraria, confusa y hecha de malentendidos felices o amargos que nos impone la experiencia del deseo y el amor.[2] Reducir la complejidad de esos choques a una metáfora erótica personal sería, por supuesto, delatar nuestro simplismo. En la presentación que Lara ha hecho de esas obras también las describe como la visualización de un diálogo entre su formación originaria de pintora y el arte contemporáneo: una pareja que, como bien se sabe, tampoco está del todo bien avenida.

Postular una interpretación simbólica de estos gestos resulta desacertado, ya que más que un significado, es posible entender las obras de Magali Lara como una elaboración propiamente artística, a la vez que técnica, afectiva e intelectual. No es que la pintura diga lo indecible, pero ciertamente la experiencia ocurre al borde y desplaza lo verbal. Se trata de obras de un pensar-pintar-decir-callar-sentir. En ese sentido, la producción artística de Magali Lara es paradigmática del modo en que una obra abandona la doble ficción de la representación y su negativa a representar: se convierte en un vehículo tanto de posibilidades del medio y de la vivacidad de nuestras inquietudes como una meditación materializada. Lo característico de la obra de Lara en este último periodo es el trabajo de establecer una heterogeneidad no subsumida, no sólo de medios,

—

2— Lara reforzó esta temática en un mural en el exterior que hacía referencias al poder de las experiencias y los sentimientos para desafiar los límites del cuerpo.

sino de meditaciones, tiempos, historias y referentes. Un flujo enfático, pero felizmente impuro, que arroja un ensamble provisional.

La superposición de pinturas y dibujos tomados de sus cuadernos, proyectados como espectros o simulacros, evoca una identidad no constituida, una pintura que juega en el límite de la disolución y la alteridad. Lara ha apuntado que algunos de los dibujos de 2018 que empleó en los montajes agrupados en una serie *Coraza* —en referencia al concepto de Wilhelm Reich del carácter como una *coraza* externa e impuesta a nuestro cuerpo— le permitieron pensar el cuerpo como "un paisaje producto de la negociación entre el pasado y el presente" donde depositar la meditación sobre el declive de la vida y agregó: "Tal vez envejecer se trata de desmantelar nuestra identidad y permitir que el pasado deje de tener una explicación. Ser paisaje y ya".[3]

Frente a la idea de la identidad como una construcción rígida y sólida —cada vez más presente en las operaciones ideológicas de todo signo que aprovechan el desastre colectivo neoliberal— aparece en Lara la hipótesis de un proceso de liberación radicalmente distinto: la idea de Hélène Cixous sobre lo femenino "como algo fluido que permite dejarse atravesar por el otro, por la capacidad de incluir lo diferente".[4] En efecto, estos dibujos y pinturas visualizan un proceso de desmantelamiento que sirve como iluminación, análogo quizá a la *desarticulación/reconstrucción* que la artista, como ha confesado, mantiene como una obsesión: paisaje que evidentemente ya no es una unidad primigenia y romántica, sino el escenario de una catástrofe planetaria.

En 2023, Magali Lara exploró, en los muros de La Tallera de David Alfaro Siqueiros en Cuernavaca, la condición fantasmal de la *América tropical*. Una de sus notas sobre las fotos del mural de Siqueiros en Los Ángeles de hace un siglo le sirve de referencia y se convierte en un dictamen implacable: "La civilización, como la entendemos, es destrucción sin memoria".

El futuro o la desmesura, 2013-2019

Una de las posibilidades del rechazo o disimulo de la representación es el gozo de la pérdida de escala. Desde que Malévich

—

3— Magali Lara, *Coraza/Armor*, Buenos Aires, W–Galería, 2020, p. 5.

4— *Idem*. La artista no recuerda la fuente original de la cita de Cixous.

planteó su pintura como una supremacía de la sensibilidad en que "cada forma es un mundo", una de las características de la pintura no-objetiva ha sido, en palabras de Lissitzky, "apreciar las escalas relativas de todo lo que ha sido hecho".[5] En 1928, Karl Blossfeldt, un escultor ornamental, publicó el libro *Urformen der Kunst* [*Las formas originarias del arte*] con macrofotografías de elementos vegetales que sugieren arquitecturas insospechadas. Entre 1963 y 1965, Gustav Metzger desarrolló un "arte auto-creativo" mediante proyecciones de luces a partir de imágenes de microscopio de cristales líquidos, que provisionalmente nombró como *Tierra desde el espacio.*[6] Esta genealogía expresa una tarea de la pintura: enfrentarnos a lo que Immanuel Kant llamó "matemáticamente sublime",[7] la experiencia de un sujeto que encuentra "la inadecuación de su imaginación para exhibir las ideas de un todo allí donde la imaginación alcanza su *máximum*".[8]

En la década del 2010, la pintura de Magali Lara se sumergió en la exploración de la observación indeterminada de las escalas de lo pintado en relación con una experiencia propia de nuestra era: la irrepresentabilidad del porvenir. De hecho, la noción de que el futuro rebasa a tal punto nuestra capacidad de representación fue la materia de una visión que se convirtió en el punto de partida de la obra de Lara en los años siguientes:

> En 2013, en el sur de Francia tuve una experiencia difícil: sentí que una oscuridad me envolvía, que no podía distinguir el horizonte. Ocurrió de la manera más casual, en plena noche, cuando salí a fumar un cigarro a la terraza en casa de mi hermana. Todo estaba pegado a mí, como un collage. Asfixiante... ese hoyo negro ocupaba todo. Es el futuro —pensé. No sabemos nada de él, no entendemos la forma en que ya está en nosotros, y hacia dónde nos dirige.[9]

—

5— Citado en John E. Bowlt (ed.), *Russian Art of the Avant Garde. Theory and Criticism*, Londres, Thames and Hudson, 1988, p. 134, 157.

6— Gustav Metzger, *Press release for Art of Liquid Crystals* (1966-2011), *Gustav Metzger*, Oxford, Museo de Arte Moderno, 1998, p. 56.

7— Immanuel Kant, *Crítica del discernimiento*, Madrid, A. Machado Libros, 2003, p. 209.

8— *Ibid.*, p. 157.

9— Es relevante consignar que Lara ha aludido a su interés en "esos artistas que tienen o que creen en las iluminaciones. William Blake, por ejemplo". Fascinada por el modo en que Roland Barthes rescata el concepto *zen* de Satori al referir a

Figura apocalíptica, sin duda, en el sentido originario del término griego como *revelación* o *divulgación* del futuro, en relación con la visión de Juan de Patmos. Es posible que una de las pinturas de la serie *Futuro* hecha en 2013, el cual tiene un gran círculo negro descentrado hacia el margen izquierdo sobre un fondo blanco, sea la representación más directa de esa experiencia y visión. En lugar de redundar en la evidencia de la oscuridad del tiempo presente, Lara plantea una apuesta de representación de la materia corporal que resiste por principio el término *manido*, que se usa para referir a la pintura no representativa. Dice Magali Lara: "No es para nada un trabajo abstracto, me interesa lo nimio de la existencia, el poder de lo microscópico que nos da estructura".[10]

Lo interesante de su visión es que no fue un escalón, sino un punto de partida: una especie de epígrafe a una serie de poemas. En una multitud de cuadernos, dibujos y pinturas, Lara disgrega esa forma concisa y aparentemente final, en una serie de corpúsculos y cadenas pintadas en un lienzo o papel blanco. La escala las relativiza, ciertamente. Lara plasma formas que oscilan entre lo micro y lo macroscópico, y de ese modo sugiere formaciones biológicas intracelulares o incluso moleculares y visiones galácticas. Estos motivos en azules, grises, negros y blancos son corpúsculos que se anudan en ramas y frutos o emergen en un horizonte aparente cargado de neblina y nubosidades, o cuelgan como organelos rodeando mitocondrias, radículas o dendritas. La intuición de cuerpos celestes eclosiona en formaciones celulares y éstas en desarrollos vegetales, a veces articulados en redes y cadenas y otras sugiriendo oscilaciones y movimientos brownianos.

Debido a su incognoscibilidad, el cariz trágico de la interpretación original de Magali Lara sobre el futuro es puesto en crítica mediante el juego de la imaginación material de la pintura y también por su condición de alquimia, donde pintoras y pintores acaban sucumbiendo. A decir de James Elkins, en una "inmersión en sustancias y un asombro y deleite en sus formas y sensaciones inesperadas".[11] El inescapable medio y la experimentación obce-

—

Cy Twombly, Lara dedicó todo un proyecto a pensar esa noción de un pintar visionario. Véase Magali Lara, *Del verbo estar*, México, Museo Universitario del Chopo, UNAM, 2017, p. 106, y Magali Lara, *Satori*, México, Galería Nina Menocal, 2002.

10— Magali Lara, "Abstracto". Disponible en: https://www.magalilara.com.mx/?accion=tema&cat_id=16.

11— James Elkins, *What Painting Is. How to Think about Oil Painting, Using the Language of Alchemy*, Nueva York/Londres, Routledge, 2000, p. 193.

cada sobre la tela y el papel transforman la visión final del círculo negro del futuro en una celebración muda, pero exuberante, de lo emergente. Sin decirlo, quizá sin pensarlo —pues lo más importante es que se le aparece en el ocurrir del pintar—, el futuro proyectado por Lara se desliza en sus concreciones hacia una noción abierta del *porvenir,* más próxima al concepto abierto de Jacques Derrida del *por-venir*:

> En general, trato de distinguir entre lo que uno llama el futuro y *l'avenir*. El futuro es lo que —mañana, más tarde, el próximo siglo— será. Hay un futuro que es predecible, programado, calendarizado, previsible. Pero hay un futuro, *l'avenir* (*porvenir*), que refiere a alguien que viene, cuya llegada es totalmente inesperada. Para mí, ése es el futuro real [...] El Otro que llega sin que sea capaz de anticipar su arribo.[12]

De la oscuridad abismal del *futuro,* del horror de no saber, Lara extrae el juego de una multitud de *apareceres.*

Meteoros y cuerpos, 2000-2012

Pensar/pintar, sentir/trazar: no se trata de que el pigmento y la línea traduzcan ideas, tampoco de que lo pictórico haga efectiva esa palabra espuria de *preconsciente*: el supuesto pensar detrás de la lengua que sólo necesita ser verbalizado. El modo en que el pintar de Lara involucra una especie de pensar es, precisamente, la relación entre deriva e inquietud, interrogante y conclusión: una preocupación se vierte en un actuar que es pintar pensando; la fabricación de líneas, manchones, distancias, fragmentos textuales y formas extrae de la actividad y su reflexión, ante todo, una sensación. Como el decurso de un día, los cambios meteorológicos de la obra de Lara anuncian su despliegue y aparición. Es un pensar en la medida en que anticipa y alberga una temporalidad. Una fijeza que requiere, como un pensamiento, ser reflexionada para abrirse y desplegarse en su potencial.

> La pintura se abre a ese lugar de sensación que podríamos llamar premonitorio. Cuando está bien hecha tiene un tiempo mínimo,

—

12— Kirby Dic y Amy Siering Kofman, *Derrida. Screenplay and Essays on the Film,* Nueva York, Routledge, 2005, p. 53.

congelado, que sigue sucediendo, pero no en forma horizontal. No como en la película en la que tú vas recorriendo el tiempo, es como un *no tiempo*, no sé cómo podría decirlo. Va apareciendo, como en los textos sagrados, un texto atrás del texto, y tienes que leerlo mucho hasta que el texto aparente casi pierda sentido para que el otro emerja. Eso también pasa con el color.[13]

Como una profecía menor, la pintura de Magali Lara hace pensar en esa inmanencia/inminencia que los lectores de poesía, como ella, localizan en autores como Rilke al mirar la temporalidad de la pérdida:

> *Aquí* es el tiempo de lo *decible, aquí* su país natal.
> Habla y proclama. Más que nunca
> Van cayendo las cosas, las que podemos vivir, pues
> Lo que las sustituye, desplazándolas, es un hacer sin imagen.[14]

Al cambio de siglo, la mano de Magali Lara se hunde en una temporalidad limítrofe. Cuadros monumentales como el tríptico *Después de la lluvia* (2009) anudan una meteorología de las sensaciones en torno a una sugerencia de un horizonte: grandes chorreados emergen como tormenta en la lontananza de espirales irregulares que forman corpúsculos de color, en un vacío sin medida. Los dibujos y bocetos que Magali Lara realizó durante el cambio de siglo parecen librar la determinación de espacialidad y gravedad para transcribir estados de inquietud y premonición trágica. Ojos que observan la destrucción, a veces similares a escuelas de aves, a veces queriendo semejarse a la rajadura de un sexo, atestiguan manchones anaranjados y rojizos. Por algo, Magali Lara escribe en lo alto de uno de sus dibujos de la serie *Llamas* (1997-1998): "el mundo entero vacila".

En esos registros de tormentas y conflagraciones, exteriorizadas e interiorizadas por igual, se adivina la transferencia de toda clase de turbulencias a una meditación trágica: la elaboración del dolor y la pérdida. Hay una cierta vinculación entre esta visión de procesos sin sujeto y la asunción de la mortalidad.

—

13— Néstor García Canclini, "El placer de volverse otro: diálogo con Magali Lara", en *Mi versión de los hechos... [Magali Lara]*, México, MUCA, UNAM, 2004, pp. 57-58.

14— Eustaquio Barjau y Joan Parra (eds.), *Rainer Maria Rilke. Elegías de Duino. Los sonetos a Orfeo y otros poemas, seguido de cartas a un Joven Poeta*, Barcelona, Círculo de Lectores, 2000, p. 155.

En un texto que quiere igualar en palabras la densidad del tiempo de estas obras, Osvaldo Sánchez evoca el manto inconcluso de Penélope y la anticipación de un sudario:

> De un blanco sucio, como la bruja que teje esta temporalidad arcaica, vaga, casi fiel a cualquier forma de espera [...] Dibujos húmedos, ahora tan secos, finos muros, costra en que sedimenta la desmemoria de la sangre [...] Así coagula el *no olvido*, aquello que ya nadie es capaz de darnos y cuya muda solicitud fatiga.[15]

Las series de dibujos de Lara de finales de los años 1990 y del inicio de los 2000 tienen una calidad energética más que mimética: las líneas de intensidades y flujos de los dibujos de Eva Hesse o Joseph Beuys. Éstos ponen en el papel la expresión de fuerzas y sensaciones: aparecen como campos magnéticos y gestos afectivos más que contornos convencionales de objetos representados. En particular, el tronco de un árbol caído suscitó un dibujo mucho menos reconocible como objeto que como surtidor de ondulaciones y vectores. Desafiando la capacidad técnica del Taller Mexicano de Gobelinos de Guadalajara, Lara trasladó varios de esos dibujos al tapiz. El fantasma material del árbol caído hacía pensar a Lara en la muerte del artista cubano y esposo Juan Francisco Elso Padilla (1956–1988). Magali Lara decidió superponer el tapiz sobre un futón que todavía preservaba la huella de su cuerpo y circundó el objeto con un par de líneas de *Causas y azares* (1986) de Silvio Rodríguez, que habla precisamente del orden invisible de la contingencia:

> Y las causas lo fueron cercando
> Cotidianas, invisibles
> Y el azar se le iba enredando
> Poderoso, invencible.

El contraste entre ese modo de dibujar y la pintura no es, sin embargo, el de la tradición formalista entre línea y color o mancha. En realidad, el dibujo de Lara constituye también una superficie. La pintura enfatiza el papel de fondo como barrera, en tanto los trazos del dibujo de Lara sugieren la superficie de una

—

15— Osvaldo Sánchez, "La cicatriz", en Magali Lara, *Allá. Exposición de gobelinos y cerámica*, México, Galería Nina Menocal, 2000, p. 15.

escritura. Incluso el dibujo de fuerzas y energías en la obra de Lara se antoja como una especie de inscripción: la expresión de una fuerza sensible.

Ramificaciones/Desgarramientos, 1989-1999

Magali Lara ha concentrado su producción pictórica, dibujística, de animaciones, objetos, libros y gráfica en la creación de un lenguaje visual reconocible por el valor que tiene la expresividad de sus líneas, el modo en que la escritura introduce una especie de animismo suave en la representación de espacios y objetos y por la forma en que alusiones al mundo vegetal o corporal le permiten explorar con sutileza y humor los vaivenes eróticos y existenciales de la experiencia femenina contemporánea. Su arte es, ante todo, la búsqueda de una expresión diarística de la intimidad transferida al diálogo entre objetos, imágenes, trazos y pigmentos. Lara es una pintora de los afectos en el sentido propiamente spinozista de la palabra: como la reciprocidad entre seres y sensaciones. Una fluidez llena de accidentes y delicadezas visuales que se sabe heredera de la pintura de Cy Twombly, en términos de entender el lienzo como un espacio de gestos y vacíos poéticos que, como apuntó Roland Barthes: "no es el objeto del deseo (solidificado en mármol), sino el sujeto del deseo", en el que cada trazo es "un *energón*, un trabajo, que permite leer la huella de su pulsión y su desgaste".[16]

Si el concepto de un núcleo central pudiera establecerse para algo como la trayectoria de una artista, sería tentador pensar que el giro decisivo de la obra de Magali Lara estriba en su exploración intuitiva de la vitalidad, del erotismo y la reproducción vegetal como analogía de la efervescencia de los sentimientos y su cuerpo. Si un elemento distingue la pintura de Magali Lara de la mayor parte de los ejercicios pictóricos de su generación es que su obra no se dirige a restaurar alguna idea de la tradición o el oficio, sino a encontrar un modo de hacer sentir por medios visibles una serie de fuerzas y experiencias vitales. En ese sentido es que es una pintura que desborda la noción de *lo pintado* para usar los pigmentos y los instrumentos de pintar como formas

—

16— Roland Barthes, "Cy Twombly o 'Non multa sed multum'", en *Lo obvio y lo obtuso. Imágenes, gestos, voces*, Barcelona/Buenos Aires/México, Ediciones Paidós Ibérica, 1986, p. 173.

de pensar la experiencia del cuerpo. El lazo entre la experiencia y esos campos referenciales es algo que Lara ha explicado muy nítidamente: "Pensar en términos de la naturaleza me resultaba del todo indiferente hasta que sentí la muerte [...] La maternidad, o la fragilidad en la maternidad, me llevó al consuelo del mundo vegetal".[17]

La transliteración de la experiencia de la maternidad al mundo de la polinización, germinación y proliferación de plantas de Magali Lara en la década de 1990 es deslumbradora, por la importancia que tiene como una exploración de la fragilidad y la ambivalencia de la experiencia femenina. Esa representación es, por fortuna, dramática y lírica, bella y monstruosa, encantadora y mortífera. La obra de Lara traza analogías explícitas entre la naturaleza y la maternidad entre el útero, los óvulos y las trompas de Falopio y la anatomía de flores, troncos y frutos; transfiere a la espinas, las hojas caducas y el derrame de toda clase de líquidos, el imaginario del dolor y el sufrimiento corporal; evoca en troncos trémulos la fragilidad del torso y hace que raíces y ramas acaricien, se extiendan y abracen con la desesperación de brazos y manos. Pero, como apunta Karen Cordero, lo que esos elementos sugieren no son cuerpos en sí, sino pasiones y dudas de estar atravesados por la sexualidad, la reproducción y la inscripción del género:

> Nos sabemos fragmentos, no podemos percibirnos totalmente, y sin embargo en esta serie no se representa el cuerpo fragmentado, incompleto, desmembrado que venimos explorando desde el Dadá; sino gestos, huellas que, en su conjunto, en el ordenamiento que de ellos hace Magali, tratan de evocar una vivencia más compleja y profunda a partir de la secuencia, el juego, la relación, la contraposición y la resonancia.[18]

Estas plantas son una observación del fluir de la vida en proximidad a la sexualidad y el dolor, al nacimiento y la muerte. Es revelador que en textos y entrevistas Lara haya compartido su obsesión por una serie de temas góticos, como el tema del "monstruo, el animal personal y ese otro que siento que me persigue", la obsesión por la secuela de *Alien* (1992) de Ridley Scott y

—

17— Magali Lara, "El centro", en *Mi versión de los hechos... [Magali Lara], op. cit.*, p. 50.

18— Karen Cordero, "Lecciones en la lógica a partir de la serie *Satori* de Magali Lara", en Magali Lara, *Satori*, México, Galería Nina Menocal, 2002, p. 17.

la brutalidad de la efigie de *Judit decapitando a Holofernes* (*ca.* 1620) en el cuadro de Artemisia Gentileschi. Para Magali Lara, la experiencia de la maternidad es también la de un rapto:

> ¿No es agresiva la maternidad donde somos indispensables para que otro ser autónomo consiga su fuerza? ¿No nos parece aterrador de esta época serle a alguien indispensable o renunciar a ciertas posibilidades para comprometerse con el otro? Todo indica que las mujeres estamos en tremenda desventaja. Nos gusta tener hijos, cuidar a otras personas, el amor sigue siendo una sustancia misteriosa y apetecible. Quizá somos monstruosas porque no nos bastamos a nosotras mismas.[19]

En la audacia de los herbolarios de Lara, entre bulbos y ramificaciones, asoma una visión estruendosa propiamente baconiana.[20] No es "el cuerpo sin órganos", ese fluido "amorfo indiferenciado" que Gilles Deleuze y Félix Guattari retomaron de las interjecciones de Antonin Artaud para oponerse y friccionar con las máquinas *deseantes* del productivismo capitalista.[21] Quizá, incluso, sea su opuesto y secreto complementario: un repertorio de órganos sin cuerpo, con todas las proyecciones animistas que contienen tanto herbolarios como las mesas de disecciones anatómicas. Disolución anhelante, dispersión reproductiva, dolor que se disemina en el vacío. Como José Luis Barrios apunta, lo orgánico en la obra de Lara se aproxima más a "la palpitación informe de los organismos que a representaciones naturales" y "los trazos y las figuras apelan a lo oscuro y lo terrorífico del *peso* del cuerpo".[22]

Interiores, 1984-1988

El giro a una proyección adjetiva sobre las plantas tiene un prólogo definido en una especie de animismo vegetal. A fines de

—

19— Magali Lara, "(2002)", en *Mi versión de los hechos... [Magali Lara], op cit.*, p. 8.

20— "Lo que aprendí de Bacon: lo formal e informal hacen un todo en el cuadro", comunicación personal con Magali Lara del 25 de enero de 2025.

21— Gilles Deleuze y Félix Guattari, *El anti Edipo. Capitalismo y esquizofrenia*, Barcelona, Paidós, 1985, pp. 17-19.

22— José Luis Barrios, "Hostilidad y hospitalidad. Cuerpo y mundo", en *Mi versión de los hechos... [Magali Lara], op. cit.*, p. 24.

los años 1980 y en el despunte de la década de 1990, las telas de Magali Lara escenifican las tensiones afectivas y amorosas en habitaciones construidas tridimensionalmente, donde floreros, macetas y flores ocupan un lugar protagonista, claramente antropomorfo, evidentemente personalizados. Es en este momento temprano que Lara se asumió, como ella misma lo ha escrito: "una pintora de interiores":

> Mis temas son la vida cotidiana, los pequeños dramas sin aparente importancia, las emociones no registradas que conforman nuestra personalidad y nuestras relaciones. Creo que los objetos cotidianos están impregnados del cuerpo de sus dueños y, de alguna manera, reproducen escenas emocionales o, sería mejor decir, circunstancias detenidas que regulan nuestros movimientos afectivos.[23]

Magali Lara ha asociado su aproximación a la figuración de esos bodegones al interés por María Izquierdo y a los márgenes de la llamada Escuela Mexicana, pero sobre todo como asunción de una herencia: "Para mí marcaban el regreso a la historia de las mujeres de mi casa, mi abuela y mi madre, que pintaban bodegones y flores, pero que asocié al deseo de reproducir, de repetir".[24] El tradicionalismo de esos escenarios señalaba, sin embargo, y a veces de modo explícito, un interés por la domesticidad que llevó al centro de la pintura el arte postimpresionista. Cuadros como *Agua derramada* (1989) o *Territorio* (1990) establecen un relato de desequilibrios poscubistas y contrastes violentos de colores ácidos que relatan un estado de inestabilidad que no desentonaría con los interiores y bodegones de Max Beckmann. Estas dramatizaciones, vistas en picada, conviven con otras composiciones herederas de la opulencia visual de un Pierre Bonnard o Henri Matisse. Todo ello, claro, orientado a inducir y compartir un estado emocional. No sería desatinado señalar la afinidad de esas escenas con un set cinematográfico, en la medida en que estos bodegones contienen un relato afín a la perspectiva forzada de un *thriller* o del cine negro.

—

23— Magali Lara, "Historias de casa", en *Mi versión de los hechos... [Magali Lara], op. cit.*, 2004, p. 36.

24— Magali Lara, "Las flores y el sexo". Disponible en: https://www.magalilara.com.mx/?accion=tema&cat_id=11.

Desde el impulso por redimir la pintura de la segunda mitad de la década de 1980, Magali Lara se propuso la agobiante tarea de establecer la posibilidad de una pintura competente y un compromiso con el reto de dar continuidad a la pintura que sólo ha reforzado su orientación política-crítica. Como ella ha declarado, la tarea de llevar a cabo una obra localizada y desde la diferencia debería ocurrir dentro de proyecto imposible y, sin embargo, listo a ser reiniciado, de pintar. “Pintar me regresaba a un lugar donde las tradiciones eran importantes. Siempre tengo la sensación de que es un enorme desafío encontrar una manera personal de pintar en México y que por eso no se acaba la pintura”.[25]

Las implicaciones de esa posición son, como hemos visto, de amplio alcance. Aunque Magali Lara fue reclutada en la versión mexicana de la llamada *vuelta a la pintura* de los años 1980 —un retorno “a prácticas de creación individuales que favorecen la búsqueda de expresiones personales”[26] que definió a una multitud de artistas de su generación, particularmente en la Ciudad de México—, la forma en que su práctica continuó abordando las experiencias de objetos y espacios domésticos de la década de 1970, en otras palabras, su orientación de género, le abrió un espacio de excepción. Más que sujetarse por una versión idealizada y, por tanto, historicista y retórica de un *deber ser* del pintar,[27] desde un inicio Magali Lara hizo habitar sus cuadros de una contaminación narrativa y emocional que la alejó de la pretensión de hacer *pintura-pintura*. Su posición ha sido, dentro de las muchas variaciones de su trabajo, felizmente paradójica: se ha enfrentado con el pintar como un problema nunca resuelto que implica la tarea de encontrar poder plástico en la inmersión de una trama personal. Paradójicamente, esa necesidad afectiva y la conciencia de la enorme dificultad de producir una pintura sustancial, y más desde su locación, es lo que la acerca

—

25— *Idem.*

26— La frase es el memorable dictamen de Dominique Liquois en la muestra que, precisamente, exhibía la obra de los artistas de estudio que habían emergido de la experiencia grupal de los años 1970. Véase Dominique Liquois, *De los Grupos los individuos: Artistas plásticos de los grupos metropolitanos*, México, Museo de Arte Carrillo Gil, INBA, 1985, p. 50.

27— Para mí fue muy clarificador el comentario de los miembros de Diseño-Arte Mixing, Olivier Lerch y Christian Gratia, que exhibieron en el Museo de Arte Carrillo Gil en 1990 cuando vieron una muestra de pintura local. Como ellos lo plantearon, el problema de los pintores locales es que, en lugar de pintar, “pintaban lo que la pintura debía ser”.

constantemente, como ella dice, a las tradiciones. Ese escepticismo activo es, también, el elemento que le permite persistir en pintar. Entender la pintura como un reto problemático, casi inabordable, es también un dato que orientó a la joven Lara a repensar constantemente, sin copiar, la obra de Paul Cézanne, el pintor que insistía —contra la pretensión de verbalizar— que "sólo hay entendimiento en el trabajo mismo".[28]

Los temas dominantes de esas escenografías pintadas en la década de 1980 eran, a la vez, el espacio clave de la domesticidad, pero también *motivos* que permitían a Lara trenzarse en batallas virtuales con grandes referentes de la pintura moderna occidental: camas, ventanas y ventiladores de techo eran, a mediados de aquella década, sitios de un relato emocional, a la vez erótico, maternal y soñador. Lara no sólo se interesa en la cama como sitio del sueño, la maternidad y la muerte, sino como lugar de fuga, como se revela en el título de su serie de fotografías intervenidas de 1998: *Fuga*.[29] En el otro extremo, los baños y su mobiliario (excusados y lavabos, principalmente) sugerían la inmersión en un autoexamen: un ritual de purificación. Como Lara ha señalado: "El baño es muy revelador sobre la relación que tenemos con nuestro cuerpo [...] hay confesión, perdón y purificación. Es un espacio existencial".[30]

Historias de casa, 1977–1983

En la segunda mitad de los años 1970, Magali Lara emprendió varias vidas artísticas. Mientras estudiaba en la Escuela Nacional de Artes Plásticas, a la que ingresó en 1976, se enroló entre 1979 y 1983 en el Grupo Março, colectivo que, instigado por Sebastián e integrado por Gilda Castillo, Manuel Marín, Mauricio Guerrero, Alejandro Olmedo y la propia Lara, exploraba estructuras y prácticas de lenguaje, incluyendo acciones poéticas urbanas.[31]

—

28— Rainer Maria Rilke, *Cartas sobre Cézanne*, Barcelona/Buenos Aires/México, Ediciones Paidós, 1985, p. 57.

29— Magali Lara, *Fuga*, Cuernavaca, Centro de Producción Gráfica del Centro Morelense de las Artes, 1998. El libro consiste en una serie de intervenciones gráficas de una fotografía que documenta la fuga de un paciente del manicomio de La Castañeda.

30— Magali Lara, "La escatología de los sentimientos", en *Mi versión de los hechos... [Magali Lara], op. cit.*, p. 46.

31— Olivier Debroise y Cuauhtémoc Medina (eds.), *La era de la discrepancia. Arte y cultura visual en México, 1968*, segunda edición corregida y aumentada, México,

Adicionalmente, Magali Lara tuvo una participación intensísima en las acciones y redes de artistas y escritoras mujeres que navegaban las posibilidades críticas y creativas del feminismo, tanto en su práctica personal como en obras colaborativas en la forma de teatro, publicaciones, exposiciones y ambientaciones. En parte por el influjo de Ulises Carrión, pero también por la proximidad con otras creadoras, como Carmen Boullosa, Lourdes Grobet, Rowena Morales y Mónica Mayer, Lara se vuelca en una serie de colaboraciones de libros de artista, como *Lealtad* (1981), *Los zapatos de tacón* (1982), *El libro del olvido* (1983) con Boullosa[32] o en *Se escoge el tiempo* (1983) con Grobet, o bien en la escenografía de la puesta teatral de *Cocinar hombres* (1983-1989), dirigida por Carmen Boullosa,[33] así como en muestras e instalaciones colectivas con otras artistas, incluyendo las participaciones organizadas por Cristina Payán en los Festivales de Oposición organizados por el Partido Socialista Unificado de México (PSUM).[34]

Magali Lara ha sido parte de esa movilización amplísima que actualmente es la única transformación social eficaz que nos heredó el siglo XX. Las experiencias artísticas de su generación —tanto los Grupos como la obra feminista— le dejaron una fuerte convicción por la relación entre la autoorganización, la colaboración entre creadores, la "utilización de soportes nuevos, y el uso de la experimentación más como un proceso de

—

UNAM-Turner, 2014, pp. 232-233. Para el testimonio de Magali Lara sobre el Grupo y su revista, véase Itzel Vargas, "Lo personal es político. Entrevista a Magali Lara", en *Del verbo estar*, México, Museo Universitario del Chopo, UNAM, 2017, pp. 117-120.

32— Al respecto de las colaboraciones con Carmen Boullosa, véase la nota sobre el Taller Tres Sirenas (1980) en Carla Lamoyi, "Más allá de la literatura. Prácticas editoriales, poesía visual, arte correo y creación escénica", en Gemma Argüello Manresa, Natalia de la Rosa, Carla Lamoyi y Roselin Rodríguez Espinosa, *Coordenadas móviles. Redes de colaboración entre mujeres en la cultura y el arte (1975-1985)*, México, CIEG-UNAM/Fiebre Ediciones/Oficina de Proyectos Editoriales, 2024, pp. 208-214. Debo subrayar la importancia de esta publicación por haber detallado un circuito entero de colaboraciones culturales feministas en México, que sólo se conocía de modo muy fragmentario.

33— *Ibid.*, pp. 251-253.

34— Para un recuento de la artista sobre esa actividad, véase Magali Lara, "La memoria es como una piedra pulida", en Karen Cordero e Inda Sáenz (comps.), *Crítica feminista en la teoría e historia del arte*, México, Universidad Iberoamericana, 2007, pp. 415-420.

adecuación que como un fin en sí mismo".[35] Esa militancia, en su caso, no ha dejado de implicar, también, un espacio de autocrítica y titubeo ante una mera agrupación de artistas mujeres, sin un compromiso con la exigencia de las obras y el involucramiento con la posibilidad de un arte avanzado hecho desde una experiencia de la diferencia. Su trabajo propone una exigencia de establecer, junto con los cuestionamientos de género, un horizonte de expectativas de calidad, actualidad y significación artística que, aún a principios de los años 1980, sostenía la importancia de una cierta distancia crítica frente a la mera enunciación política o identitaria de un arte feminista:

> El problema de la existencia de una sensibilidad femenina y un arte femenino y/o feminista requiere de una revisión y aclaración por parte de nosotras las "productoras", que no hemos hecho. No basta con reunir un número de obras sin tener antes en cuenta sus intenciones o si están logradas o no [...] la producción realizada por mujeres tiene que ver con el panorama del arte actual; por favor, no lo olvidemos.[36]

Es posible que esta ambición de plantear la experiencia femenina en su vinculación con la exigencia sustancial de un arte contemporáneo, describa uno de los principales vectores de la obra de Magali Lara en el medio siglo que lleva su carrera. Apuesta radical por las luchas feministas incluyendo su autocrítica,[37] pero también por la complejidad y la densidad de la obra artística. En su propio inicio, Lara condujo ya una práctica artística personal que estaba atravesada, sobre todo, por una interrogación de la precariedad emocional, mediante una analogía con nuestra propia inestabilidad y delicadeza emocional: un dibujo/escritura

—

35— Magali Lara, "Un comentario sobre el arte y las mujeres", *Fem*, vol. IX, núm. 33, abril-mayo, 1984, p. 34.

36— *Idem*. La intervención de Magali Lara en la revista *Fem* trazó una interrogante que ha sido clave en varios momentos de las relaciones entre arte avanzado y politización. No es del todo distinta a la exigencia benjaminiana de *El autor como productor:* "La tendencia política correcta implica la calidad literaria de una obra porque incluye su tendencia literaria", Walter Benjamin, *El autor como productor*, México, Editorial Ítaca, 2004, p. 22.

37— Al respecto ver la elaboración de Lara sobre la complejidad actual de las tensiones entre lo femenino y lo masculino, en Magali Lara, *Del verbo estar*, *op. cit.*, pp. 122-123.

que, al mismo tiempo, se planteaba como una expresión de distancia: "El dibujo como la escritura manuscrita es un lugar entre la imagen y el texto. Y yo necesitaba algo que fuera frágil, que no tuviera la densidad de la pintura porque estaba casi afuera. Era un sentimiento alrededor de mi dificultad de sentir pertenencia, siempre me sentí excluida".[38]

Los dibujos, imágenes intervenidas, apropiaciones históricas y libros de artista de la obra temprana de Magali Lara aparecen como la génesis de un arte que utiliza tanto la línea vacilante del dibujo descriptivo, como una escritura manuscrita no exenta de fallas deliberadas hasta de ortografía,[39] para crear una serie de narrativas sobre el predicamento del deseo y la torturada experiencia subjetiva. Una parte importante de esos relatos están proyectados en objetos simples y cotidianos (tijeras, ganchos de ropa, utensilios de cocina, cerillas y colillas de cigarro aplastadas) que, como las imágenes tardías de Philip Guston, expresan de modo a la vez humorista y agudo la condición fascinante y patética de la existencia personal. Esos relatos serían fallidos de no ser por la forma en que el dibujo y la escritura cuidadosamente vacilante de Lara les otorgan cuerpo. Como expresó en su momento la escritora Tununa Mercado, hay en la obra de Lara una coincidencia del animismo de sus representaciones y el carácter inquietante de su forma:

> Magali Lara [...] "echa a andar" a los objetos. Cinético, nervioso, sin el tiempo de la contemplación y dejándose estar más en la dinámica propia de las cosas que en los atributos que la cultura les imprime, el gesto es la puesta en movimiento. El trazo [...] busca captar la vibración, eso que ha de ser el alma de lo inerte: [...] lo que se ha producido es la ruptura de un orden prefigurado y prejuicios, sin que por ello el narrador haya renunciado a narrar.[40]

Es en ese régimen que "busca captar la vibración" que Magali elabora de la memoria de Frida Kahlo, antes de que su efigie

—

38— Magali Tercero, "Formas menores: una conversación a distancia entre Magali Lara y María Minera", en *ibid.*, p. 44.

39— Magali Lara, "Sielo y deseo", en *Mi versión de los hechos... [Magali Lara]*, *op. cit.*, p. 31.

40— Tununa Mercado, "Rowena y Magali, dos narradoras visuales", *Fem*, vol. IX, núm. 33, abril-mayo, 1984, p. 51.

se hubiera convertido en ícono y cuando era posible invertirla, como sugiere el título de uno de sus collages de fotocopias con pasteles, como *Frida/adirf* (1979). Desde un inicio, esas obras apuntan a la exploración de una manera de dibujar que traduce la fragilidad, la inquietud del cuerpo y la experiencia femenina a la superficie de la representación, a la creación de un lenguaje sensible y conmocionado. Pero no dejan de delatar la astucia de un enorme refinamiento que consiste en cuestionar a la vez lo técnico y lo existencial, lo sensible y lo personal. En el caso de Lara, y como titula una de sus ventanas pintadas hacia 1980, su pintura es la endemoniada y renovada toma de postura de un *MI RAR*.

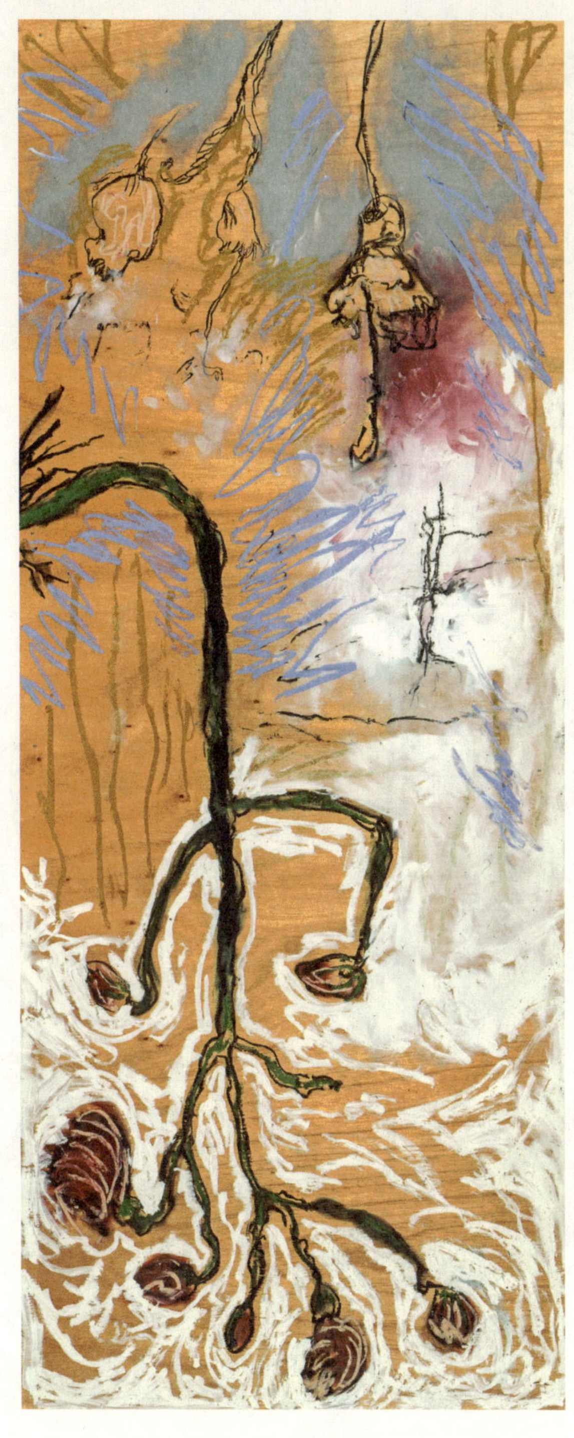

En modo alguno aprehensible [*By No Means Apprehendable*], 1995.
Foto—Photo: Cristina Reyes [Cat. 41]

Navegar los canales del feminismo

Maggie Borowitz

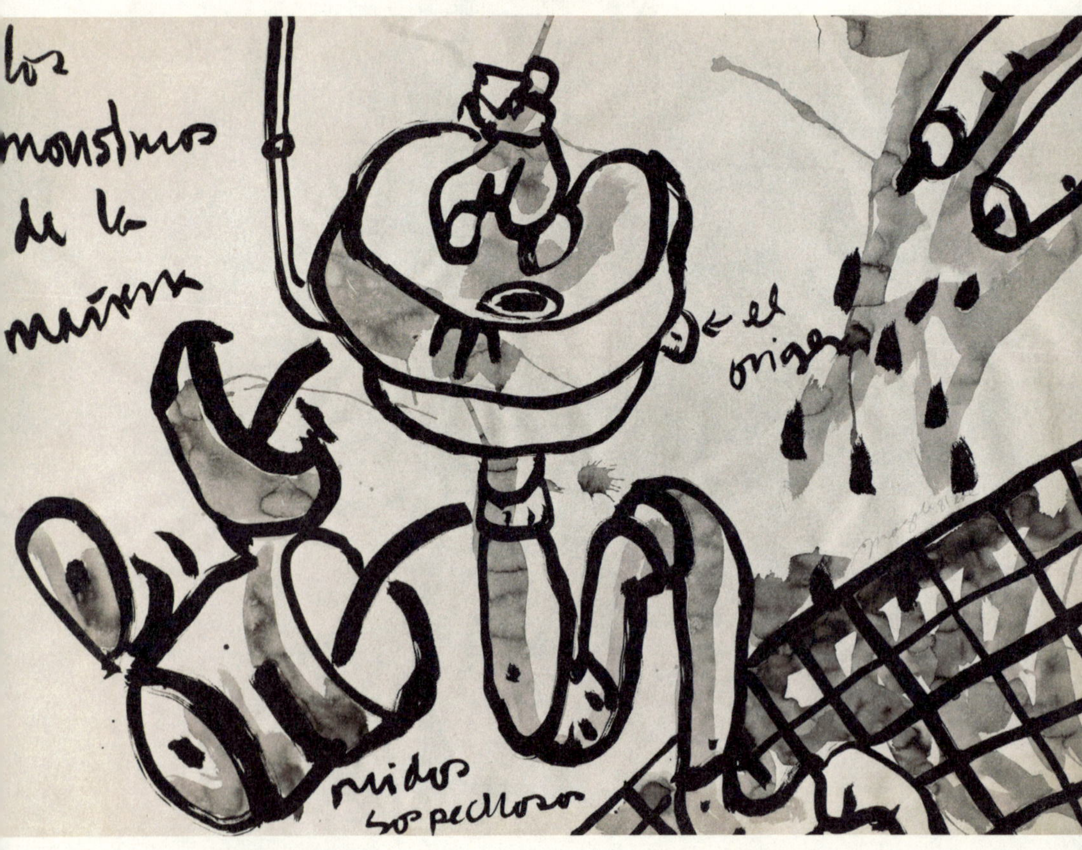

El origen [*The Origin*], 1981. Foto—Photo: Cortesía de la artista—Courtesy of the artist [Cat. 77]

Vías navegables

En una pintura a tinta de 1981, Magali Lara retrata un lavabo redondo sobre un piso de azulejo. Una tubería curvilínea serpentea desde el desagüe. Tras el cuenco del lavabo, el grifo se conecta a otro tubo corto. Una pequeña flecha, acompañada de las palabras *el origen,* señala el punto desde el que la tubería emerge de la pared. La profundidad de esta inscripción contrasta con el breve trozo de tubo al que se refiere y cuya presencia en la imagen es poco más que sólo una pincelada curva. ¿El origen de qué? Como gran parte de la obra creada por Lara en las primeras décadas de su práctica artística, *El origen* (1981) amalgama lo profundo y lo cotidiano. Y, como gran parte de su obra de este período, es una imagen que alude al agua y a cómo se mueve y fluye.

El agua salpica las obras de Lara desde finales de la década de 1970 hasta, al menos, principios de la década de 1990. Estas imágenes están especialmente relacionadas con su mirada de los interiores domésticos. En ellas, el agua cae de regaderas (*Lealtad,* 1981); fluye de grifos de cocina (*Nunca más IV,* 1981); gotea de lavabos (*Todos los días otro punto de vista,* 1982); brota de bebederos (*Olvidarme de tu nombre,* 1985); se desliza por desagües (*Escusado y lavabo,* 1985) y se derrama de jarrones en remolinos estriados (*Agua derramada,* 1989). El tema del agua ha recorrido sus proyectos individuales y colaborativos, se ha movido entre la esfera privada y la pública, e incluso ha contactado con el pasado a través de generaciones de mujeres creadoras. En las imágenes de Lara, el agua no es un maremoto; al contrario, salpica, gotea y chorrea. No obstante, hay una potencia sorprendente en la presencia recurrente del agua.

Este ensayo propone leer la figura del agua en las imágenes de Lara como una metáfora que nos ayuda a pensar la forma en que sus obras rechazan la rigidez o el estancamiento y, en su lugar, adoptan la fluidez. Aunque sus imágenes registran experiencias personales y reflexionan sobre ellas, muchas veces narrándolas explícitamente en primera persona, también abren vías para la afinidad, la identificación y el intercambio íntimo. El significado fluye, fluctúa y se ramifica en distintas direcciones. Como ha dicho su amiga y colega Mónica Mayer, en sus imágenes Lara “está hablando”; su obra es “muy particularmente una conversación —una conversación personal compartida”.[1]

—

1— Mónica Mayer, entrevista con la autora, 9 de agosto, 2019.

En la floreciente escena artística feminista de la Ciudad de México de finales de los años setenta y principios de los ochenta, los intercambios íntimos no sólo eran considerados productivos, sino fundamentales para avanzar en la agenda feminista. En este contexto, hacer obra que fuera *una conversación personal compartida* era una acción política. Esto permitió que las obras de Lara se transformaran en canales de reflexión y diálogo sobre cuestiones feministas que podían trascender el espacio y el tiempo (y que puedan seguir haciéndolo). Es decir, hizo posible que sus obras operaran como vías navegables: ductos, rutas de conexión y transporte siempre cambiantes, e incluso fuentes de poder.

Dinámica de fluidos

Lara comenzó a exponer a finales de la década de 1970, cuando aún estudiaba en la Academia de San Carlos. Su primera exposición individual (*Tijeras,* 1977) tuvo lugar en una de las salas de la escuela. Mientras se embarcaba en una ambiciosa práctica individual, se involucró en la oleada de colectivos que dominaron la escena artística experimental de la Ciudad de México en la segunda mitad de la década de 1970, conocidos como los Grupos. Entre 1978 y 1980, formó parte de Grupo Março, en el que colaboró con compañeros y profesores jóvenes de San Carlos. La práctica colectiva de Março estaba motivada por un interés compartido en la relación entre texto, imagen y espacio público, centrada en la poesía experimental y los libros de artista. Sin embargo, junto con otras mujeres artistas que participaban en los Grupos, Lara describió la jerarquía y el machismo impregnados en los colectivos. En sus palabras, los Grupos estaban "estructurados de una manera muy patriarcal, con un líder y sus seguidores" y con frecuencia las mujeres artistas, en particular, eran vistas como "*discípulas* de los líderes masculinos".[2] Aún más, dentro de esta escena artística machista, hacer obras que abordaran temas de la experiencia de las mujeres a menudo era visto como "burgués" o incluso de "mal gusto".[3]

—

2— Edward J. McCaughan, "Navigating the Labyrinth of Silence: Feminist Artists in Mexico", *Social Justice* 34, núm. 1, 2007, pp. 52–53.

3— Véase *Ibid.*, p. 53; Olivier Debroise, Magali Lara, "Entrevista a Magali Lara (transcr.)", s.f., Fondo La era de la discrepancia, Centro de Documentación Arkheia, MUAC (DGAV, UNAM).

A pesar de los problemas estructurales en muchos de los Grupos, Lara seguía atraída por la creación colectiva.[4] Así, después de dejar Març o, mientras dedicaba gran parte de su energía a su práctica artística individual, empezó a colaborar con un vibrante grupo de mujeres creadoras, entre las que se encontraban otras artistas visuales, poetas, dramaturgas, músicas y activistas feministas. A diferencia de sus experiencias en Març o, Lara describió sus colaboraciones con otras mujeres como organizadas de forma orgánica y horizontal.[5] Si bien se mantuvo renuente a nombrar su propio trabajo como *arte feminista*, a través de estas amistades y proyectos colectivos desempeñó un papel fundamental en la creciente escena artística feminista de la Ciudad de México.[6]

El feminismo organizado de la segunda ola —un periodo de actividad feminista global entre 1960 y 1980 aproximadamente— surgió a principios de la década de 1970 en México, expandiéndose a lo largo de los años hasta convertirse en un movimiento público visible y con un programa claro. A partir de 1971 se fundaron organizaciones feministas importantes y, en 1975, declarado Año Internacional de la Mujer por las Naciones Unidas, feministas de todo el mundo se reunieron en la Ciudad de México para un congreso auspiciado por la ONU. En los años siguientes, las mujeres se reunieron para abordar cuestiones trascendentales que habían surgido de estos debates internacionales, como la legalización del aborto, el acceso a los anticonceptivos, la educación y la libertad sexuales y el fin de la violencia contra las mujeres.[7] A medida de que el feminismo organizado ganaba impulso en el país, también lo hacía un movimiento artístico feminista asentado principalmente en la Ciudad de México. Esto permitió

—

4— *Idem.*

5— Magali Lara, “La memoria es como una piedra pulida”, en Karen Cordero e Inda Sáenz (eds.), *Crítica feminista en la teoría e historia del arte*, México, Universidad Iberoamericana, 2007, p. 420.

6— En una entrevista de 1984, Lara describió su compromiso con los temas del feminismo, pero declaró: “No intento hacer arte feminista”. Véase Javier Cadena, “Charla con Magali Lara”, en *De la misma, la misma habitación*, México, Galería Los Talleres, 1984.

7— Marta Lamas, *Feminism: Transmissions and Retransmissions*, Nueva York, Palgrave Macmillan, 2011, p. 7; Rocío González Alvarado, “El espíritu de una época”, en Nora Nínive García, Márgara Millán y Cynthia Pech (eds.), *Cartografías del feminismo mexicano, 1970-2000*, México, UACM, 2007, p. 69.

que a finales de los años setenta y ochenta se produjera las primeras exposiciones explícitamente de arte feminista, una serie de contribuciones de artistas a publicaciones feministas radicales y la formación de varios colectivos artísticos que se identificaban como feministas.[8] Lara participó en la temprana exposición *Muestra Colectiva Feminista* (1978) en la Galería Contraste, coorganizó el proyecto transnacional *La creación femenina* (1980) en el Instituto Goethe y colaboró en el proyecto de instalación feminista *Las camas* (1982) en el Festival de Oposición. También ilustró las portadas de dos números diferentes de la revista feminista *Fem* en 1984 (núms. 33 y 36), apoyando una agenda política feminista a través de su empeño por articular visualmente las plataformas del movimiento.

Las actividades de Lara durante este periodo demuestran que ni el movimiento ni la escena artística feminista en México eran monolíticas. Tanto activistas como artistas adoptaron estrategias heterogéneas y se concentraron en una amplia variedad de temas. La heterogeneidad, lejos de diluir el movimiento, creó la infraestructura para generar un cambio social de base: una red de "puentes subterráneos que serán la base de las transformaciones culturales a largo plazo",[9] un sistema de tuberías, se podría decir, dada la forma en que las metáforas acuáticas han sido integradas al lenguaje del feminismo con sus *olas* que se hinchan, se encrespan y rompen.

La estrategia del *pequeño grupo* fue un aspecto crucial de ese sistema de tuberías. Surgida durante el movimiento feminista estadounidense entre 1966 y 1968 aproximadamente,[10] esta práctica se centraba en un método de base en el que las participantes se reunían periódicamente con un grupo pequeño de mujeres. Durante estas reuniones, las participantes compartían sus experiencias personales con el fin de reconocer los problemas sistémicos de la sociedad patriarcal. En la Ciudad de México, los

—

8— Para una revisión exhaustiva de esta historia, véase Araceli Barbosa, *Arte feminista en los ochenta en México: una perspectiva de género*, México, Casa Juan Pablos, 2008.

9— Márgara Millán, "Introducción: La construcción de la polivalencia del sujeto del feminismo", en Nora Nínive García, Márgara Millán y Cynthia Pech (eds.), *op. cit.*, p. 18.

10— Lee Jenkins y Cheris Kramer, "Small Group Process: Learning from Women", *Women's Studies International Quarterly* 1, núm.1, 1978, p. 68. Disponible en: https://doi.org/10.1016/S0148-0685(78)90379-2.

pequeños grupos echaron raíces como estrategia organizativa a finales de la década de 1970. En el transcurso de sus reuniones, las participantes se acercaban poco a poco a temas difíciles a medida que iban estableciendo un entendimiento mutuo. Después de empezar por temas más inocuos como la educación, los padres y los hermanos, una vez asegurada la confianza, abordaban temas como la sexualidad, los anticonceptivos y el aborto.[11] Esta estrategia permitió a las participantes establecer una red de confianza mutua e intimar paulatinamente unas con otras. Como resultado, se generaron espacios muy necesarios para hablar de esos últimos temas, aún tabúes en el México de ese período. Lara explicó que esta estrategia circulaba entre las artistas feministas y que desempeñó un papel fundamental en el desarrollo del pensamiento y la creación de alianzas feministas.[12]

En el pequeño grupo feminista, las mujeres reconocían que sus experiencias no eran casos aislados, sino el resultado de problemas sistémicos arraigados en la dinámica de género de la sociedad, y que "los problemas personales son problemas políticos",[13] como reza la célebre declaración de la activista feminista estadounidense Carol Hanisch. Una vez develada la naturaleza sistémica de esos problemas, la organización colectiva podía comenzar. "No hay soluciones personales en este momento", argumenta Hanisch; "sólo hay acción colectiva para una solución colectiva".[14] Mediante el sencillo método de la conversación abierta, las experiencias en apariencia inconexas se reconocían como problemas compartidos.

Esta estrategia de organización conversacional de base ayudó a dar forma a las iniciativas artísticas de colaboración que en ese mismo momento se estaban gestando entre mujeres. Para Lara, los proyectos colaborativos en los que participó ayudaron a moldear vocabularios artísticos feministas y a revelar verdades sobre las experiencias vividas por las mujeres.[15] Más aún,

—

11— "Pequeño grupo", *La Revuelta,* núm. 9, julio 1978, p. 3.

12— Magali Lara, *op. cit.,* p. 418.

13— Carol Hanisch, "The Personal Is Political", en *Notes from the Second Year: Women's Liberation; Major Writings of the Radical Feminists,* Nueva York, Radical Feminism, 1970, p. 76.

14— *Idem.*

15— Magali Lara, *op. cit.,* p. 420.

ayudaron a reimaginar cómo podrían organizarse los procesos de creación colectiva, trastocando los sistemas patriarcales que habían estructurado a los Grupos, así como en los esfuerzos colectivos previos de creación artística en México, como el movimiento muralista.[16] En contraste con la mecánica rígida y vertical que había caracterizado la administración de muchos de los Grupos —a pesar de los fundamentos radicales e izquierdistas que motivaron su formación—, las dinámicas de las iniciativas colaborativas feministas eran fluidas. Éstas podían ayudar a forjar una red horizontal de intercambio íntimo: un sistema de *vasos comunicantes*, como Lara lo ha descrito, para y entre mujeres.[17]

Receptáculos y canales

Los intercambios activos e íntimos producidos durante las sesiones de los pequeños grupos fueron cruciales para los logros del movimiento feminista. Pero ¿y si esos métodos para reconocer los problemas sistémicos arraigados en las estructuras patriarcales pudieran expandirse más allá de esas sesiones cara a cara? ¿Y si esos métodos pudieran volverse constitutivos de las imágenes y objetos que las artistas alineadas con el feminismo estaban produciendo? En otras palabras, ¿y si las propias obras de arte pudieran funcionar como *vasos comunicantes*? La palabra *vaso* puede referirse tanto a un receptáculo, especialmente uno que contenga fluidos, como, en sentido anatómico, a un canal por el que circula un fluido. En la práctica de Lara, ambas acepciones son relevantes. Sus imágenes —especialmente las que representan agua— actúan como receptáculos, registrando experiencias personales y documentando casos de intercambio íntimo entre mujeres, al mismo tiempo que operan como canales que abren vías a diálogos virtuales e imaginarios.

Desde el principio, la práctica individual y las iniciativas colaborativas de Lara estuvieron unidas por la recurrencia de ciertas imágenes y temas claves. La artista creó un conjunto maleable de íconos que iban adquiriendo distintos significados

—

16— *Idem.*

17— Véase Magali Lara y María Minera, "Formas menores: una conversación a distancia entre Magali Lara y María Minera", en *Del verbo estar*, México, Museo Universitario del Chopo, UNAM, 2018, p. 74.

al aparecer una y otra vez en diferentes contextos. A partir de 1979, en sus dibujos aparecen las regaderas, asumiendo personalidades animadas. Una ladea la cabeza, otra arquea el cuello, otra llora lágrimas saladas y, en varios dibujos, parecieran hacer las veces de muñeco de ventrílocuo que habla por la artista en primera persona: "No llores por mí", dice una; "Tengo ganas de un hijo", confiesa otra.[18] Durante este mismo periodo, en 1980, Lara trabajó con la poeta mexicana Carmen Boullosa para crear el libro *Lealtad*. Para él, produjo un conjunto de imágenes que respondían a una serie de poemas de Boullosa sobre la experiencia psíquica de la mujer y los efectos persistentes de la violencia sexual. En una página impactante, reaparece la regadera de Lara. Ésta deja caer el agua sobre un par de labios que se transforman de manera gradual en ropa interior, cuya mancha rosa se desliza hasta encharcarse en la entrepierna. Junto a sus imágenes de fauces negras abiertas y de objetos fálicos resbaladizos y nauseabundos que aparecen en otras partes de *Lealtad*, la ropa interior manchada de sangre provoca una reacción visceral. El dibujo agrava la "excesiva intimidad" presente en el poema de Boullosa y viceversa, creando una experiencia emocional de lectura/visualización.[19] *Lealtad* era "existencial, dolorido, rabioso", sugirió un escritor, sus páginas eran un "conjuro de la soledad" y una descripción "del sufrimiento del deseo".[20] Las imágenes de Lara y los poemas de Boullosa trabajaban en conjunto para luchar contra el silenciamiento de los debates de las mujeres sobre su vida interior y sus experiencias sexuales, incluidas las de violencia sexual. A medida que la regadera sollozante transita entre medios artísticos y entre las imágenes que Lara produjo de manera individual o en diálogo con Boullosa, traza una amplia gama de encuentros íntimos.

—

18— Para un análisis de la connotación de género que adquiere la regadera en un conjunto de imágenes de Lara de 1979-80, Madeline Murphy Turner, "Confronting the Monster: The Antipatriarchal Mail Art of Polvo de Gallina Negra and Magali Lara in 1980s Mexico", *Latin American and Latinx Visual Culture* 6, núm. 4, octubre, 2024, pp. 58-60. Disponible en: https://doi.org/10.1525/LAVC.2024.6.4.45.

19— Aurelio Asiain, "La salvaja de Carmen Boullosa", *Vuelta*, núm. 160, 1990, p. 31.

20— José Luis Alcubilla, "Magali Lara, una de las artistas plásticas de México más imbuidas en la narrativa visual", *Uno Más Uno*, 30 de julio, 1984.

Unos años más tarde, Lara colaboró con la fotógrafa mexicana Lourdes Grobet en el libro *Se escoge el tiempo* (1983), que incluía una serie de fotografías de baños, tomadas por Grobet, sobre las que Lara intervenía. Los baños oscilaban entre lo público y lo privado, lo estéril, lo hogareño y lo decrépito. Las intervenciones de Lara —fragmentos de textos, destacados y ornamentos en naranja, negro y azul celeste brillante— enfatizan los flujos del agua. Marcas de color azul brillante gotean de grifos y regaderas, se encharcan y salpican de forma descontrolada desde lavabos y escusados, y brotan del grifo de una tina en una onda sinuosa. Las escenas hablan de encuentros efímeros: el intercambio de miradas en el espejo mientras una se lava las manos o se retoca los labios y la forma en que esas interacciones sociales íntimas pero fugaces operan en diálogo con actos de introspección. Al mismo tiempo, abordan los aspectos prácticos que deben atenderse en el baño, ya sea público o privado: las realidades de la experiencia corporal de las mujeres. Igual que la colaboración entre Lara y Boullosa unos años antes, su trabajo con Grobet documenta un diálogo entre creadoras contemporáneas. Éste registra las discusiones que tuvieron lugar entre creadoras mientras buscaban un espacio para examinar aspectos de la vida de las mujeres, vetados del debate público, los mismos temas que el pequeño grupo feminista buscaba abordar. Junto con *Lealtad, Se escoge el tiempo* sirve de receptáculo para el intercambio feminista.

Pero las investigaciones de Lara sobre el agua a finales de los setenta y principios de los ochenta fue más allá de registrar los intercambios propiamente dichos que habían tenido lugar entre ella y otras creadoras. Ellas imaginaron nuevos canales para que el pensamiento feminista pudiera trascender el tiempo y el espacio. Su obra sugiere que las conversaciones cara a cara, los diálogos a larga distancia y los intercambios imaginarios no son equivalentes, pero son todos válidos y valiosos por derecho propio. Las páginas de *Se escoge el tiempo* fluctúan entre una conversación específica entre Lara y Grobet mientras intercambian imágenes una y otra vez y una conversación, mucho más amplia, entre innumerables mujeres anónimas. Esas mujeres se hacen especialmente visibles en las imágenes que traen a primer plano los grafitis esbozados en las paredes de los baños. Los trazos de la autoría de Grobet y Lara se traslapan con los trazos anónimos para generar un murmullo de diálogos que resuenan en los muros de azulejo. “Las fotos no pueden estar en silencio”, escribió un crítico, sugiriendo que las páginas del libro se despliegan en una "confesión íntima".[21] La conversación de Lara y Grobet se ensancha para incorporar un amplio abanico de mujeres anónimas que participan en actos de intercambio íntimo.

Al mismo tiempo, sus intervenciones permitieron a Lara conectar con mujeres artistas a través del tiempo, poniendo de relieve continuidades transgeneracionales en la experiencia de las mujeres mexicanas y soñando con intercambios imaginarios. "El agua no me basta", escribió Lara en una página de *Se escoge el tiempo*; "para beberme la vida", añadió Grobet debajo.[22] Los dos textos están garabateados en negro en medio de una ola de líneas azules discontinuas que, añadidas a la fotografía de una bañera vacía, transforman la ambivalente escena en una de introspección y vulnerabilidad emocional. También, evoca otra imagen de introspección situada en una bañera: *Lo que el agua me dio* (1938) de Frida Kahlo. El onírico cuadro de Kahlo ofrece una perspectiva en primera persona. En ella, contemplamos las piernas y los pies de la artista, parcialmente sumergidos. Una serie de imágenes, algunas de las cuales hacen referencia a cuadros anteriores de la artista, se ensambla en un paisaje surrealista que flota sobre la superficie del agua. Aunque Kahlo es más conocida por su atención a formas complejas de autorrepresentación, este cuadro destaca por mantener la atención en la interioridad. A través de su referencia oblicua, Lara entabla un diálogo con Kahlo en el que ambas artistas se sitúan en posiciones emocionalmente vulnerables.

En una serie de obras de finales de la década de 1970, Lara había elaborado repetidas respuestas a este cuadro en particular. En un collage titulado *Agua* (1979), una fotocopia de la pintura de Kahlo es acompañada de líneas onduladas en pastel que amplían el agua de la tina de Kahlo, transformándola en un diagrama del paso del tiempo. A medida que se profundiza en el agua, cada nivel es identificado con una etapa de la vida: infancia, adolescencia, juventud, madurez y vejez. Esta última está tachada, quizá en referencia a la prematura muerte de Kahlo a la edad de 47 años. Una fotocopia del año previo hace referencia al mismo

—

21— "Lourdes Grobet y Magali Lara presentarán su libro *Se escoge el tiempo* en la galería Los Talleres", *Uno Más Uno*, 14 de noviembre, 1983.

22— Magali Lara, comunicación por correo electrónico con la autora, 26 de enero, 2025.

cuadro: un conjunto de letras en una tipografía sin patines (copiada de calcomanías industriales) forma la frase "lo que el agua me ha dado".[23] Las letras se yuxtaponen a una serie de palabras manuscritas repartidas entre columnas de besos impresos en lápiz labial. Las palabras (*Frida, yo, soy, dos o más, amo, a, Diego,* una borrosa *muerte*) no terminan de componer frases lógicas, y la dirección en la que la espectadora habría de leer se desestabiliza, generando deslizamientos entre la Kahlo repetida y Lara, que parece hablar en primera persona. Juntas, estas imágenes cartografían una intimidad imaginaria entre Lara y Kahlo. Las sugerencias de experiencias compartidas son descritas a través de un vocabulario iconográfico igualmente compartido. La intimidad imaginada se refuerza a través de la impresión del lápiz labial, un índice de contacto íntimo entre los labios de la artista y el papel, que evoca el uso que Kahlo hacía del mismo recurso en las fotografías y cartas que enviaba a sus amantes, amigos y conocidos.

Varios años después, esta noción de la obra de arte como lugar de posibilidad para una intimidad imaginaria e intergeneracional fue llevada más lejos en una obra de teatro colectiva titulada *Trece señoritas* (1983), una colaboración entre Carmen Boullosa, la artista escénica Jesusa Rodríguez, la compositora Liliana Felipe y la misma Lara, quien diseñó la escenografía y el vestuario. La obra era un homenaje a Kahlo, pero era, específicamente, un homenaje a una versión de Kahlo que Boullosa, Rodríguez, Felipe y Lara construyeron a partir de sus investigaciones sobre los cuadros de la artista.[24] Al centro del diseño escenográfico de Lara estaba, una vez más, la obra de Kahlo *Lo que el agua me dio*[25] de 1938. Como comentó el crítico teatral Bruce Swansey, *Trece señoritas* era "una exploración de la intimidad a partir de la cual emerge un personaje construido con fragmentos de cuadros, con informaciones que provienen directamente de la obra de la pintora".[26] Durante cerca de un año, mientras el grupo de mujeres trabajaba

—

23— Esta pintura ha sido referenciada bajo los títulos *Lo que el agua me dio* y *Lo que el agua me ha dado.*

24— Bruce Swansey, "Teatro: *13 señoritas*", *Proceso,* 18 de julio, 1983; Madeline Murphy Turner, "What Women Write: Artist's Books, Postal Objects, and Independent Theater in Mexico City (1979-92)", Tesis Doctoral, New York University, 2023, p. 133.

25— Madeline Murphy Turner, *ibid.*, p. 134.

26— Bruce Swansey, *op. cit.*

en el proyecto,[27] se desarrolló una intimidad literal entre las cuatro creadoras y, de forma paralela, una intimidad imaginaria entre las creadoras y esta versión inventada de Kahlo.

La atención que Lara sostuvo sobre estos intercambios íntimos imaginarios abre la posibilidad a otros tipos de intercambios, imaginarios o virtuales, que no necesariamente se limitan a las relaciones entre las creadoras, sino que pueden ampliarse a aquellos que se producen entre la artista y la espectadora. Lo que quiero proponer es que leamos las obras de Lara del mismo modo en que ella leía las de Kahlo a finales de la década de 1970 y durante la década de 1980: como *vasos comunicantes*. Llenas de alusiones al agua, las imágenes de Lara rechazan la solidificación. El significado emana y fluye, se encharca y se arremolina. Sus obras son, al mismo tiempo, receptáculos —registros vulnerables de sus propias experiencias— y canales —aperturas dispuestas para que sus colaboradoras y sus espectadoras encuentren resonancias y afinidades.

Estuarios

Por sí solas, las imágenes en las que Lara representa el agua son de una escala modesta. Pero al rastrear el tema a lo largo de su obra —que se va moviendo entre proyectos individuales y colectivos, que va generando puntos de confluencia contemporáneos y también intergeneracionales—, se revela la potencia que acumulan. Al fluir juntas, cobran fuerza. Las imágenes de Lara combinan expresiones de vulnerabilidad emocional y personal por parte de la artista, registros de un intercambio literal e íntimo entre ella y otras creadoras además de representaciones de una intimidad imaginada. De este modo, abren un espacio para que las espectadoras interactúen con la obra en múltiples niveles: les permiten ser afectadas por la vulnerabilidad emocional de la artista, observar el valor de los diálogos literales y virtuales en torno a la experiencia de las mujeres y encontrar afinidades con sus propias experiencias. Estas imágenes generan una experiencia visual similar a la estrategia organizativa feminista del pequeño grupo.

—

27— Turner menciona que Boullosa, Rodríguez, Felipe y Lara comenzaron el proyecto en algún punto de 1982 y continuaron trabajando en él hasta su estreno, en julio de 1983. Madeline Murphy Turner, *op. cit.*, p. 133.

Descubrir que los problemas que parecían casos aislados son, en realidad, compartidos, devela sus raíces sistémicas. Esto muestra que están moldeados por estructuras patriarcales y que no pueden resolverse de forma individual: requieren de "una acción colectiva, para una solución colectiva".[28] En las obras de Lara, el pequeño grupo puede operar a través de una red global e intergeneracional. Las espectadoras pueden encontrar resonancias con las experiencias de otras mujeres a través del espacio y del tiempo. Las propias obras se convierten en *vasos comunicantes*; los riachuelos de encuentros individuales se convierten en corrientes de experiencias compartidas. Esas corrientes ganan fuerza y corren más rápido a medida que crece la red de conversaciones; luego se convierten en ríos que desembocan en estuarios: allí, los canales feministas se enfrentan a la fuerza oceánica del patriarcado.

—

28— Carol Hanisch, *op. cit.* p. 76.

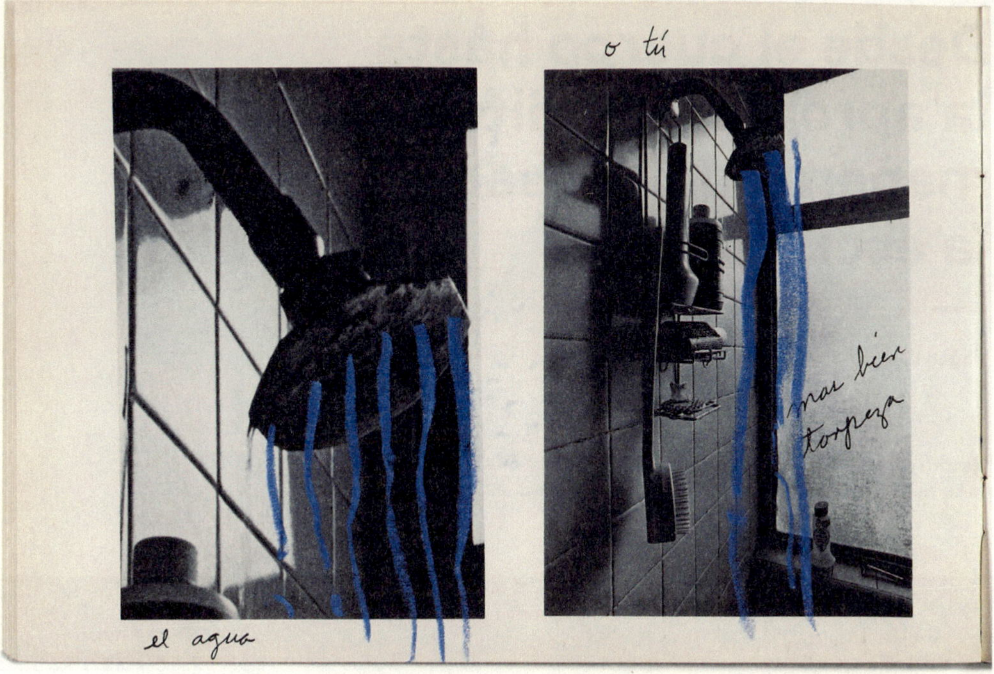

o tú

el agua

mas bien torpeza

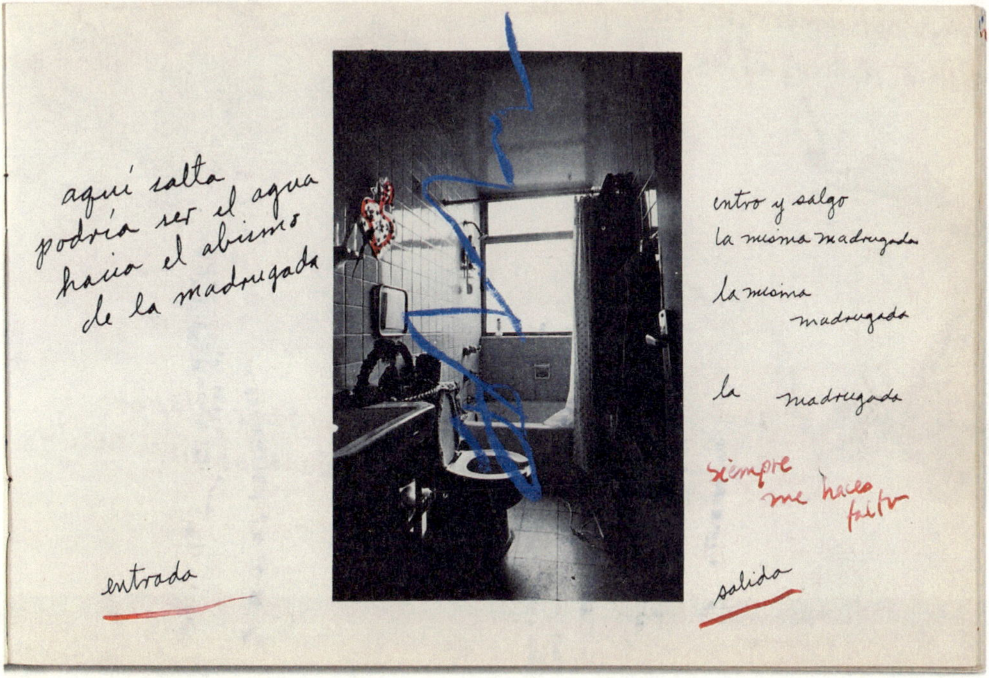

aquí salta
podría ser el agua
hacia el abismo
de la madrugada

entrada

entro y salgo
la misma madrugada

la misma
madrugada

la madrugada

siempre
me haces
falta

salida

Se escoge el tiempo [*The Time is Chosen*], 1983. Detalle—Details
Foto—Photo: Alfredo Mora [Cat. 124]

Desde el cuerpo hasta la apropiación: diferentes maneras de pensar la escritura*

Magali Lara

*Escrito durante "Volver a la escritura", IV Escuela de Arte Crítica de La Tallera, coordinada por Verónica Gerber Bicceci, 2023.

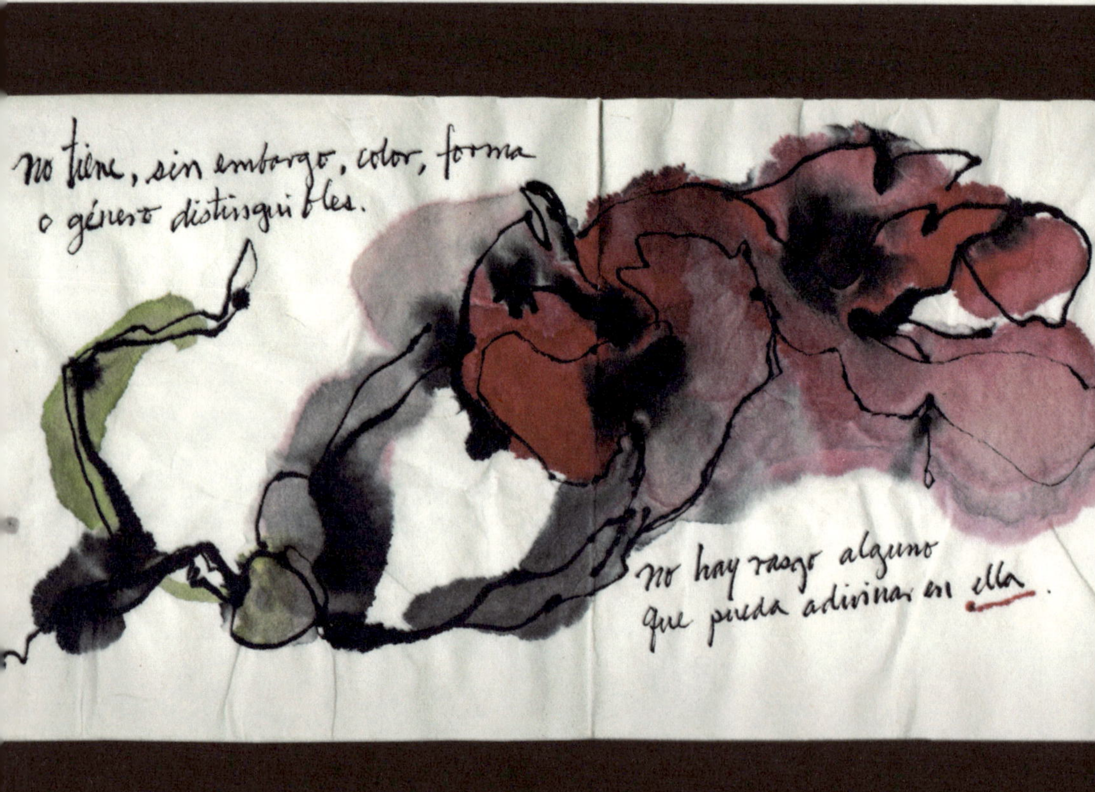

La enemiga [*The Enemy*], 1986. Digitalización—Digitization: Berenice Hernández [Cat. 138]

Obstrucción

Siempre quise ser escritora, pero hay algo en el acto de escribir que me detiene y me hace dudar. Existe una obstrucción que no logro descifrar, y no estoy segura de que sea del todo imaginaria. Sé, además, que en esa dificultad se encuentra el deseo de escribir.

Por mucho tiempo creí que mi mala relación con la escritura tenía que ver con la construcción de la identidad y lo que con ello aceptamos como dogmas. Por ejemplo, cuando estaba en la escuela de arte, la Escuela Nacional de Artes Plásticas (ENAP), a las artistas y escritoras no se les tomaba en cuenta de la misma forma que a los hombres. Existía la categoría *ellas, las otras*: *nosotras* como una especie aparte. Las mujeres, dentro del Boom Latinoamericano, eran vistas con cierto desdén, como si ser mujer fuera un impedimento nato para ser culta, inteligente, incapaz de crear una obra significativa. Quizá podías escribir, ser guapa y aceptada en el grupo, pero no te reconocían como *escritora*.

El acto de *escribir* tiene muchos significados, no es sólo construir un texto; implica una forma, una manera de usar el lenguaje. Yo fui a una escuela de monjas y siempre sacaba diez en redacción, pero al llegar a la adolescencia mi ortografía estalló. Quiero decir que de pronto yo estaba de pleito con las palabras y la manera en que se suponía que tenía que escribir. Mi cuerpo necesitaba algo más, pero no lo encontraba en lo conocido.

Hasta la fecha padezco de una dislexia que monta un desorden tremendo a la hora de redactar. Curiosamente esa misma falla logró que me publicaran en una revista de poesía visual en los años setenta, porque en esos errores inconscientes se abría una lectura distinta, una emoción que trasminaba el lenguaje, sin saber qué era, estaba ahí presente.

En pocas palabras, sentí que no había lugar para mí en esa manera de pensar el lenguaje, de la misma manera en que no me sentía representada con la imagen de la feminidad aceptada como la única y verdadera en ese entonces.

En esos años supe sobre los antipsiquiatras, una escuela de la psiquiatría de los años sesenta que reivindicaba el discurso de los esquizofrénicos y aceptaba que en el delirio había una narración simbólica de su visión y malestar. Además, defendían su derecho a tener una vida mejor, inclusive fuera de las instituciones mentales. Ronald David Laing y David Cooper explicaban que los enfermos mentales tienen una manera de contar su historia, usan recursos metafóricos o construyen una lógica que no carece de sentido, aunque sea difícil de descifrar. Muchas veces esa estructura proviene de una prohibición, quizá por parte de los padres o de su medio social, que les impide pronunciar lo que les produce dolor, angustia o placer. Esta prohibición no necesariamente es real, quizá se trata de un equívoco, un malentendido, o es producida por una instrucción que imposibilita una resolución como un *double bind*,[1] una orden contradictoria. Laing usó poemas/diagramas para visualizar esa dificultad que construye un territorio vedado, al que se alude de manera indirecta o a las estructuras equívocas que forman el *double bind*.

Cuando entendí lo que significaba valorar el lenguaje de los esquizofrénicos, que su delirio tenía sentido al reflejar las prohibiciones familiares, experimentadas de manera fragmentada y reconstruidas desde el decir *lo que no se puede nombrar*, supe que la mía también era una visión oblicua: un cuerpo de mujer que no tenía permitido mostrar su experiencia como tal, que en la sociedad no tenía derecho de pronunciar ni sus deseos ni sus contradicciones. Entonces, ante la imposibilidad de escribir, decidí dibujar; hice diagramas, poemas visuales. Es curioso que en ese momento muchos poetas trabajaran sobre esa línea.

En Brasil, a partir de la poesía concreta,[2] las imágenes se usaron en un intercambio que inauguró un espacio intermedio entre texto e imagen. Tuvo eco en toda Latinoamérica por medio de las revistas alternativas que publicaban artistas en ese entonces y que yo conocí a través del arte correo. En ellos, más que una prohibición, existía un deseo de explorar el lenguaje, apropiárselo: decir de otras formas, accionar el lenguaje como un acto de libertad. En palabras de Clemente Padín, artista visual uruguayo y editor de revistas, se trataba también de una búsqueda de identidad que incluía ver lo que significaba la modernidad y desdeñar el discurso oficial. De manera paralela, surge

—

1— Se le conoce como *doble vínculo* o *doble constreñimiento* a la situación comunicativa en la que una persona recibe mensajes diferentes o contradictorios. El término, acuñado por el antropólogo Gregory Bateson, intenta dar cuenta del ataque de esquizofrenia sin asumir, simplemente, una disfunción orgánica del cerebro.

2— Poesía concreta es un género de la poesía acuñado en 1930 en el que lo visual y espacial tienen el mismo nivel de importancia que la rima y el ritmo en la poesía lírica. Como plan estético, el concretismo fue un impulso ideológico importante en el desarrollo de las artes en la mitad del siglo XX y no sólo en la poesía.

en Brasil, en 1952, el grupo Noigandres;[3] en 1953 aparece el manifiesto *For Concrete Poetry* de Oyvind Fahlström, en Suecia, y en 1953, en Suiza, el libro *Constelaciones* de Eugen Gomringer, poeta suizo-boliviano.

Me pregunto qué significa ahora para Latinoamérica *ser moderno*. Si es un permiso para revisar de otra manera el pasado colonial y las diferencias entre la identidad subjetiva y la nacional. Si para hacerlo Brasil optó por la antropofagia, en México se cultivó la idea de un lenguaje poético cuyo centro podemos colocar en la obra de Octavio Paz que, como pasó con los muralistas, nos dio una identidad nacional. Pero como diría mi amiga Maris Bustamante: "Hay que tener miedo del PRI que llevamos dentro".

El cuerpo se interpone

Si yo pude construir una narrativa visual en la que el mundo de las imágenes y el texto resultaran si no contradictorios, sí en tensión, fue porque de alguna manera me permití habitar mis propios obstáculos. Sin embargo, ese deseo de escribir empezó a tomar rumbos distintos.

En 1986 tuve mi primera exposición individual en el Museo de Arte Carrillo Gil. Tenía por título *La infiel*, tomado de un poema de Carmen Boullosa, con quien he colaborado desde 1980 haciendo libros a cuatro manos. Le pedí ese poema y con él armé la distribución de los dibujos y las pinturas como si fueran capítulos de una novela que marcaran una transición en mi obra. Los primeros dibujos estaban llenos de palabras, como si fueran ocupando cada vez más el lugar de las imágenes. En cambio, los cuadros que mostraba por primera en vez en conjunto apenas tenían una frase. Mi entrada a la pintura también fue un desafío a lo que se entendía entonces como *la obra por excelencia*, ya que para mí era importante construir un artefacto capaz de devolver la mirada y de construir una narración entre las obras y el espacio expositivo.

Las dificultades que se me presentan con la escritura son de diferente naturaleza. Yo aprendí muchísimo de estructura leyendo a escritoras: a Virginia Woolf con su diálogo interior; Marguerite Duras y la repetición de una historia que, cada vez, era contada de

—

3— El grupo Noigandres se integra por Haroldo de Campos, Décio Pignatari, Augusto de Campos y otros. Con este grupo se inicia el movimiento de la poesía concreta. El grupo rompe los límites de la palabra y tratan de extenderla hacía otras áreas artísticas y hasta políticas.

distinta manera; o las imágenes poderosas y no descriptivas de las poetas norteamericanas de los años sesenta como Sylvia Plath, Denise Levertov, o Boullosa y Gloria Gervitz en México. Todas ellas rompían con los mandatos de la literatura y creaban formas que permitieran la entrada a *eso otro,* arrinconado por pertenecer a la vida cotidiana, a lo femenino y al mundo de los cuidados y de los afectos.

La pregunta para mí era: ¿de qué manera construir un espacio que permitiera integrar la vulnerabilidad del autor como en las novelas claves de principios del siglo XX con títulos tan sugestivos como *La metamorfosis, El hombre sin atributos, La balada del café triste* o *El diablo en el cuerpo*? O bien, permitirle al lector juegos múltiples como *Rayuela* o los ensayos y relatos que Cortázar publicó en los años ochenta en la que los libros se volvían objetos artísticos o dispositivos visuales. Sin duda, *El segundo sexo* o *La llegada de la escritura* también me conminaron a la idea de que escribir desde *ser mujer* o *ser mexicana* o *ser de provincia* o *ser de afuera* o *rara.* Esto implicaba *deconstruirse* y apropiarse del lenguaje dominante para volverlo propio. Pero ¿quién no es raro?

Me interesa un *no saber del todo* qué significa lo que estás mostrando. Es en el riesgo donde está la posibilidad de algo oculto que aparece como un ser monstruoso, agazapado en toda obstrucción, y que, aunque de apariencia es aterrador, posibilita un ejercicio mucho más vital que seguir los dictados de lo que marcan las buenas maneras que tanto nos gustan a los mexicanos. Coleccionar textos se volvió entonces una costumbre. Copio, corto y pego, subrayo y anoto en mis cuadernos lo que me parece que me habla en cada una de mis lecturas. Si en el dibujo, el cómic me permitió rechazar las convenciones del dibujo tradicional e incluir secuencias y alteraciones de la imagen, ¿qué podía pasar con la escritura de manera equivalente?

En 1997 hice una serie que se llamaba *REPETIR,* como una alegoría sobre el deseo femenino, pero también para mostrar lo que encierra el gesto de la repetición, que parte de un intento por acercarme de nuevo a la poesía visual a través del dibujo, pero para darle un cuerpo abyecto, como siempre se describe al cuerpo femenino. Le escribí a Roberto Tejada, gran amigo, poeta y crítico de arte, para pedirle una presentación para el catálogo. Le mandé también todas las citas que había encontrado y las frases que aparecían en los dibujos, además incluí textos breves escritos por mí que contaban sueños o reflexiones sobre mi trabajo. Su respuesta me sorprendió: "Éste es el texto que necesitas". Mi cortar y pegar construyó algo distinto al texto formal que le pedí, pero en esa estructura estaba mi voz.

Así se ha ido formando lo que ahora puedo llamar mi escritura. Por supuesto que no soy la única que copia textos. Kathy Acker llegó a hacerlo de manera obsesiva, creando una estrategia que tiene su parecido con el *Pierre Menard* de Borges, pero que, en palabras de Maggie Doherty, al robar el trabajo de otros, se rehízo una identidad que le permitió escribir la autobiografía que necesitaba. Yo hice lo mismo con el libro de Deleuze y Guattari con *Kafka: por una literatura menor*. Usé ese texto para construir una *fuga* del cuarto edípico, esa habitación impuesta desde la infancia sobre los valores familiares, conscientes o no, que no te permite devenir en algo distinto.

Entonces entendí que desde mis titubeos o citas que voy recolectando he ido construyendo una suerte de escritura que se vincula al dibujo, a la manera en que yo dibujo.

En ella hay, como en todo ensayo, una hipótesis, pero está basada en una figura y no en un concepto, que me permite desplazar lo personal hacia algo más abstracto. Siempre en conversación con otros artistas o con textos de otros autores. *Satori,*[4] *Glaciares*[5] y más recientemente *Toda historia de amor es una historia de fantasmas*[6] están hechas así: es una conversación con otros autores, como este mismo texto. Es con *un nosotros* como escribo.

Para los integrantes de Oulipo[7] era importante crear nuevas estrategias de escritura que ellos llamaban "Los plagiarios por anticipación", que consistía en retomar una obra del pasado y reutilizar su estructura. Inventaban restricciones con nuevos desafíos que les permitían la producción de obras originales combinando fragmentos de otras obras de autores diversos o prohibiendo el uso de ciertas letras; hay obras con estrategias

—

4— Magali Lara, *Satori,* exposición individual Galería Nina Menocal, Ciudad de México, 2002.

5— Magali Lara, *Glaciares,* exposición individual, Sala de Arte Público Siqueiros, Ciudad de México, 2009.

6— Magali Lara, *Toda historia de amor es una historia de fantasmas,* exposición individual, Seminario de Cultura Mexicana, Ciudad de México, 2021.

7— La palabra es un acrónimo formado por las dos primeras letras de tres palabras francesas: *Ouvrage, Littéraire, Potentielle.*

que hoy descubrimos como innovadoras y que se nos olvida que han estado siempre presentes, que cada época construye sus formatos y sus reglas. Oulipo fue fundado en 1960 por Raymond Queneau y François Le Lionnais, con la intención de explorar los beneficios de estrategias matemáticas y diversas maneras de obstrucción para escribir literatura. Queneau escribió un poema que a mí me hubiera gustado hacer: *Cien mil millones de poemas,* publicado en 1961, el cual propone diez sonetos cuyos versos son totalmente combinables y rimables entre sí. Crea para el lector una especie de *I-Ching,* en el cual cada día puedes preguntarle al poema mensajes para ti. Esto me recuerda a las novelas de Mario Bellatin, en las ediciones que él realizó después de pelearse con sus editores: cada párrafo tenía la imagen de unas pequeñas tijeras, como invitándote a cortarlo y hacer tu propia novela.

En mi caso, esa apropiación —que en las artes visuales tiene una larga historia— me ha servido para construir mi versión de lo que hoy llamo *otras maneras de leer,* en la que se te permite una relación mucho más audaz con los textos y autores que te van acompañando en cada proyecto. Esto refleja un cambio en la relación entre imagen y texto que también podemos ver desde la literatura y un campo de intersección que no es únicamente el giro lingüístico del que se hablaba en mi época, sino de la visualidad que ha adquirido la escritura y el discurso en las imágenes: una búsqueda que pretende construir un lenguaje sinestésico.

Por mi parte, la dificultad de la que hablé en un inicio sigue ahí, acechándome en este mismo texto que escribo y reescribo y al que decidí acompañarlo de una presentación visual, porque he aprendido a nombrarla así y porque creo que si Ulises Carrión decidió contar la historia de los nuevos libros con ejemplos de las artes visuales y no literarios, debe ser porque permite imaginar nuevas estructuras que permitan al lenguaje desplazarse de otras maneras.

¿Qué relación hay entre cuerpo y escritura? ¿Entre identidad y lenguaje? ¿Entre eso que quiero escribir y la idea de ser escritor? No soy la única que se hace esa pregunta. Lo que creo es que escribir, como dibujar, es un anhelo que todos poseemos para hacer presente nuestra visión del mundo, y quizá de nosotros mismos, nos permite entender el afuera, pero también ese adentro en el que nombrar sigue siendo un acto necesario.

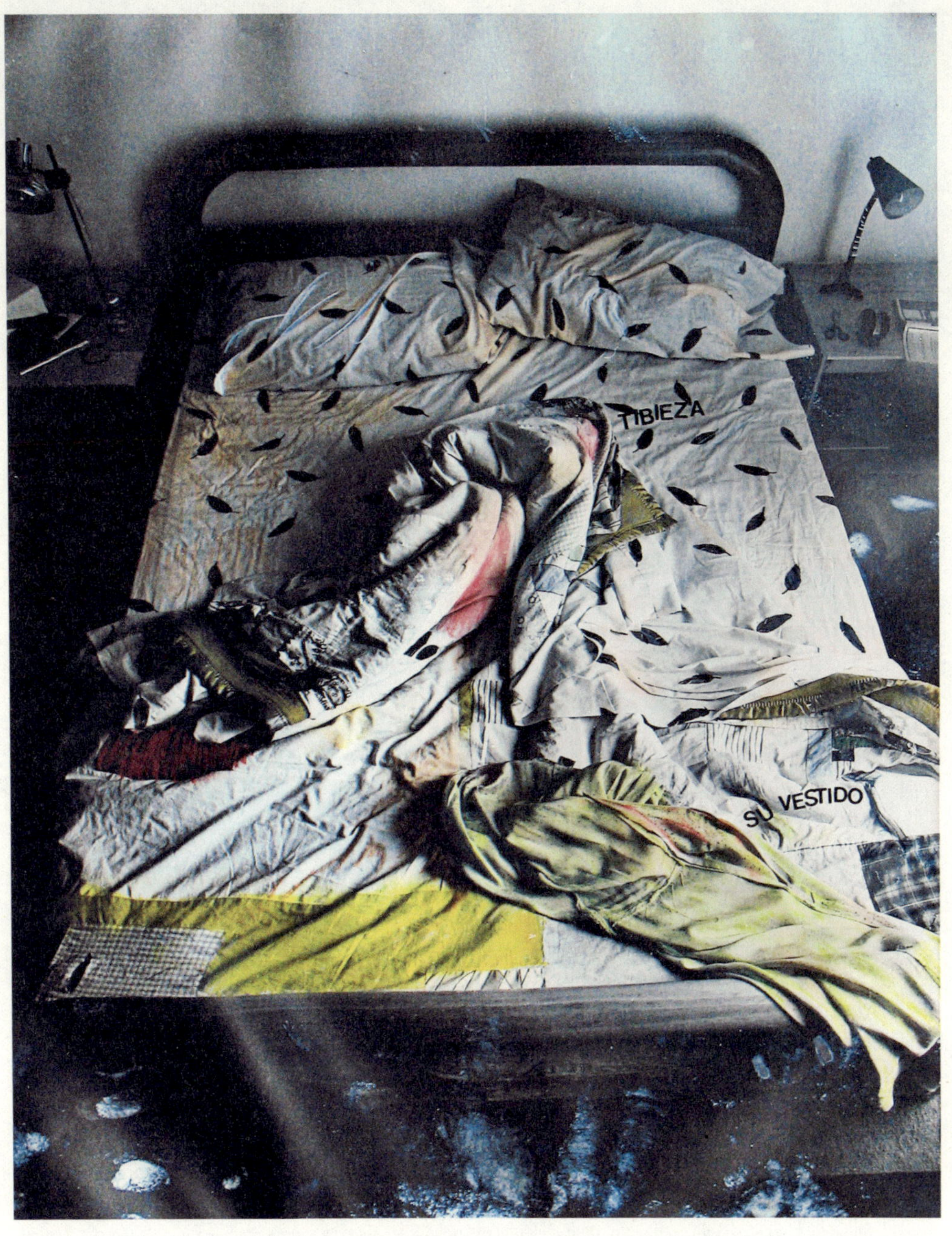

Nunca más I [*Never Again I*], 1981. Foto—Photo:
Cortesía de la artista—Courtesy of the artist [Cat. 110]

Glosario

Magali Lara

Abstracto. Mis últimos trabajos se centran en formas espontáneas y sus diferentes relaciones de color. No es para nada un trabajo abstracto, me interesa lo nimio de la existencia, el poder de lo microscópico que nos da estructura.

Accidente. Volví a soñar, pero eran pesadillas. No me acuerdo de la trama, pero me despertaban mis gritos. Esto fue antes del accidente. En cambio, cuando perdí el control del coche y pensé que me moría, tuve mucha calma. En cámara lenta sentí que el carro giraba y se estrellaba contra un árbol. No me pasó absolutamente nada, pero algo mío se murió ahí. Dicen que en un susto pierdes una de tus nueve almas. Algo así quedó ahí, en ese paisaje. Me resulta conmovedor que un árbol paró mi caída, y la posible volcadura del carro. Un árbol, como cuando fui a ver a Ana después de la muerte de Elso, que me recordó que estaba viva. Dañada, eso sí, pero a mi edad, ¿quién no?

Alzheimer. Me dicen que la gente que padece Alzheimer va perdiendo sus capacidades intelectuales y físicas, pero conserva el sentido del gusto y su capacidad afectiva. Nunca se mencionan los diferentes rangos de miradas. Hay una en la que, efectivamente, nada parece tener sentido. Como si el mundo estuviera hecho de fragmentos dislocados, agresivos, que no podemos acabar de juntar a pesar de la extenuante vehemencia. Pero hay otras. Una me conmueve especialmente porque, a pesar de no poder pronunciar un sonido reconocible, desde esa barrera infranqueable de las palabras tan queridas por ella, se aparece completa, como la recuerdo, en lo mejor de sí misma. Allá atrás, en un lugar sin tiempo, en el puro acto de mirar vuelvo a encontrarla. Mamá y yo juntas en este espacio conformado por la enfermedad, por la pérdida del juicio y un cuerpo abandonado a los extraños. Una mirada fija, breve, no hay equivocación. Ella me quiere, reconoce pertenencia. No tiene palabras para designar quién o qué soy. Alguna vez, antes que perdiera todas las palabras, cuando nos encontrábamos con alguien y saludaba, decía que yo era su prima. En su mundo, aún antes de la enfermedad, *amiga* era sinónimo de *hermana*. No había madre e hija; era conflictivo. Hermana, amiga, prima. Todos los martes se reunían a tomar café y se contaban las novedades de la casa. Nosotras, las hijas, nos deleitábamos de lo que se podían decir. No había tías o abuelas, todas eran de la misma edad. ¿Qué es la memoria para la identidad? Dibujos borroneados, frases que comienzan como antaño pero que no se pueden completar, dando vueltas, en la inutilidad de la boca para reproducir eso metido allí. Mi madre sigue sonriendo. Arruga los ojos como lo hago yo y abre su cara, complaciente. Se enoja igual. Sin tanta vergüenza, atrapada en un cuerpo que desprecia o le incomoda y que alguien más mantiene limpio. Se pinta la boca a la perfección sin mirarse al espejo. Es el primer dibujo que recuerdo y que quise imitar. No en mí misma sino afuera, apropiándome todo lo que ella convocaba: la belleza, la seducción, la cercanía. No quiero darle una interpretación a sus síntomas. Es esa pérdida, ese hueco donde nada parece continuar, donde la identidad o quienes fuimos, se confunden y desdicen, dejándonos en un extremo de sensaciones, descarnada en un mundo que no contiene, donde la piedad se basa en las palabras. Entiendo que es ese estar, ese tiempo enrarecido lo que me ha permitido destejer mi relación con mi madre y hacer otra, donde no soy tan voraz ni quiero una definición de lo que soy. ¿Es porque es mi madre quien me mira? ¿O porque me atrevo a mirarla? Mi abuela fue una mujer muy necia y de mal carácter. No quería estar donde estaba, eso era parte de su mal humor. Siempre fantaseaba que si estuviera en otro lugar, con la otra hija, se iba a sentir mejor, más feliz. Cada año su carácter empeoraba y hablaba muy mal de sus hijas. Robaba. Pedazos de comida, pastelitos mordidos, guardados en su clóset como prueba de su riqueza. Entiendo ese deseo. A veces de adolescente iba al cuarto de mi madre y me llevaba una cosita, un pasador, una lima, un par de pinzas. El chiste era robarle algo que estuviera cerquita, que fuera útil e invisible a la vez. Me imagino que mi abuela robaba ese alimento que ella no daba. No recuerdo su cara, sólo su voz y no me gusta. Madre, hija, abuela. Ellas perdieron la memoria de diferentes maneras. Mi madre, que no olvida su belleza y nos enfrenta con ese ser hijas, tan vulnerable, me deja sola, adulta.

El animal. Ese ser doble me causa cierta sensación de paranoia. ¿Me persigue desde dentro o desde afuera? Identifico mi relación con la escritura como un animal al acecho, no sé si huye o me persigue. Se parece a lo que busco en los cuadros, algo vivo que sigue ahí y se reproduce como las hormigas en el fax. Me da miedo y me fascina. Es la historia del cuerpo que soy yo.

El centro. La enfermedad de mi primer marido, el accidente en que murieron mi hermano y mi cuñada, hicieron que apareciera la brutalidad del cuerpo, el dolor físico y el dolor de la pérdida. También comprobé que cada quien tiene una manera distinta de cruzar el duelo. La maternidad o la misma adolescencia: cada uno vive la experiencia como algo personal, único, aislado de los otros; al mismo tiempo, somos capaces de reconocerlo en otro. En el drama escogemos lo más afín a nuestro proyecto como personas, pero el dolor nos escoge para mostrar los huecos, los escondites. ¿Qué tal si hay otras versiones de nosotros mismos más armónicas o más cómodas que nunca nos atrevimos a desarrollar? La naturaleza me resultaba del todo indiferente hasta que sentí la muerte. Por alguna razón me trajo la posibilidad de ver el paisaje. La maternidad, o la fragilidad de la maternidad, me llevaron al consuelo del mundo vegetal. ¿Por qué me sentía más segura entre las plantas? Creí reconocer en ellas formas que contenían y describían mis emociones. Descubro que cuento lo mismo que mi madre, las circunstancias de un cuerpo maternal, la de una mujer enferma de melancolía, la tristeza de la pérdida, la sensualidad de amar y ser amada. Y en algún lado en esos relatos, como centro está la belleza.

Coraza. Descubrí este concepto de Wilhelm Reich a través de mi interés por lo que el cuerpo dice. El mío es un desconocido con el que me comunico a través de síntomas. Me gusta la idea de construirlo como un paisaje producto de la negociación entre el pasado y el presente; porque es verdad que en estos años mi infancia y adolescencia han vuelto a resurgir, como si la pérdida de la familia me recordara que comencé otro camino desde entonces… que mucho de lo que creí cierto no son más que una serie de malentendidos. ¿Lo que nos contamos a nosotros mismos para explicarnos que los eventos y repeticiones tienen un propósito? ¿O es el carácter que los va convocando? Y quizá es posible que todo sea un enorme malentendido. Envejecer quizá se trate de desmantelar nuestra identidad, permitir que el pasado deje de tener una explicación. Ser paisaje y ya.

La escatología de los sentimientos. Si los objetos reproducen una circunstancia emocional, los baños y la cama son mis favoritos. El baño muestra la relación que tenemos con nuestro cuerpo. Me encanta que sean blancos, como si el ritual de limpieza cumpliera con mayor precisión: hay confesión, perdón y purificación. Es un espacio existencial. Como en la secuencia de *Psicosis* de Hitchcock, donde la sangre junto con el agua se va por la coladera, se va a la nada. La cama también me obsesiona. Es la madre o donde suceden otras vidas como la del sueño, la enfermedad y la muerte. Es un lugar de dolor y de placer, pero quizá lo que realmente me interesa es que ahí hay un encuentro con lo otro, imaginario o real, aunque sea eventualmente. ¿Qué dicen las sábanas de nuestra vida? ¿Qué dibujos hacemos en nuestro recorrido nocturno? ¿Significa algo? ¿Son síntomas o destino? ¿Son como las líneas de las manos o las arrugas que cuentan nuestro pasado y futuro?

Las flores y el sexo. Escuché una vez decir que el vacío que sentimos las mujeres, la necesidad del otro, muy probablemente venía de la matriz, que es hueca y espera ser llenada. En estos dibujos que hice en 1986 para la exposición de *La infiel* en el Museo Carrillo Gil, hay un centro que sí está colocado en un triángulo, pero tan oculto por la pintura tan narrativa que lo circunscribe, que hasta hoy me doy cuenta. Estas obras marcaron un giro de un trabajo con cierto aire conceptual a una figuración próxima a María Izquierdo y algunos otros representantes menores de la Escuela Mexicana, donde el bodegón tuvo sus mejores momentos. No hay nada más metafísico que la serie de cuadros de María de los huachinangos que nos recuerdan que las revelaciones también se dan en pequeñas circunstancias cotidianas. Para mí marcaban el regreso a la historia de las mujeres de mi casa, mi abuela y mi madre, que pintaban bodegones y flores, pero que asocié al deseo de reproducir, de repetir. Pintar me regresaba a un lugar donde las tradiciones eran importantes. Siempre tengo la sensación de que es un enorme desafío encontrar una manera personal de pintar en México y que por eso no se acaba la pintura.

Futuro. En 2013, en el sur de Francia tuve una experiencia difícil: sentí que una oscuridad me envolvía, que no podía distinguir el horizonte. Ocurrió de la manera más casual, en plena noche, cuando salí a fumar un cigarro a la terraza en casa de mi hermana. Todo estaba pegado a mí, como un collage. Asfixiante... ese hoyo negro ocupaba todo. "Es el futuro", pensé. No sabemos nada de él, no entendemos la forma en que ya está en nosotros y hacia dónde nos dirige. Había cierta belleza, pero era aterradora. Todo se mueve, nada es para siempre.

Historias de casa. Siempre me he pensado como una pintora de interiores. Mis temas son la vida cotidiana, los pequeños dramas sin aparente importancia, las emociones no registradas que conforman nuestra personalidad y nuestras relaciones. Creo que los objetos cotidianos están impregnados del cuerpo de sus dueños y, de alguna manera, reproducen escenas emocionales o, sería mejor decir, circunstancias detenidas que regulan nuestros movimientos afectivos. Desde adentro de mí era difícil poder mirar con claridad, así que me gustaba encarnar a personajes distintos: Frida Kahlo o fotos de mujeres que no revelaran la cara. Muchos trabajos de colaboración tenían esa intención: hacer del relato de tu identidad un recorrido lleno de pequeños trucos para seducir al que te escucha, lo que me provoca una sensación de desdoblamiento, de fragmentación.

Hurtar en ti lo que me pertenece. Este verso viene del largo poema *Migraciones* que Gloria Gervitz estuvo escribiendo por más de veinte años. Me gusta porque habla de la envidia, un sentimiento que conozco bien. Después de la muerte de mis padres y de la ruptura familiar, me quedé llena de injurias. Frases y miradas que me recordaban lo maleducado de mi conducta, lo difícil que es pertenecer. Pero el hallazgo mayor fue que me he enamorado de hombres tristes, creyendo que podía salvarlos, cuando ha sido mi propia melancolía la que me ha dejado aislada del mundo, lejos de mí misma.

Infancia y eso. En mis sueños aparece la infancia como un lugar de silencio impuesto, de tremenda quietud para no romper algo de alarmante delicadeza y una agobiante sensación de torpeza que me impide mover. Es un lugar violento emocionalmente y el rostro el único mapa posible. Hay algo en las fotos infantiles, en algunos retratos, en los que la mirada parece contener un presagio, una promesa de algo que sólo en el futuro adquiere sentido. En cambio, el cuerpo siempre habla del momento presente, de la sexualidad y el contacto con los otros. Lenguaje corporal. ¿Pero qué dice exactamente? Durante años recibí postales de mujeres desnudas que no miraban a la cámara, mujeres sensuales que se dejaban ver en momentos de cierta intimidad, no necesariamente provocativas, sino cotidianas. Siempre me pregunté qué propiciaba esos envíos. Reconocía en los objetos y la atmósfera los temas de mis dibujos. Sólo la mujer me era inaccesible.

Intemperie. En 2012 se acabó el mundo. No sucedió como lo había imaginado. No vino un cometa a estrellarse con nuestro planeta como lo imaginó Lars Von Trier, sino que muchas de mis creencias dejaron de tener sentido. De pronto nuestra supervivencia como especie adquirió tonos apocalípticos: la destrucción de nuestro entorno, de todo lo que constituyó nuestro pasado. En cada uno de nosotros se instaló la pregunta, ¿cuándo comenzó el final? Estamos desprotegidos y no hay creencia que nos consuele.

Los ojos no. No quise ver desde el principio. Fue el oído el que me hizo darme cuenta que estaba en un lugar en el que se me pedía ser algo que no acababa de entender. Madre, esposa, hermana. Todo para los otros, a tal punto que no podía recordar qué era lo que me gustaba hacer. Tampoco puedo dormir. Y era en mis sueños en donde mejor escuchaba.

El paisaje. El relato de los glaciares 1.- Mi identificación con un árbol podado fue lo que me llevó a considerar las formas de la naturaleza como un posible vocabulario. 2.- Nací en la Ciudad de México, pero mis padres vinieron de Yucatán. Vivíamos en una colonia apartada del centro, de creación reciente y con vecinos yucatecos. La mirada de mis padres siempre estaba puesta en Mérida y nuestra relación con la Ciudad de México era ciega. Pude verla, al fin, a través de mi búsqueda de identidad como adolescente y después como participante de los grupos de artistas en los setentas. 3.- El paisaje era urbano, no había ningún interés por las montañas o las plantas. A los veinticinco años decidí volver a pintar y llegué a las flores por dos razones: la primera es que tanto mi madre como mi abuela las pintaban. Era una actividad que hacían juntas y yo quería incluirme en esa cadena de pertenencia; la segunda es que mi nombre, que me puso mi padre para disgusto de mi madre, es Margarita Rosa. Con las flores vino un descubrimiento, gracias a un libro de fotos que me regaló mi mamá de Irving Penn: ahí estaba puesto el drama de la vida y la muerte, de la belleza en su esplendor y su decadencia. Ya había leído a autores japoneses y sabía que para ellos el *Ikebana* es una representación del cosmos. Es el cielo, la tierra, el hombre junto con los ciclos vitales lo que constituye el arreglo floral pero no fue sino hasta la experiencia de mi viudez que descubrí que el paisaje nos habla desde un lugar sentimental. 4.- La identificación con las flores viene de la relación que visualmente se ha establecido entre la mujer y la naturaleza. La Historia del arte, las figuras de Georgia O'Keefe y Frida Kahlo me dieron la pauta para reelaborar la relación que tanto mi madre como mi abuela habían hecho del tema. Si la visión feminista me dio un recurso para reformular mi trabajo y su relación con el cuerpo sin describirlo, tanto Mondrian como Beuys me mostraron que no podemos ser literales si queremos que la imagen no pierda su vitalidad. 5.- La viudez, mi desconcierto personal y finalmente la maternidad colocaron al paisaje como un lugar para experimentar mi sentido de pertenencia. 6.- He comprobado que formas simples establecen relaciones simbólicas complejas. No sólo escojo el tema, sino la manera, la estrategia de abordarlo. La abstracción y la figuración son extremos de un recurso técnico para lograr diferentes tipos de representación de un paisaje emocional, no descriptivo. 7.- Mientras duró el viaje a los glaciares argentinos hice muchos dibujos a lápiz y con gouache azul. Para mí el dibujo y la escritura son semejantes, hermanas gemelas. Es posible que el dibujo contenga un relato de la misma manera que una frase dice en lo no dicho. Así que junté ese material con la sensación de tristeza que me provocaba el paisaje y la conciencia de su muerte. 8.- En 1985 murió mi hermano Rolando en un accidente de tránsito. No iba solo, estaba con su mujer y un colaborador extranjero. Unos conocidos que manejaban detrás nos contaron cómo pasó. No hubo sobrevivientes. Esta situación tan abrupta y dolorosa coincide con el temblor de la Ciudad de México del 19 de septiembre. Yo vivía en unos condominios cerca de la UNAM. El día veinte hubo una réplica como a las cinco de la tarde. Todas las madres gritaron al mismo tiempo llamando a sus hijos. El grito me dobló las rodillas de miedo y me puse a empacar para irme, pero no podía decidir qué llevar. Al final puse cosas tan inútiles en la maleta como quizá lo que recuerdan las personas con Alzheimer sobre su identidad. Mi mamá, que tuvo esa enfermedad, recordaba pintarse la boca, pero a veces también era capaz de morder el tubo de labios. Cada vez que veía a un niño se emocionaba. Jamás olvidó que tuvo hijos. 9.- Mi padre murió hace cinco años y mi hermano Juan José un año después, casi en la misma fecha. Esta última muerte causó más estragos de lo que se podría esperar, aunque la historia de rivalidad de mis hermanos mayores era legendaria. 10.- Escuchar el sonido del glaciar, el derrumbe, ese hueco que se oye, fue volver a escuchar el derrumbe familiar que hace ya muchos años había sido incapaz de ponerlo en claro en mi cabeza y en mi mente. Como en los fragmentos que vi vagar en el lago, hay belleza dentro de esta pérdida: puedo atravesar mi infancia de nuevo, de la mano de lo mejor de mis padres, sin deudas pendientes. Cada quien decidió sus límites, y veo alejarse a buena parte de mis hermanos que fueron parte de mí y que sé voy a extrañar. Como en la muerte de mi primer esposo, murió una parte de mí. Como con el árbol podado, hubo un cambio en mi relación conmigo y con el mundo. 11.- ¿No es lo que aprendes cuidando el jardín, en la agricultura? Hay que podar para salvar. No hay nada más viejo que el sentido de pertenencia. La historia del paisaje es también la historia de la relación de diferentes elementos que se constituyen como un todo. Hacer con esto una animación es llevar ese relato tan personal y cargado a una metáfora de contemplación. No quiero juicios, sino poder presenciar y sentir la belleza y la dificultad de los cambios. Y no los hay sin pérdida. Quiero trazar un puente con este trabajo entre dos estrategias dentro del arte contemporáneo: desde lo contemplativo, que requiere una cierta lentitud, una emocionalidad abierta aunque contenga una estructura conceptual que permita ensamblar diferentes elementos; y la relación que, a través del recorrido, de los textos explícitos o implícitos, da al espectador la posibilidad de reinterpretar la obra, o sentir el relato del paisaje. 12.- ¿Por qué no dotar de un sentimiento de contemplación a un medio que suele consumirse con rapidez? Darle cuerpo a esa emoción. Hay muchos artistas que justamente trabajan en esta necesidad de comunicarse con un público de una manera menos intelectual, pero sí inteligente, vincular una imagen a una emoción personal, crear vínculos de pertenencia. En fin, hacer de la experiencia privada un lugar compartido.

Pausa separación. ¿Cuándo y cómo se acaba una relación? No lo sé, pero me imagino que comienza con un gesto muy pequeño que cambia la rutina, y poco a poco va construyendo un abismo entre esos dos que creyeron estar juntos para siempre. La mía terminó cuando cambié el té por el café. Se rompió la mística del *somos uno* y mi propio cuerpo comenzó a presentar síntomas de fatiga. Antes de cualquier separación hay una pausa, un mirarse a los ojos para comprobar que es cierto, que no hay nada que hacer, y el hoyo negro del futuro es ahora. Lo curioso es que él supo primero que yo que había decidido irme. Hasta ahora me explico su enojo. No dijo nada. Y yo tardé en darme cuenta de mi decisión.

La piel después de los cuarenta. Mi trabajo siempre ha utilizado la superficie blanca como parte del proceso pictórico. La sensación de vacío o de obra inacabada me interesa. Era lógico que alguna vez me planteara la necesidad de hablar de la vejez en la misma superficie pictórica como punto de partida para tocar la memoria, el cuerpo y la identidad. Durante estos últimos años he revisado mi propia obra, para intentar descubrir el hilo conductor. Puedo distinguir que las marcas, las heridas y por supuesto las arrugas han ocupado un lugar preponderante como un tipo de escritura involuntaria hecha con y sobre el cuerpo. Esta serie tiene un fin similar, hablar de la pintura desde una superficie ya marcada por los viajes, por los cambios y accidentes que la van haciendo única. La obra también va adquiriendo una pátina con el tiempo, envejece, se fecha, como nosotros mismos.

Rojo, negro y blanco: el don de la belleza. Mis primeros dibujos fueron hechos de manera muy sencilla con lápices negro y rojo sobre papel blanco. Eran objetos domésticos con referencias corporales que hablan del agobiante mundo emocional. Casi todos los años hago una serie con estos mismos colores; me recuerdan la historia de Blancanieves, a la cual, justamente con esta combinación, su madre le otorga el don de la belleza. En esa historia, la madre, al lastimarse, formula el deseo de una hija, enumerando atributos sugeridos por la imagen de su propia sangre. Me interesa la belleza.

El rostro y el cuerpo. ¿Cuál es la diferencia entre el rostro y el cuerpo? Según la medicina china, el rostro se repite en el cuerpo de la misma forma que el cuerpo es reproducido en su totalidad en las orejas y los pies. Para mí, el rostro es un espacio público labrado por el tiempo, que revela y oculta simultáneamente. El cuerpo en cambio es un lugar que sucede desde adentro, aunque estamos acostumbrados a mirarlo como envase. Siempre lo miro como un síntoma de un paisaje interior. Desde la postura hasta la proporción, relata otro lugar de identidad que me intriga. Tengo una prohibición: no puedo mirar la realidad sino de una forma tangencial. Durante muchos años tuve un sueño donde no podía abrir del todo los ojos, algo sucedía en mi casa que no se podía ver y menos decir. De ahí proviene mi fascinación por la fotografía, puedo mirar un rostro sucediendo, un cuerpo interpretado que no deja de ser él y que no soy yo. No tomo fotos, me gusta encontrarlas, establecer esa relación que permita completarla. Vuelvo a jugar al doble. Completo las historias de los otros.

Sielo y deseo. Tengo cierto gusto por algunos juegos infantiles donde la meta es vagamente sexual, aunque desconozco la estrategia para poder cumplirla. El placer es un elemento importante en mi trabajo y también la seducción. Me gusta incluir textos con las faltas de ortografía porque me revelan estructuras más oscuras, mis impedimentos, eso que te detiene antes de atreverte. La boca es un tema frecuente. A veces como vagina o una mezcla de ambas, ocupa un lugar central en mis imágenes hasta volverse la herida primordial. ¿Por qué relaciono la boca con las historias de mi madre? Para ella la imaginación era el lugar de la identidad, y contar historias una de sus pasiones. Lo que decía me era muy importante, a veces me daba cuenta que exageraba o mentía y me producía una sensación entre admiración y pánico, como si el mundo pudiera inventarse cada vez. Solía contar cosas íntimas y de ella escuché la historia de un cuerpo como algo distante y elusivo que se nos imponía con violencia.

Toda historia de amor es una historia de fantasmas. Toda formación caracterológica es típica no sólo en lo que evita, sino también en los impulsos que emplea en su defensa. Para Reich, la coraza es un contenedor y una representación de los conflictos de nuestro pasado en juego con el presente. Somos el paisaje de nuestra subjetividad. Es una idea provocativa que permite pensarnos como un lugar cambiante y fijo, a la vez que nos recuerda la definición que hace Susan Rubin Suleiman sobre las fotógrafas surrealistas, quienes desarrollaban su propia "colección de imágenes [...] con grandes posibilidades de manipulación, desarticulación, rearticulación, fantasía y proyección" para inventar su posición como sujetos. En mi caso, esa desarticulación/reconstrucción me obsesiona.

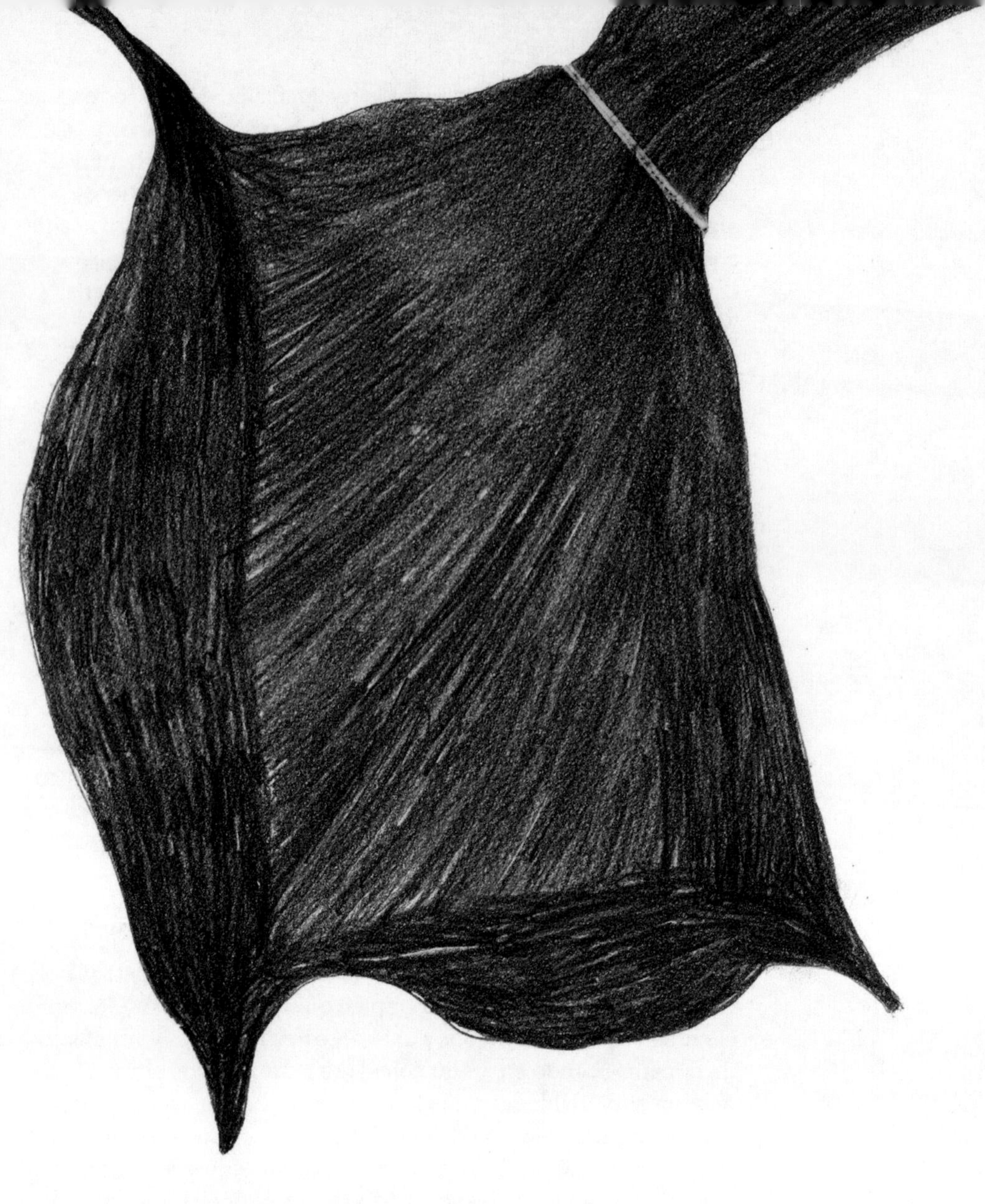

Estiro los dedos [*I Stretch My Fingers*], 2025. Boceto—Sketch.
Foto—Photo: Cortesía de la artista—Courtesy of the artist [Cat. 3]

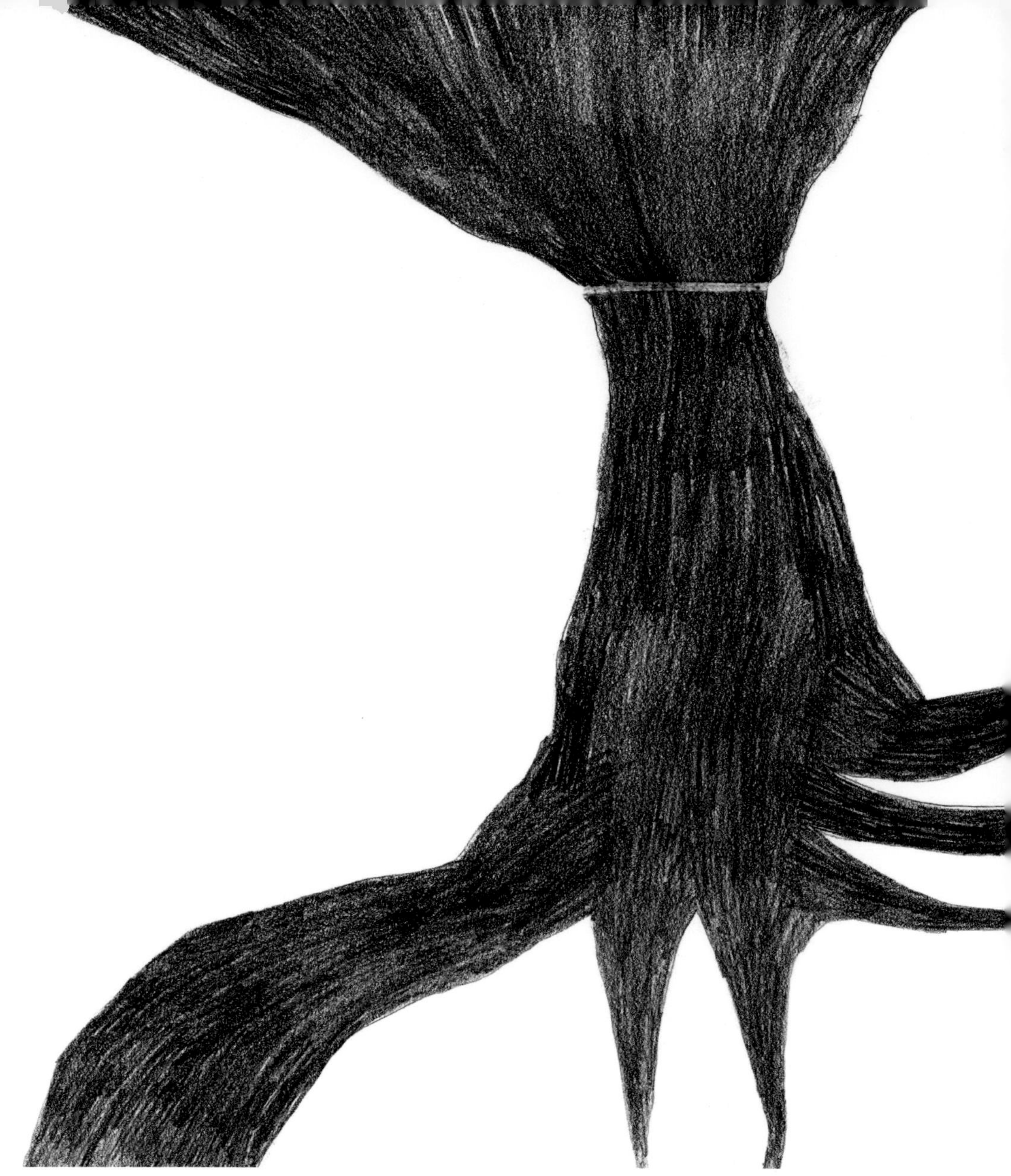

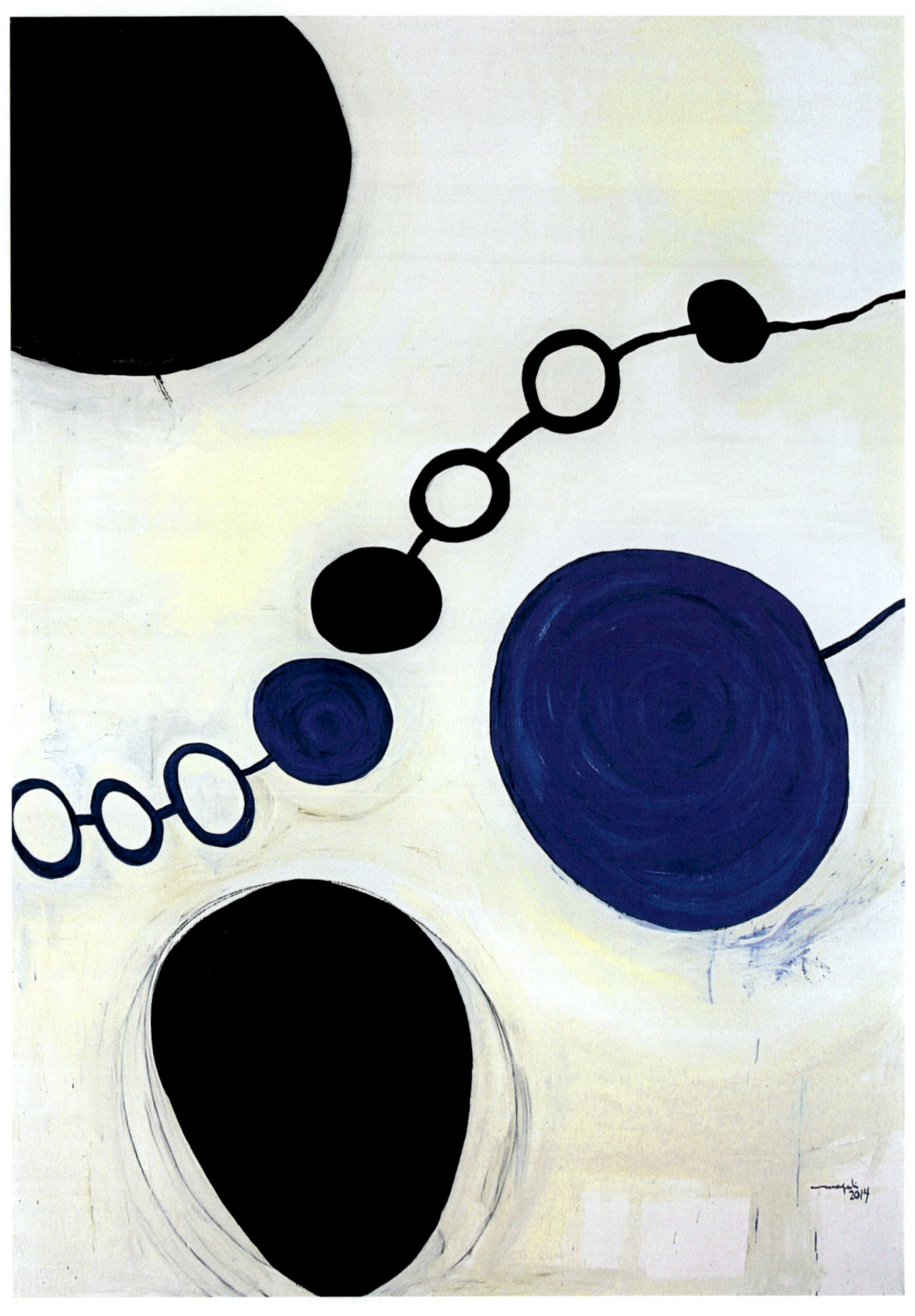

 Futuro 1 [*The Future 1*], 2013. Foto—Photo: Cortesía de la artista—Courtesy of the artist [Cat. 8]

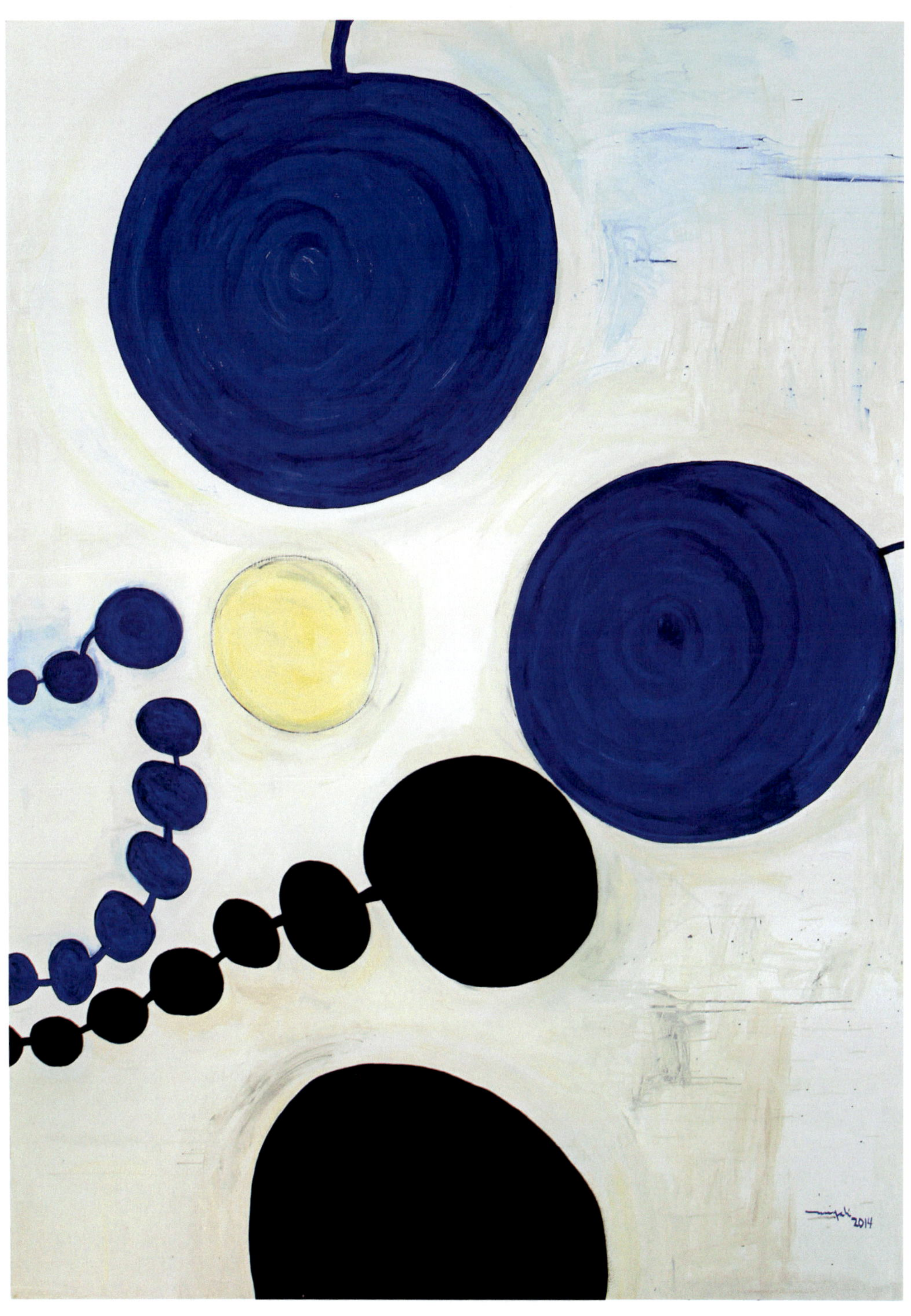

Futuro 3 [*The Future 3*], 2013. Foto—Photo: **Cortesía de la artista**—Courtesy of the artist **[Cat. 9]**

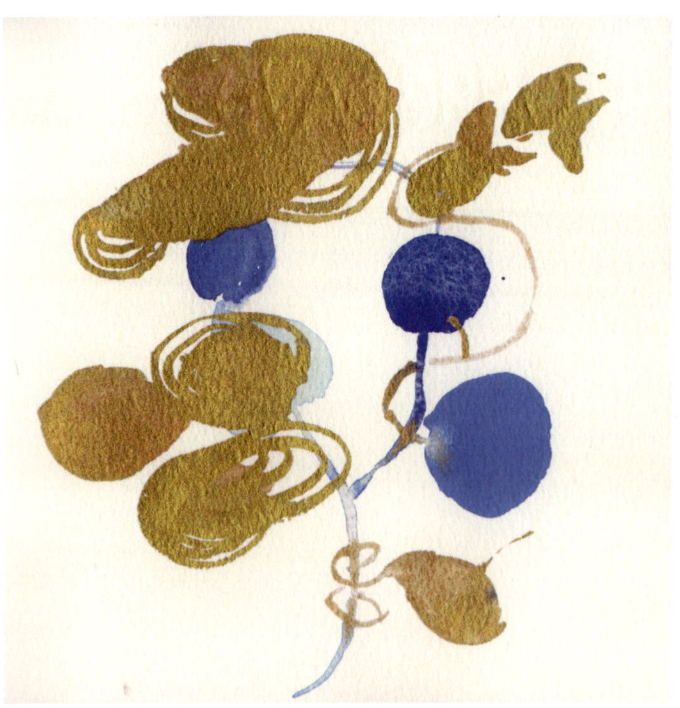

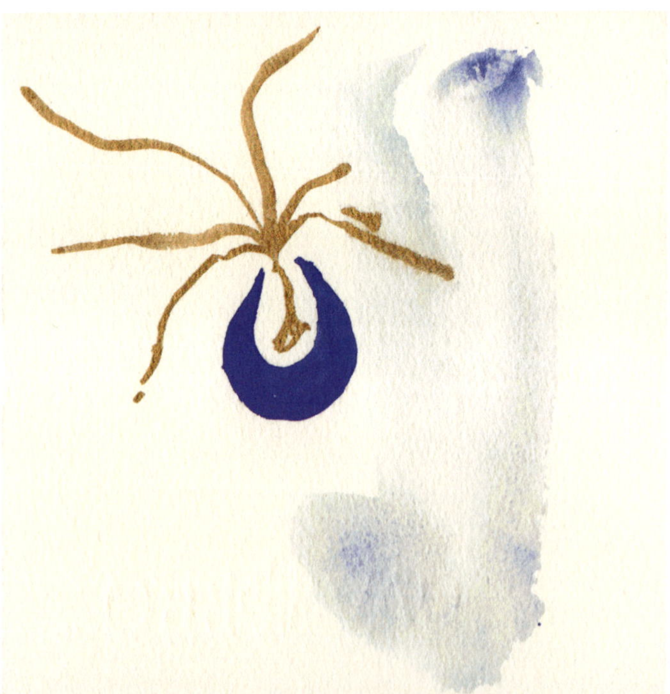

Arriba—Up: ***Salón azul (44)*** [*Blue Room (44)*], 2011. Foto—Photo: Cortesía de la artista—Courtesy of the artist [Cat. 6]

Abajo—Bottom: ***Salón azul (49)*** [*Blue Room (49)*], 2011. Foto—Photo: Cortesía de la artista—Courtesy of the artist [Cat. 6]

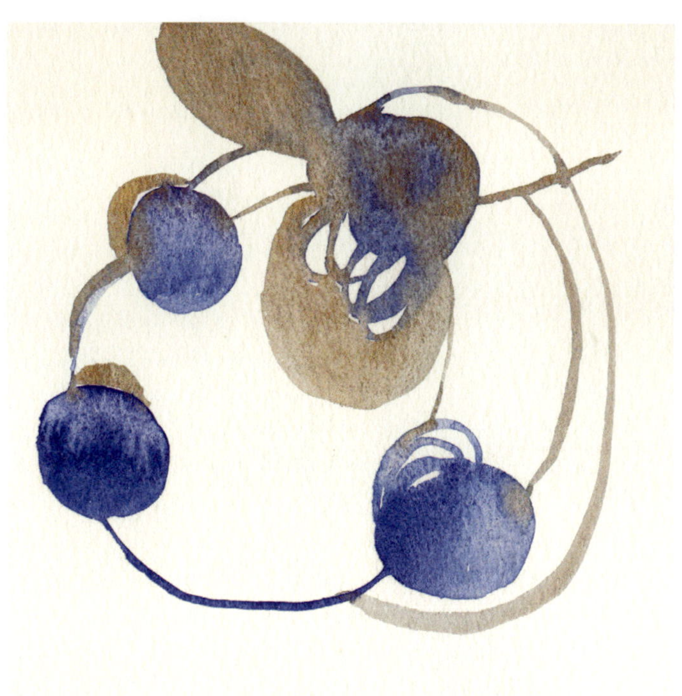

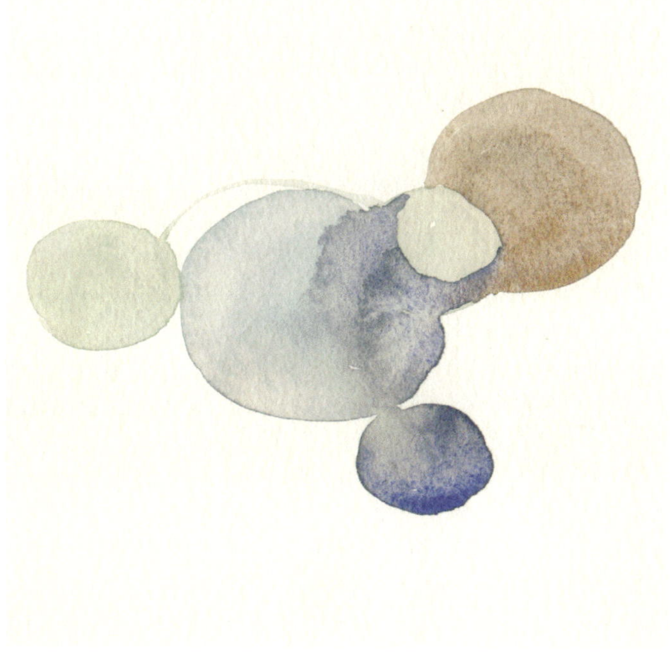

Arriba—Up: ***Salón azul (8)*** [*Blue Room (8)*], 2011. Foto—Photo: Cortesía de la artista—Courtesy of the artist [Cat. 6]

Abajo—Bottom: ***Salón azul (10)*** [*Blue Room (10)*], 2011. Foto—Photo: Cortesía de la artista—Courtesy of the artist [Cat. 6]

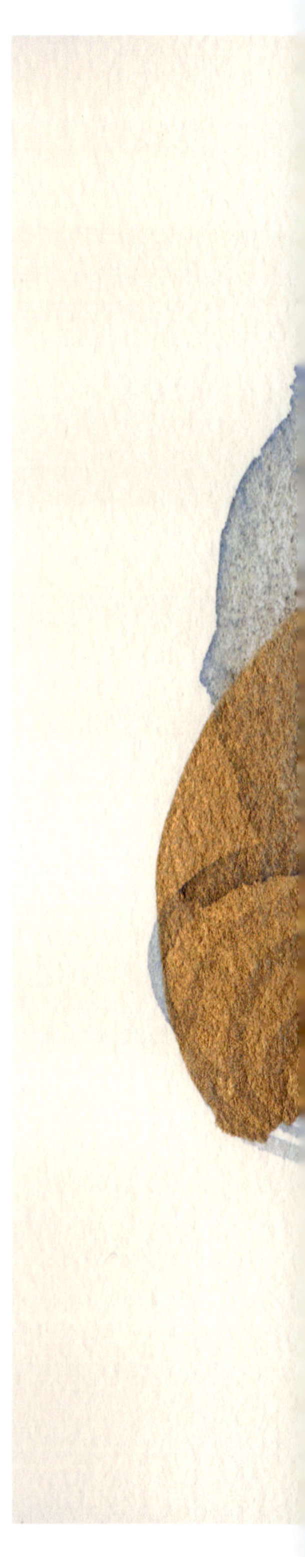

Salón azul (67) [*Blue Room (67)*], **2011. Foto**—Photo:
Cortesía de la artista—Courtesy of the artist **[Cat. 6]**

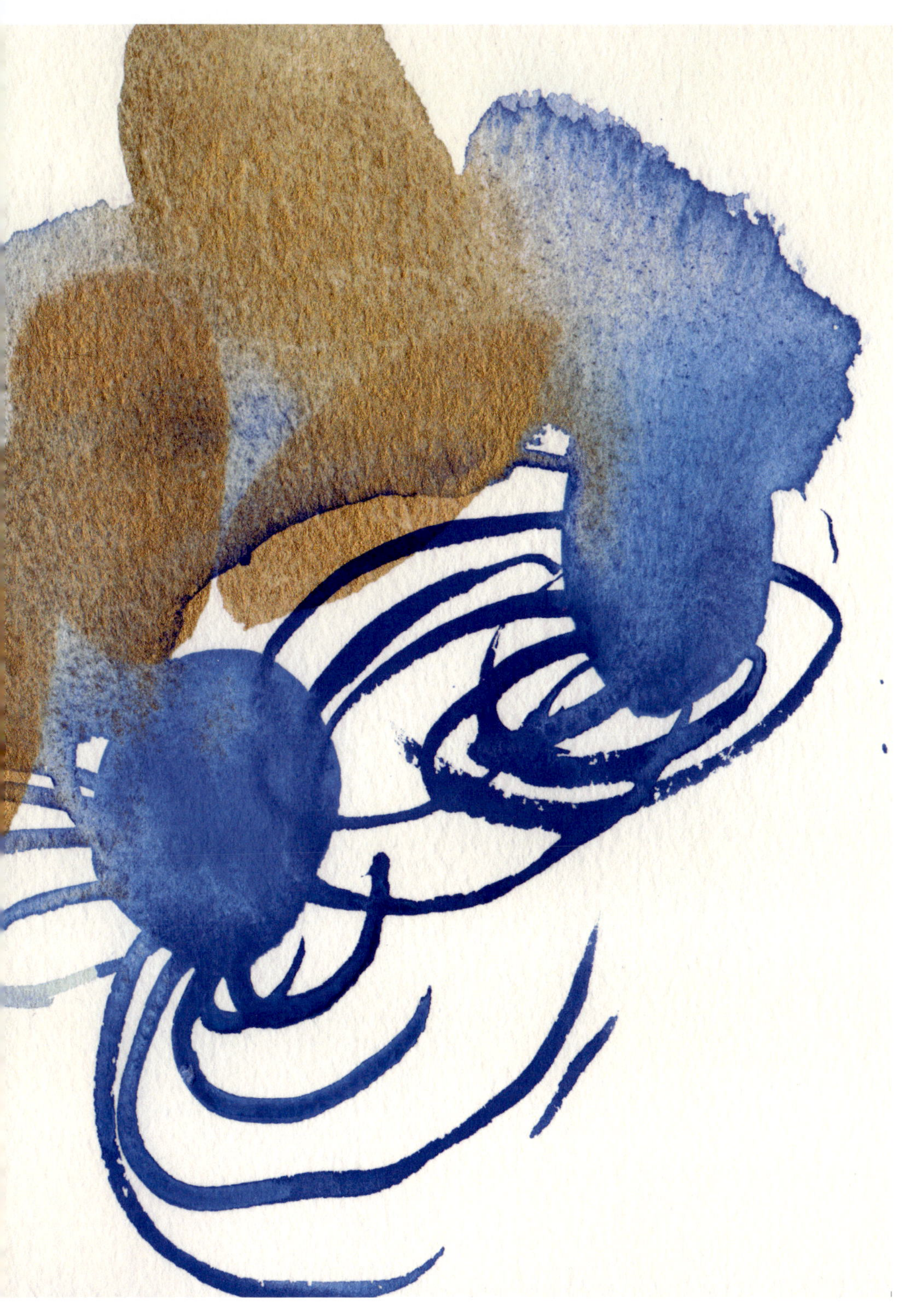

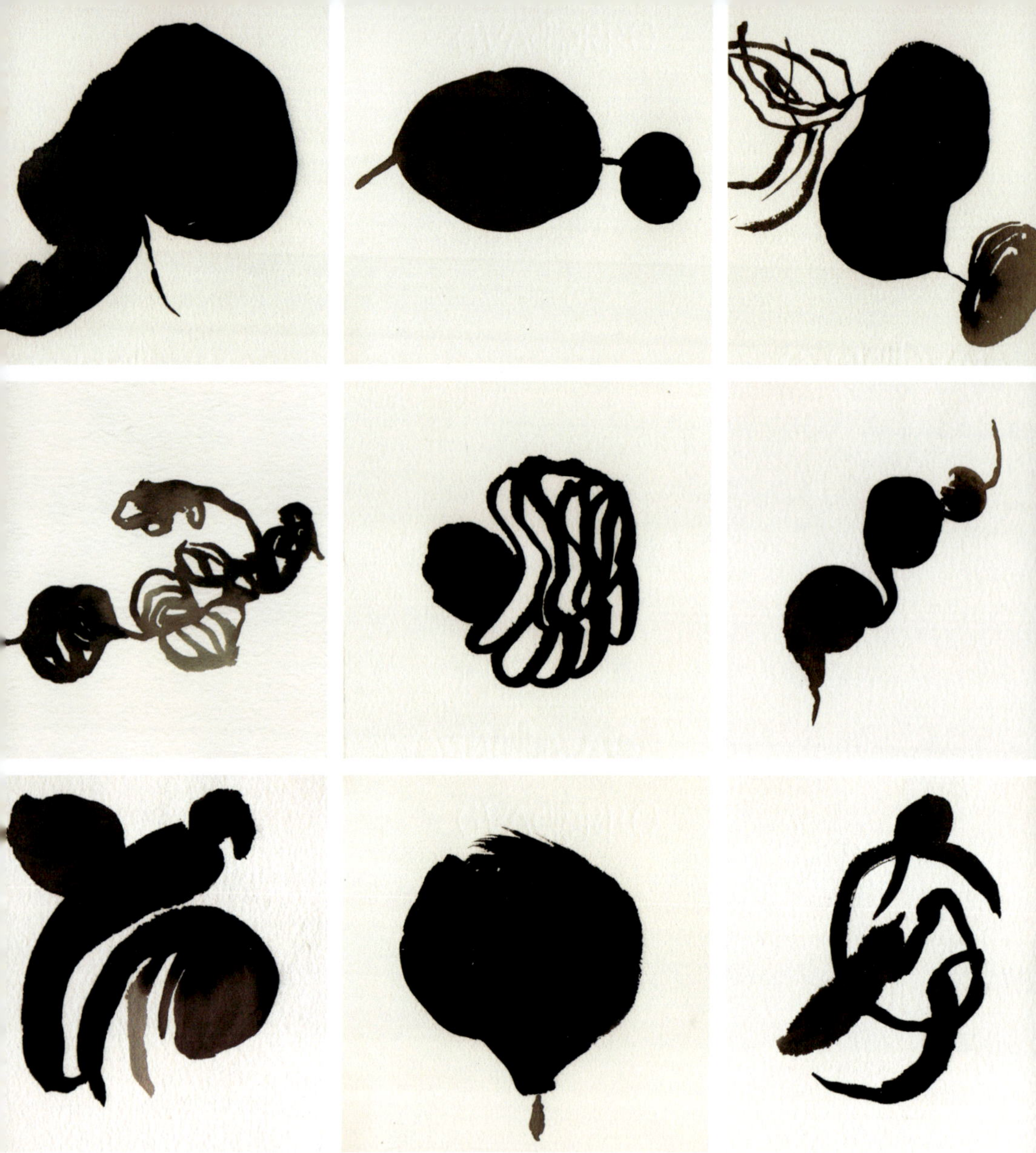

Salón azul (37, 58, 53, 14, 63, 13, 6, 59, 21) [*Blue Room*], 2011. Foto—Photo: Cortesía de la artista—Courtesy of the artist [Cat. 5]

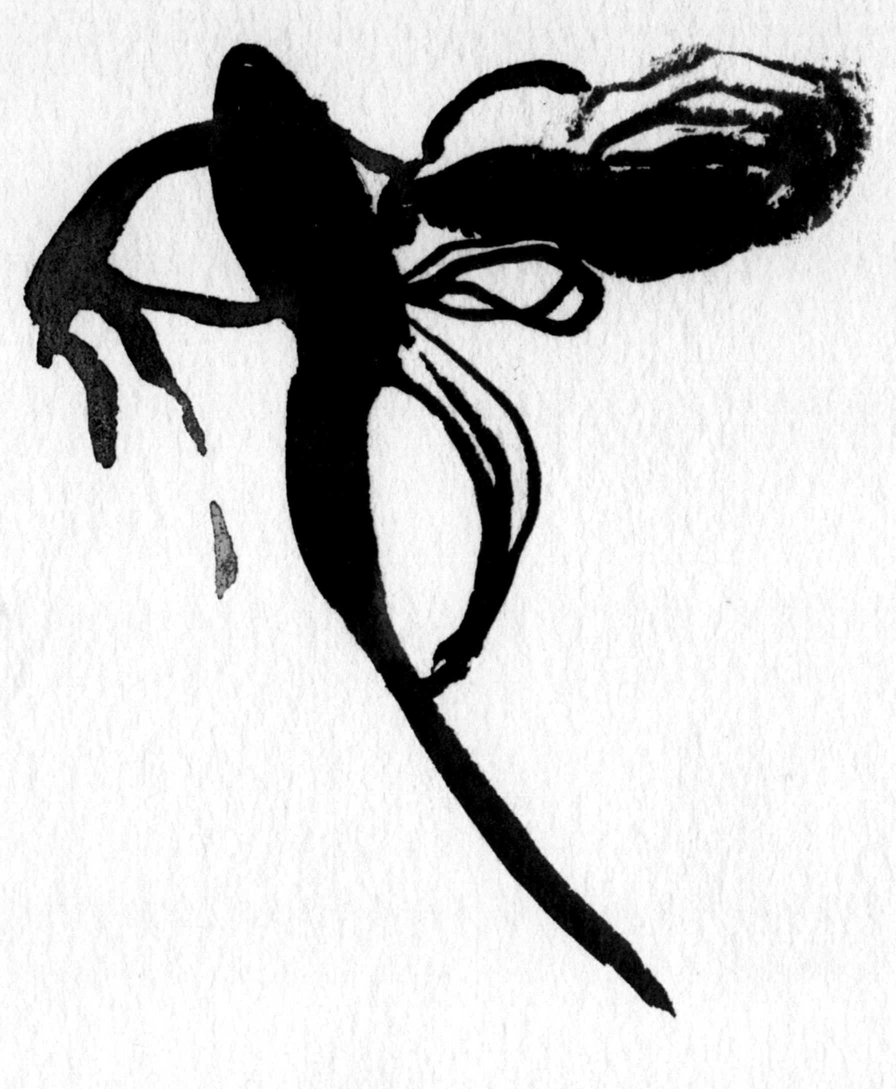

Salón azul (11) [*Blue Room (11)*], 2011. Foto—Photo:
Cortesía de la artista—Courtesy of the artist [Cat. 5]

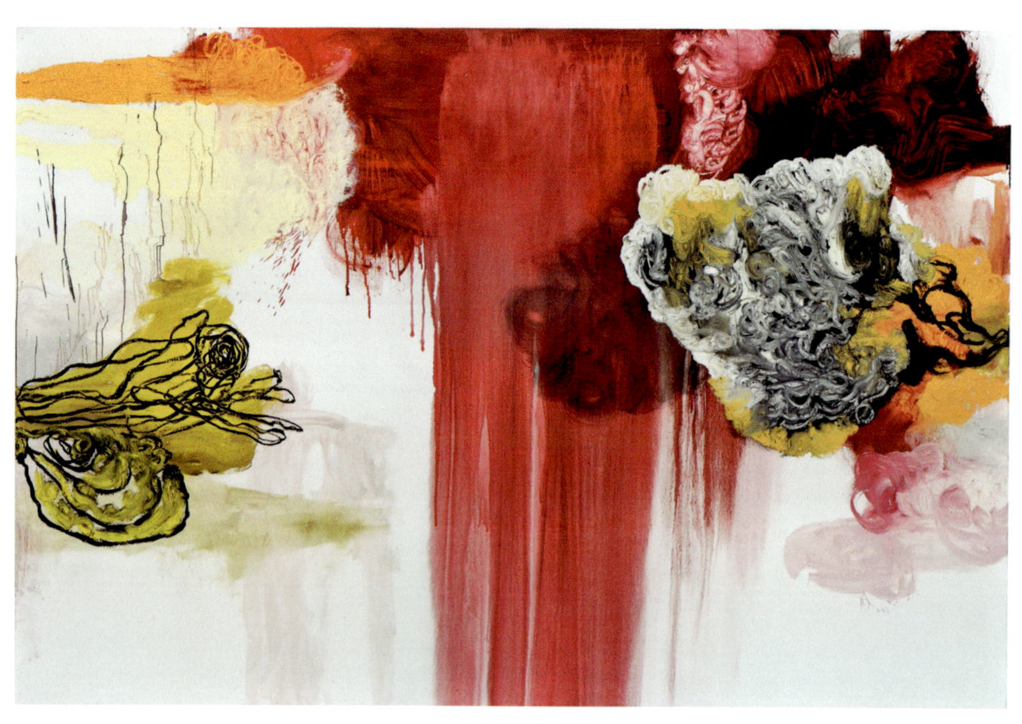

 Después de la lluvia [*After the Rain*], 2009. Foto—Photo: Marco Antonio Pacheco [Cat. 30]

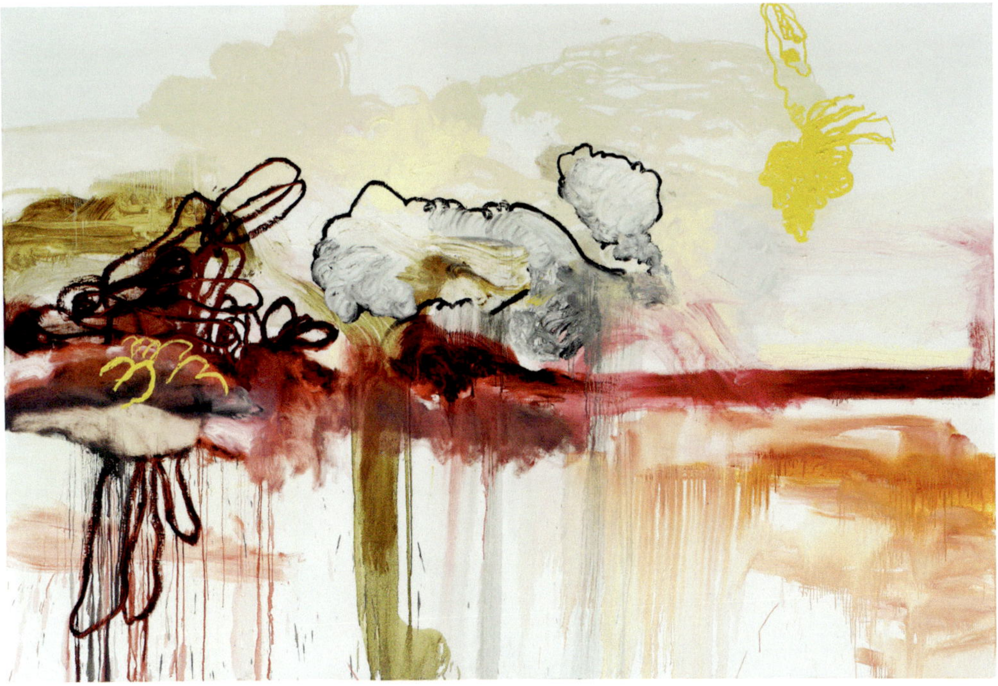

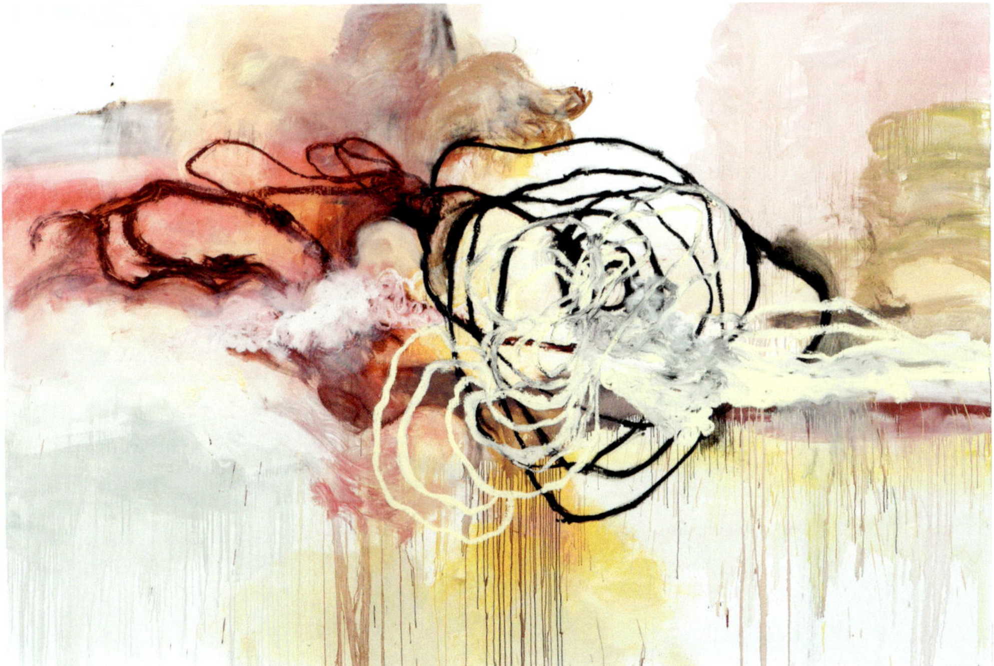

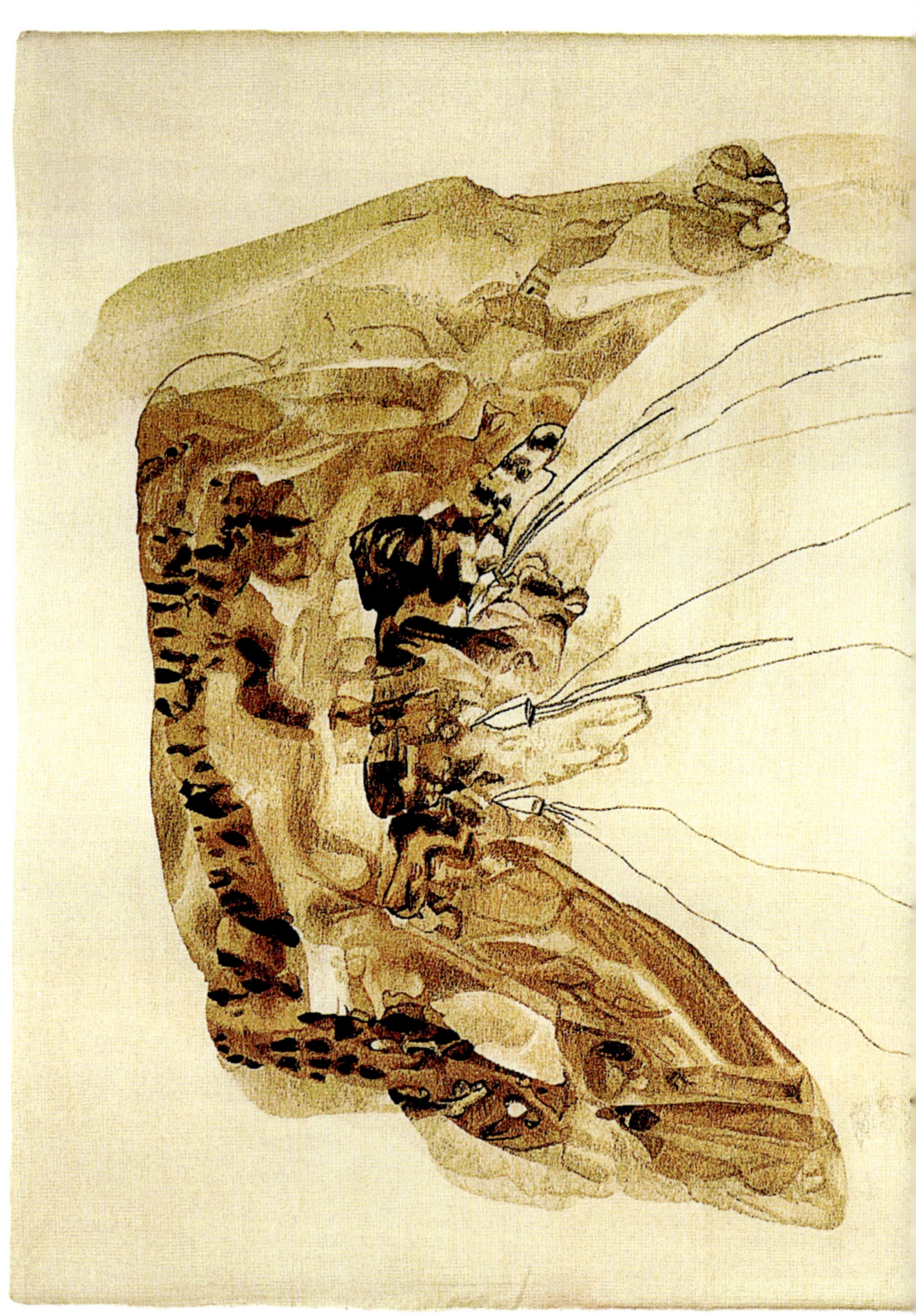

 Ojos [*Eyes*], 1999. Foto—Photo: Cortesía de la artista—Courtesy of the artist [Cat. 26]

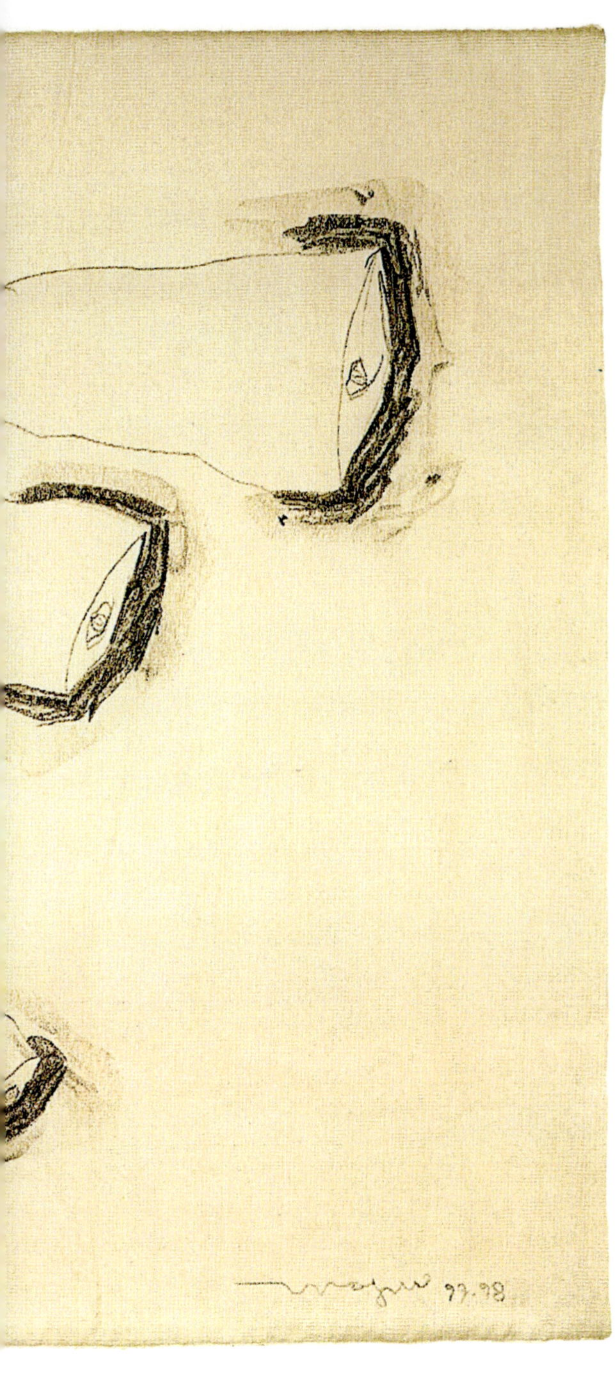

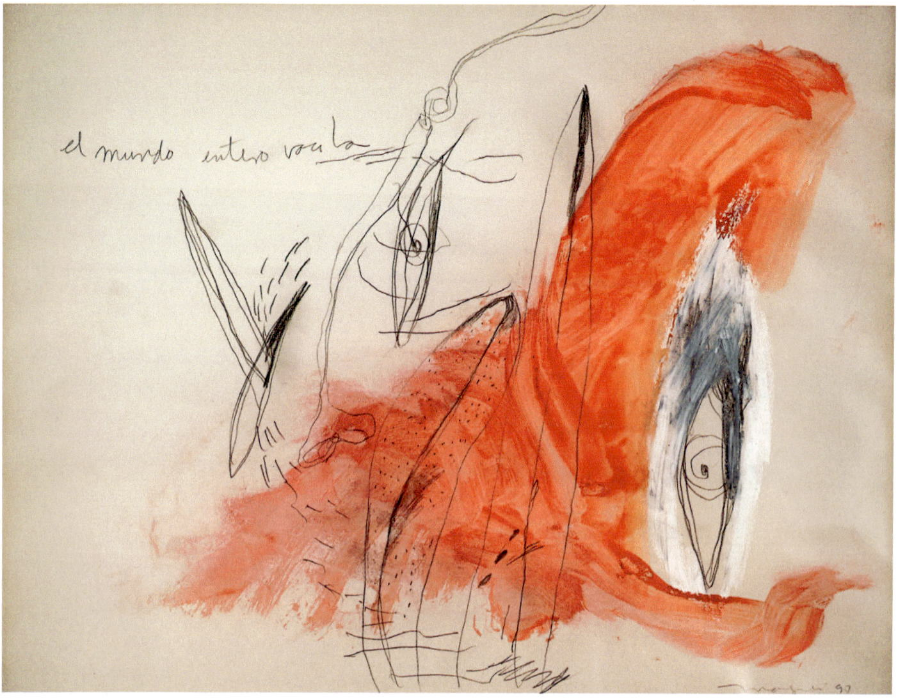

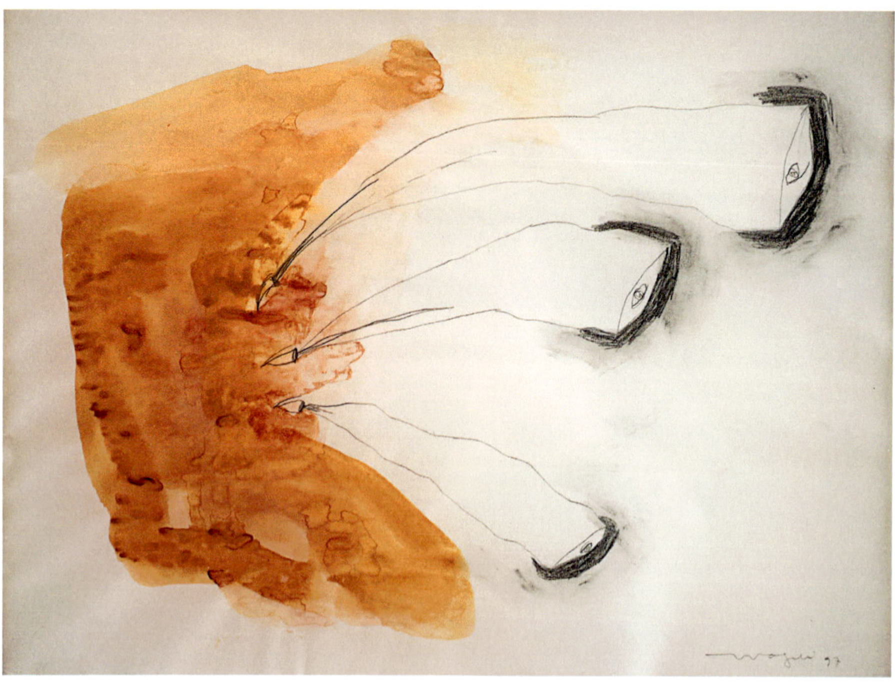

Arriba—Up: ***El mundo*** [*The World*]**, 1997. Foto**—Photo: **Cortesía de la artista**—Courtesy of the artist **[Cat. 14]**

Abajo—Bottom: ***Ojos*** [*Eyes*]**, 1997. Foto**—Photo: **Cortesía de la artista**—Courtesy of the artist **[Cat. 15]**

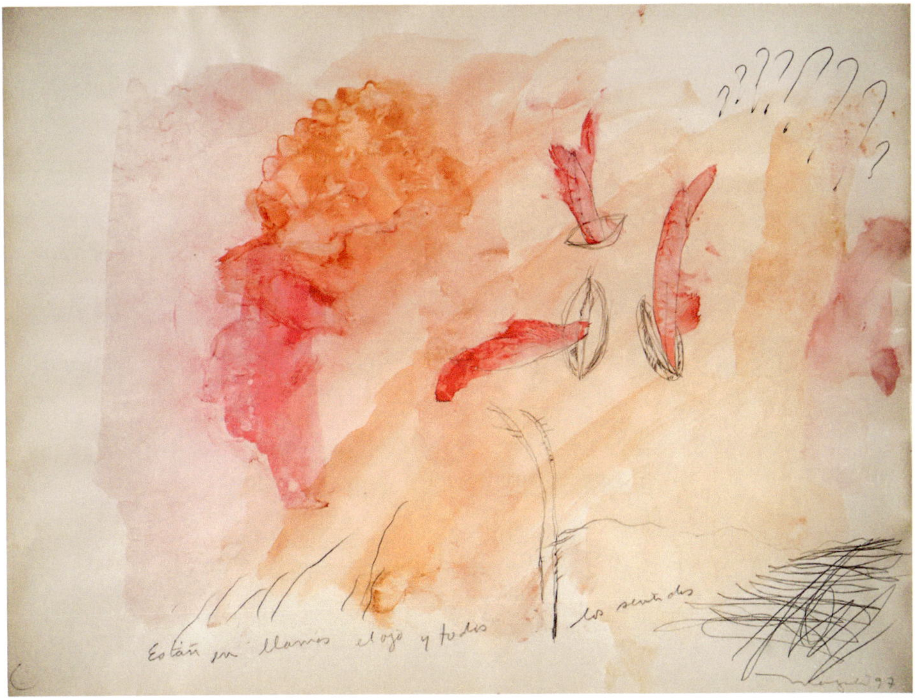

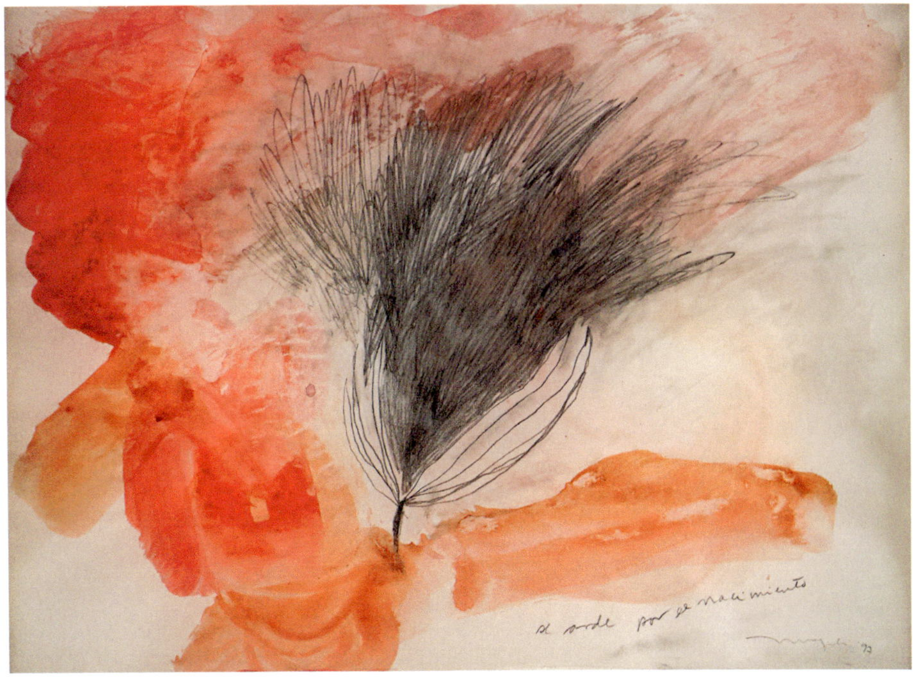

Arriba—Up: ***Todos los sentidos*** [*All the senses*], **1977. Foto**—Photo: **Cortesía de la artista**—Courtesy of the artist **[Cat. 20]**

Abajo—Bottom: ***Se arde*** [*Burning*], **1977. Foto**—Photo: **Cortesía de la artista**—Courtesy of the artist **[Cat. 18]**

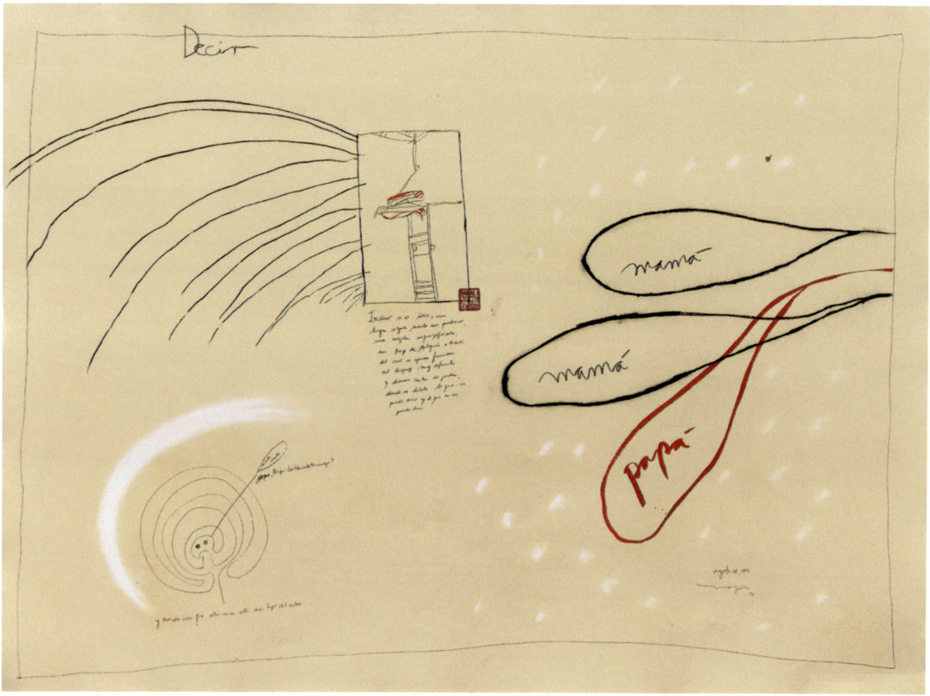

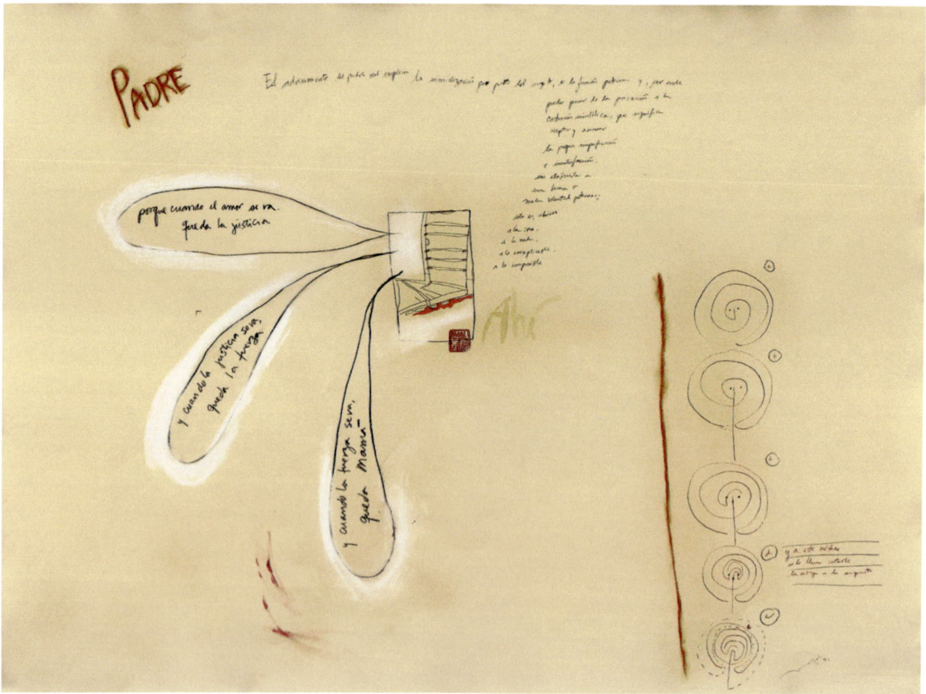

Arriba—Up: ***Decir*** [*To say*], **1998. Foto**—Photo: **Cortesía de la artista**—Courtesy of the artist **[Cat. 22]**

Abajo—Bottom: ***Padre*** [*Father*], **1998. Foto**—Photo: **Cortesía de la artista**—Courtesy of the artist **[Cat. 23]**

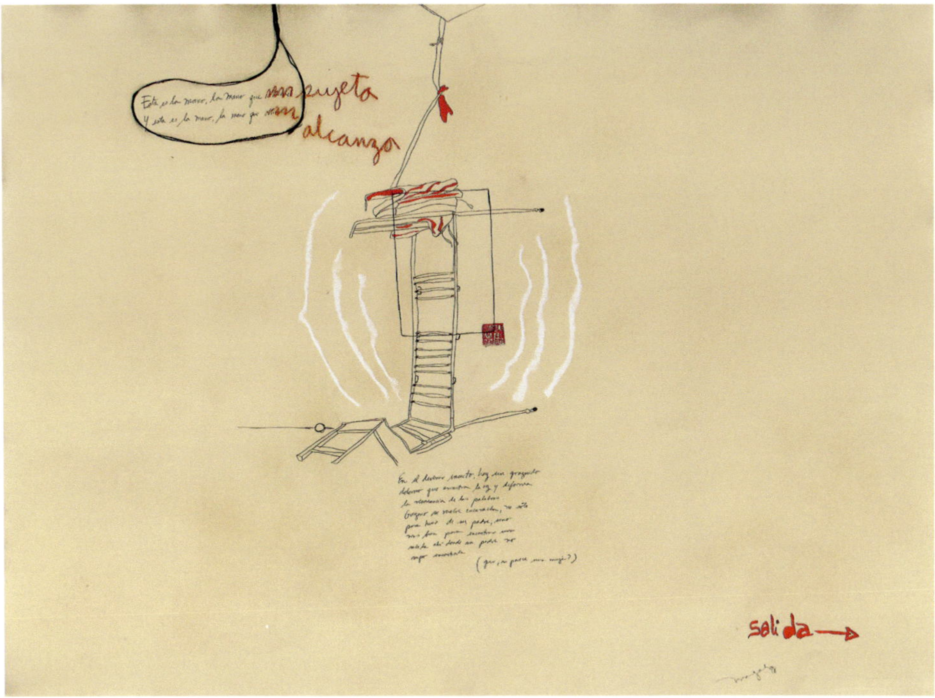

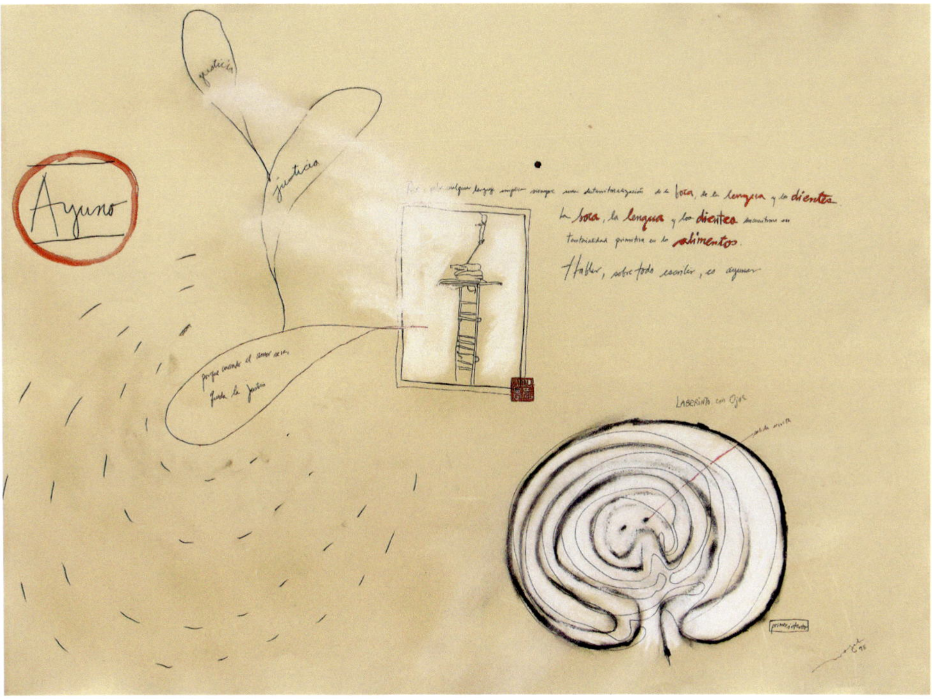

Arriba—Up: ***Salida*** [*Exit*], 1998. Foto—Photo: Cortesía de la artista—Courtesy of the artist [Cat. 24]

Abajo—Bottom: ***Ayuno*** [*Fast*], 1998. Foto—Photo: Cortesía de la artista—Courtesy of the artist [Cat. 21]

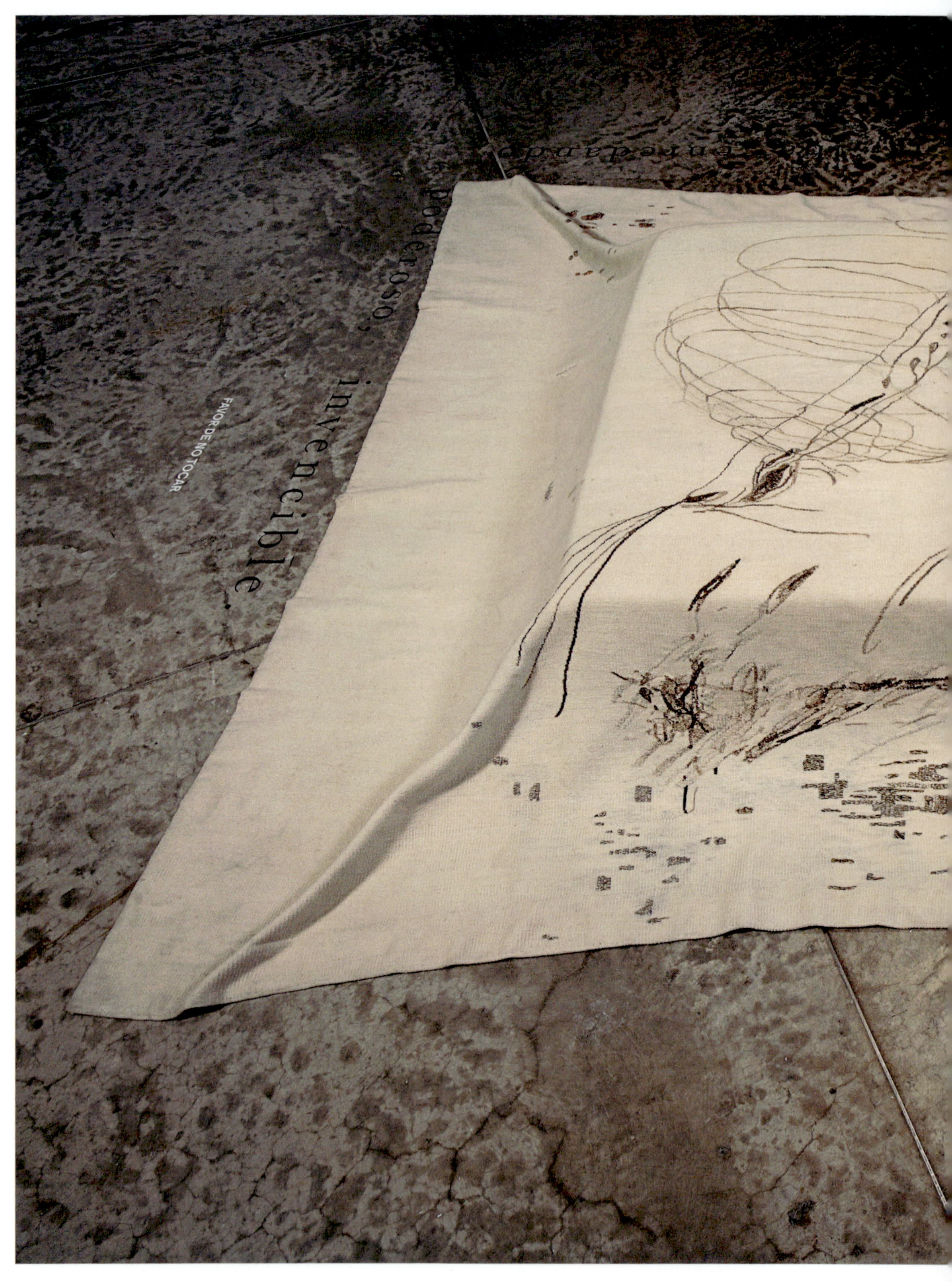

Cae [*It Falls*], 1999. Vista de instalación—Installation view of the exhibition: *Cien del* MUAC (2021) en el—at MUAC, UNAM. Foto—Photo: Francisco Kochen [Cat. 25]

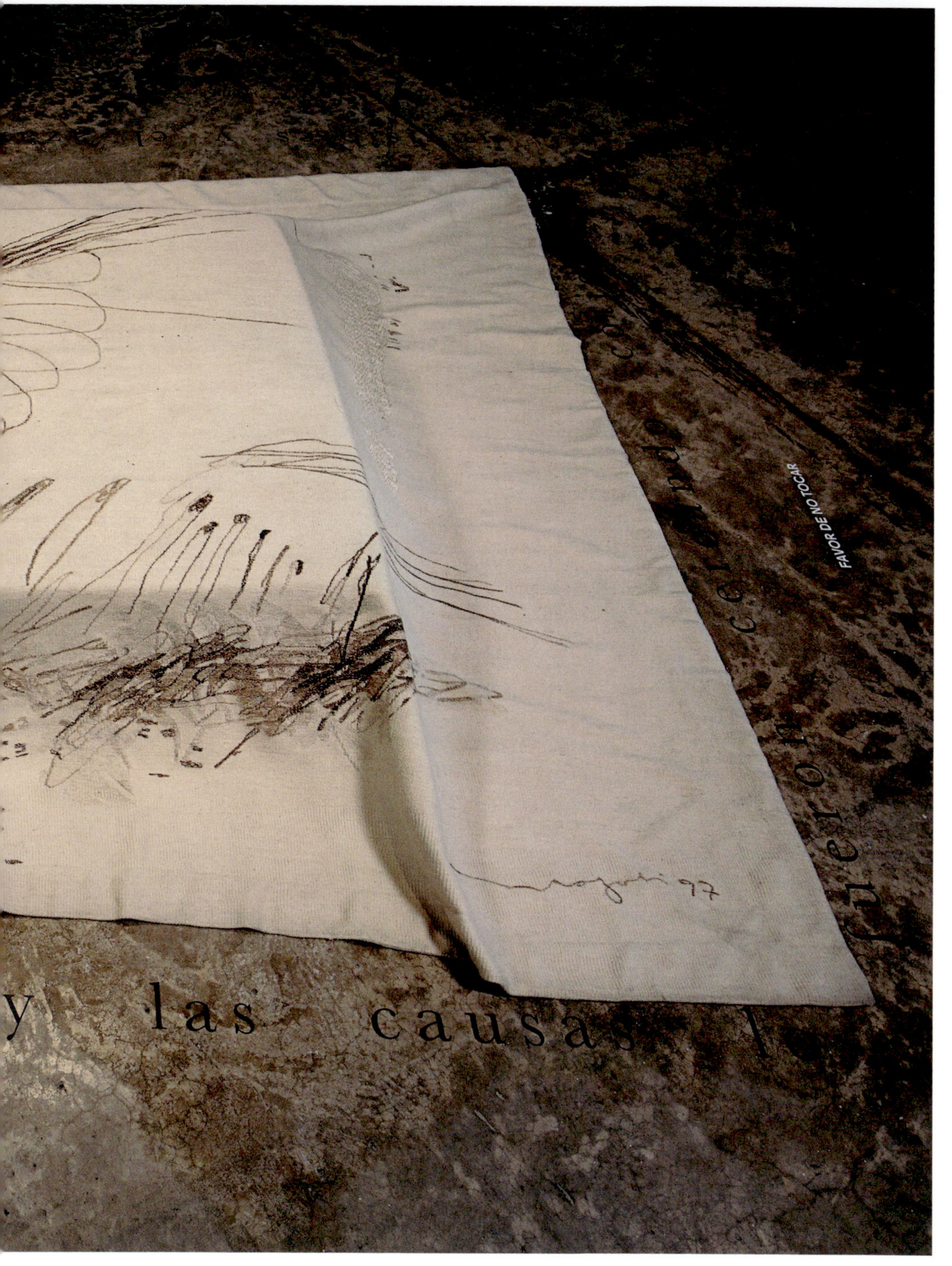
y las causas
fueron
FAVOR DE NO TOCAR

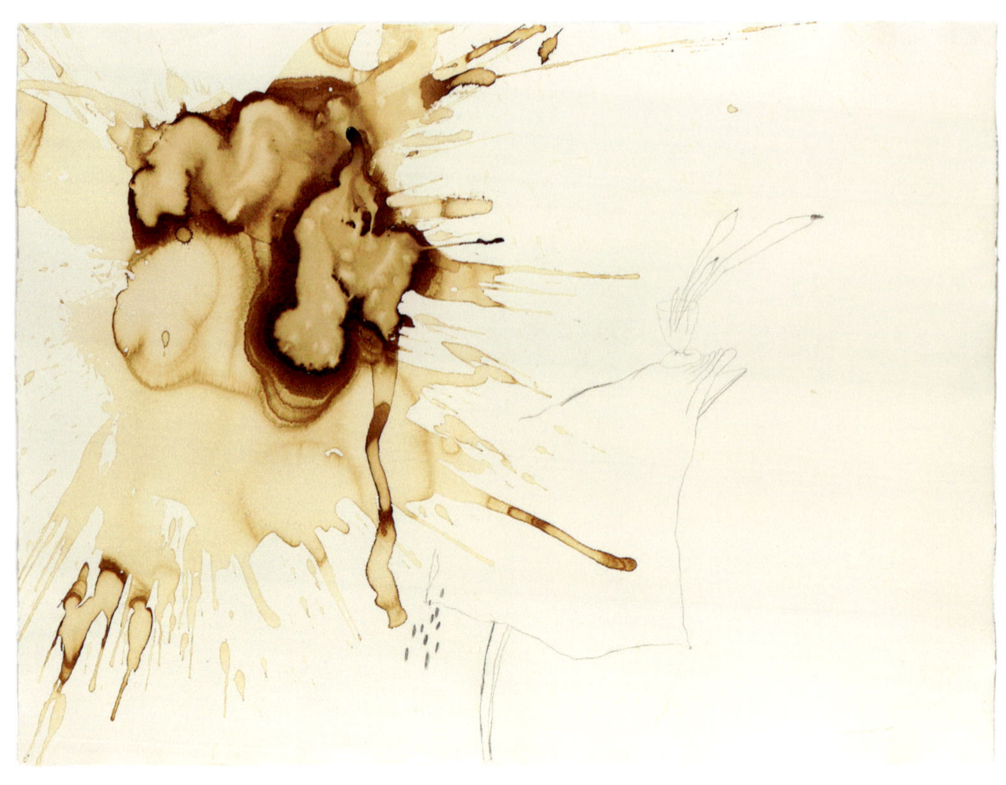

 Café [*Coffe*], 2000. Foto—Photo: Alfredo Mora [Cat. 27]

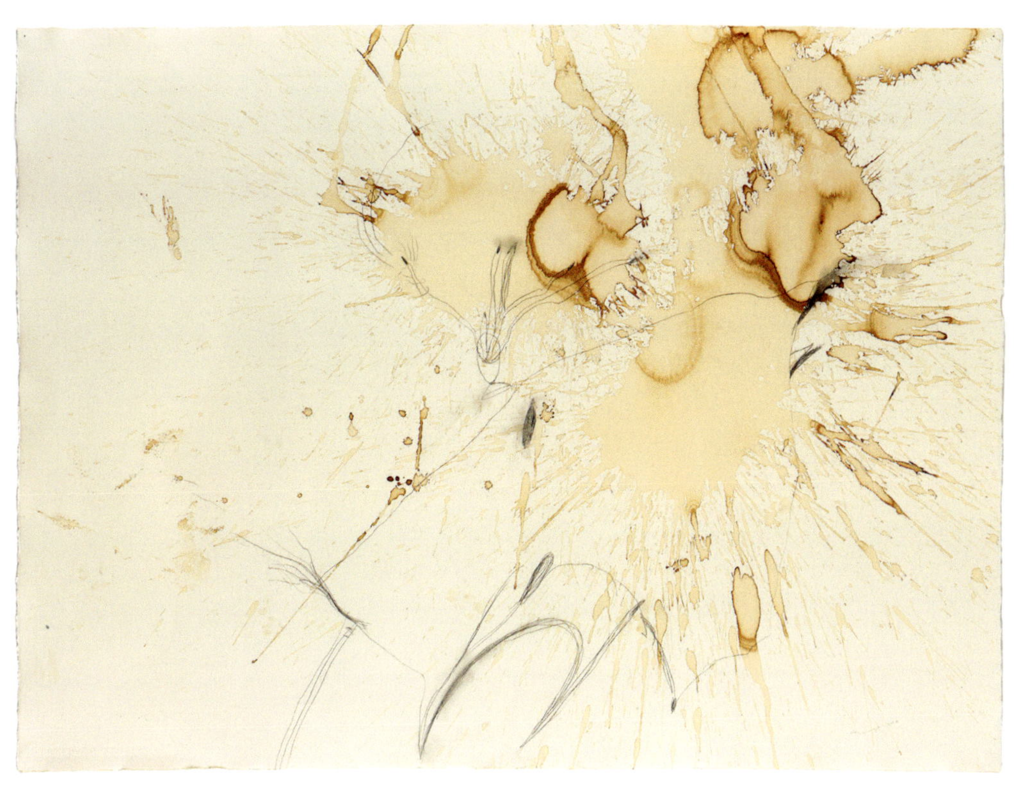

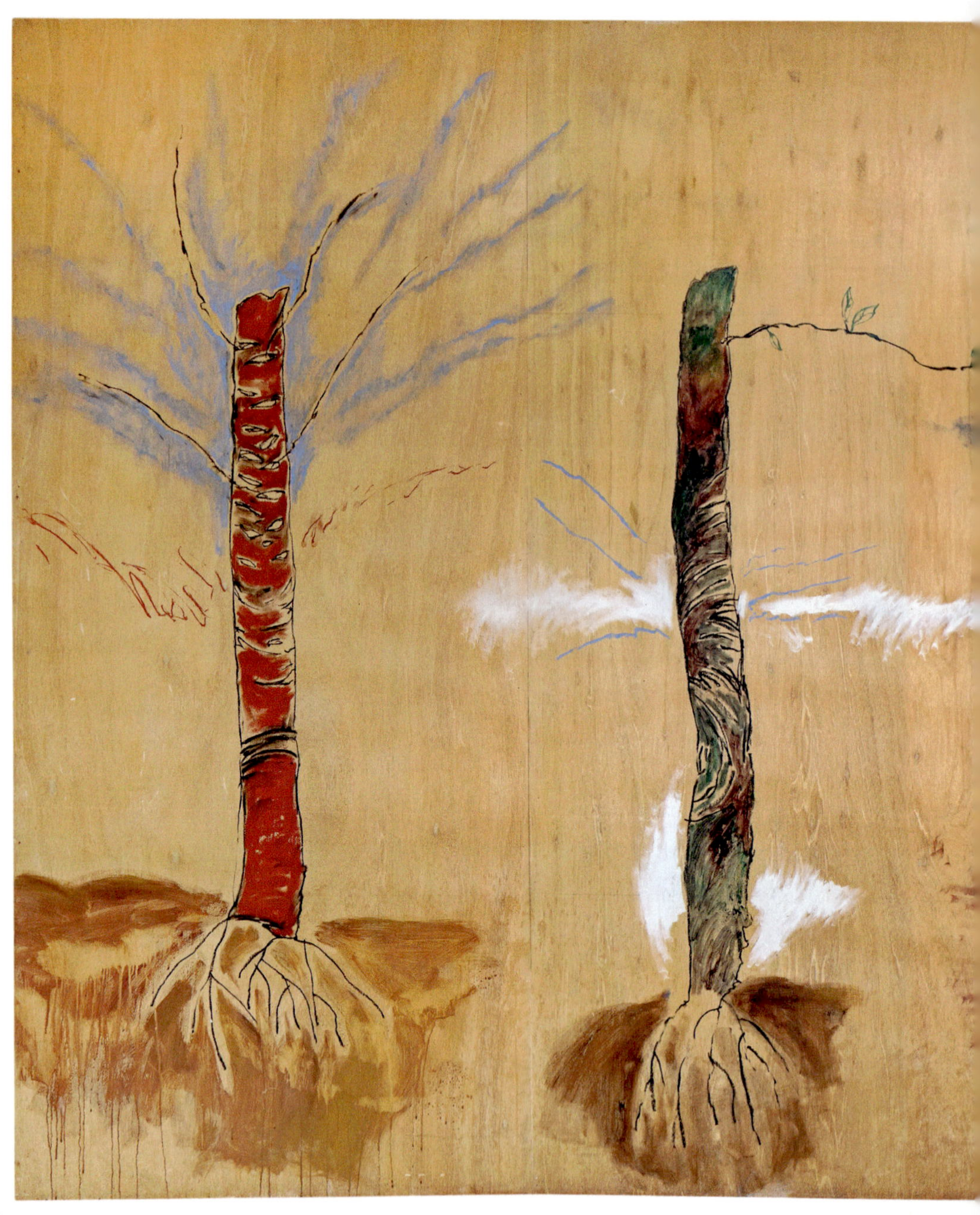

 Sin título [Untitled], 1995. Foto—Photo: Cristina Reyes [Cat. 43]

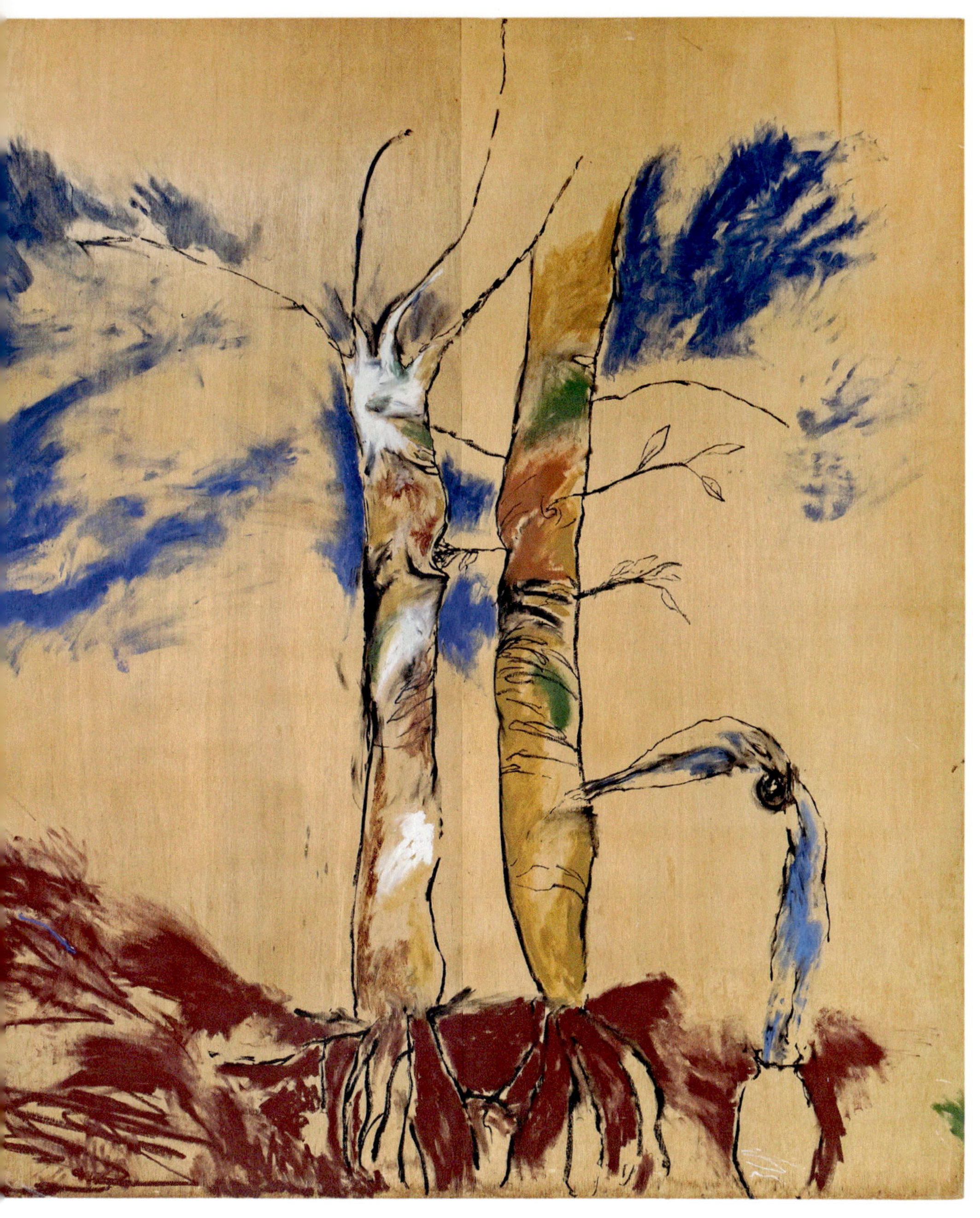

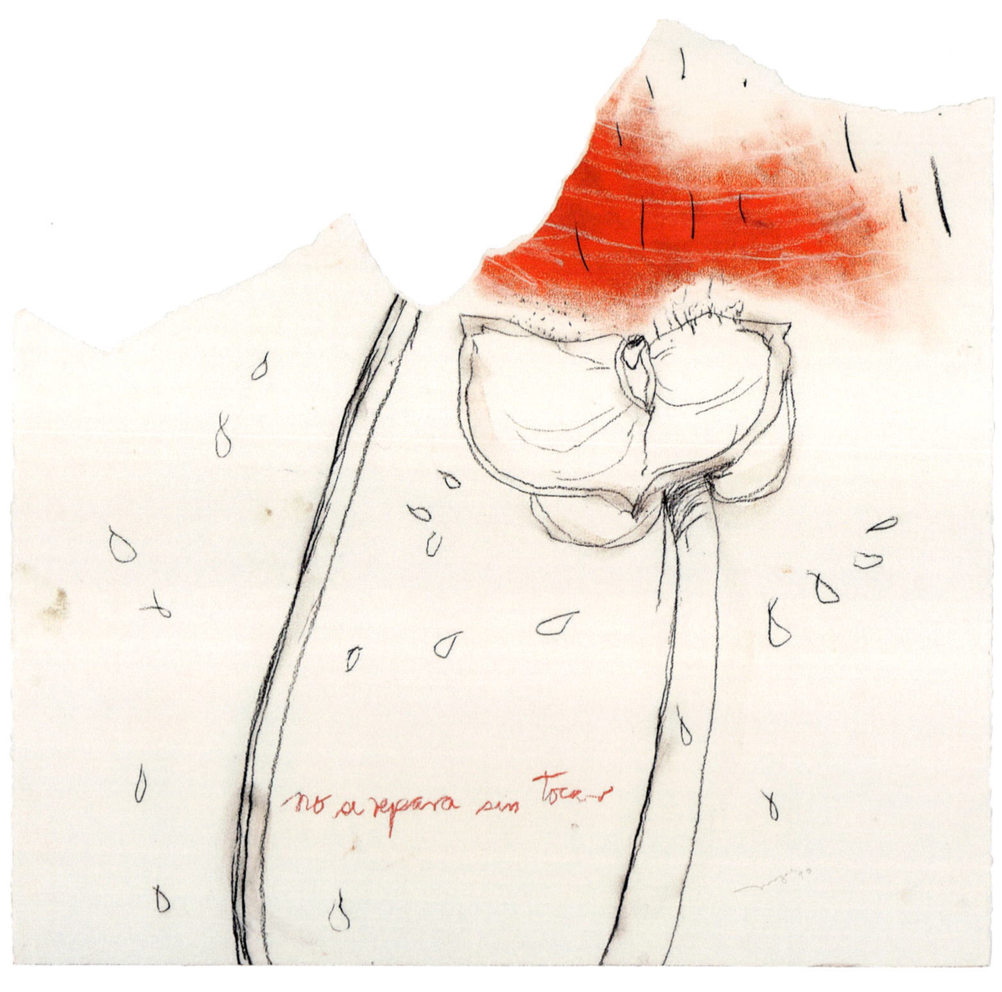

 No se repara sin tocar [*You Can't Repair without Touching*], 1995. Foto—Photo: Alfredo Mora [Cat. 42]

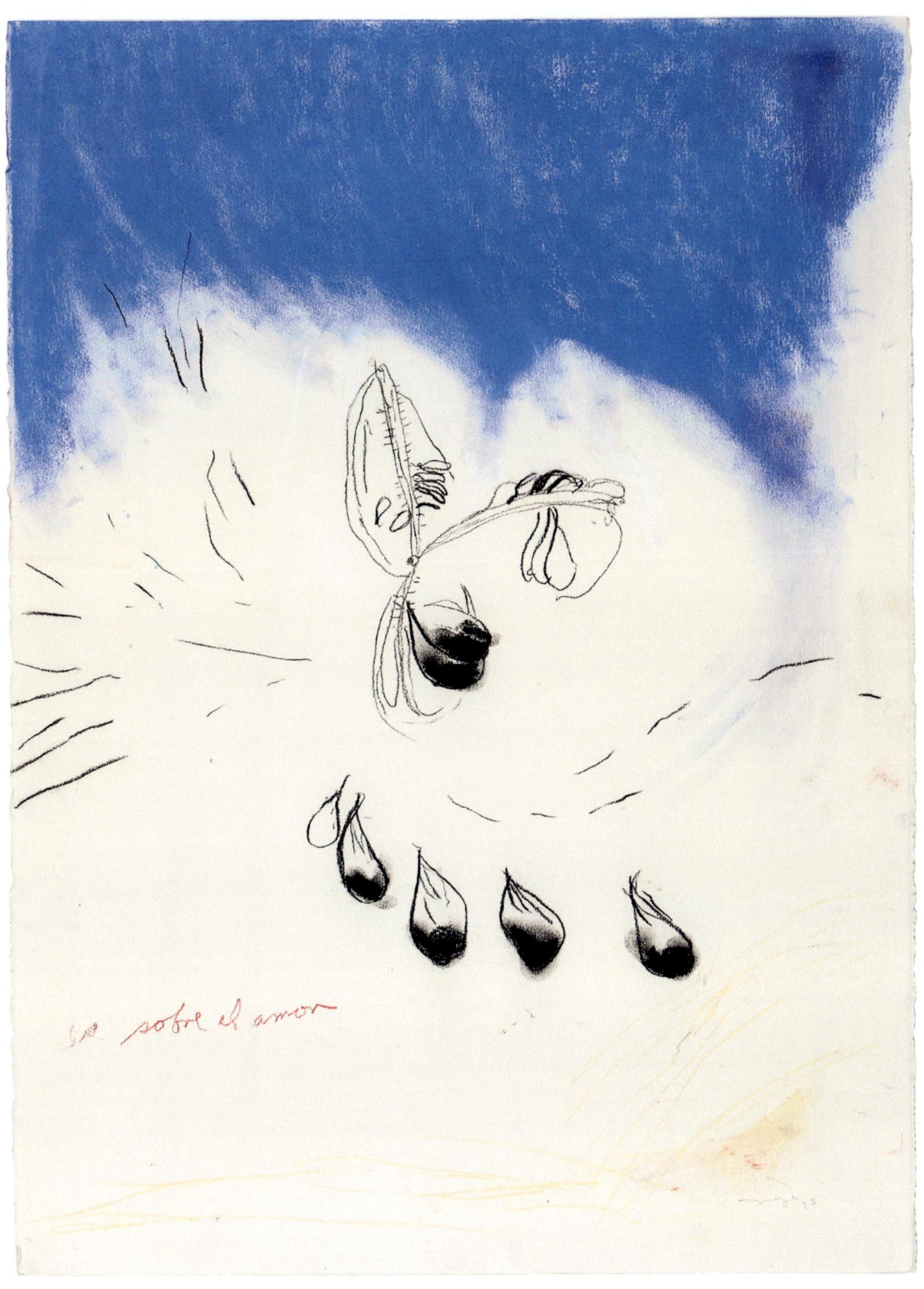

Sobre el amor [*On Love*], 1995. Foto—Photo: Alfredo Mora [Cat. 44]

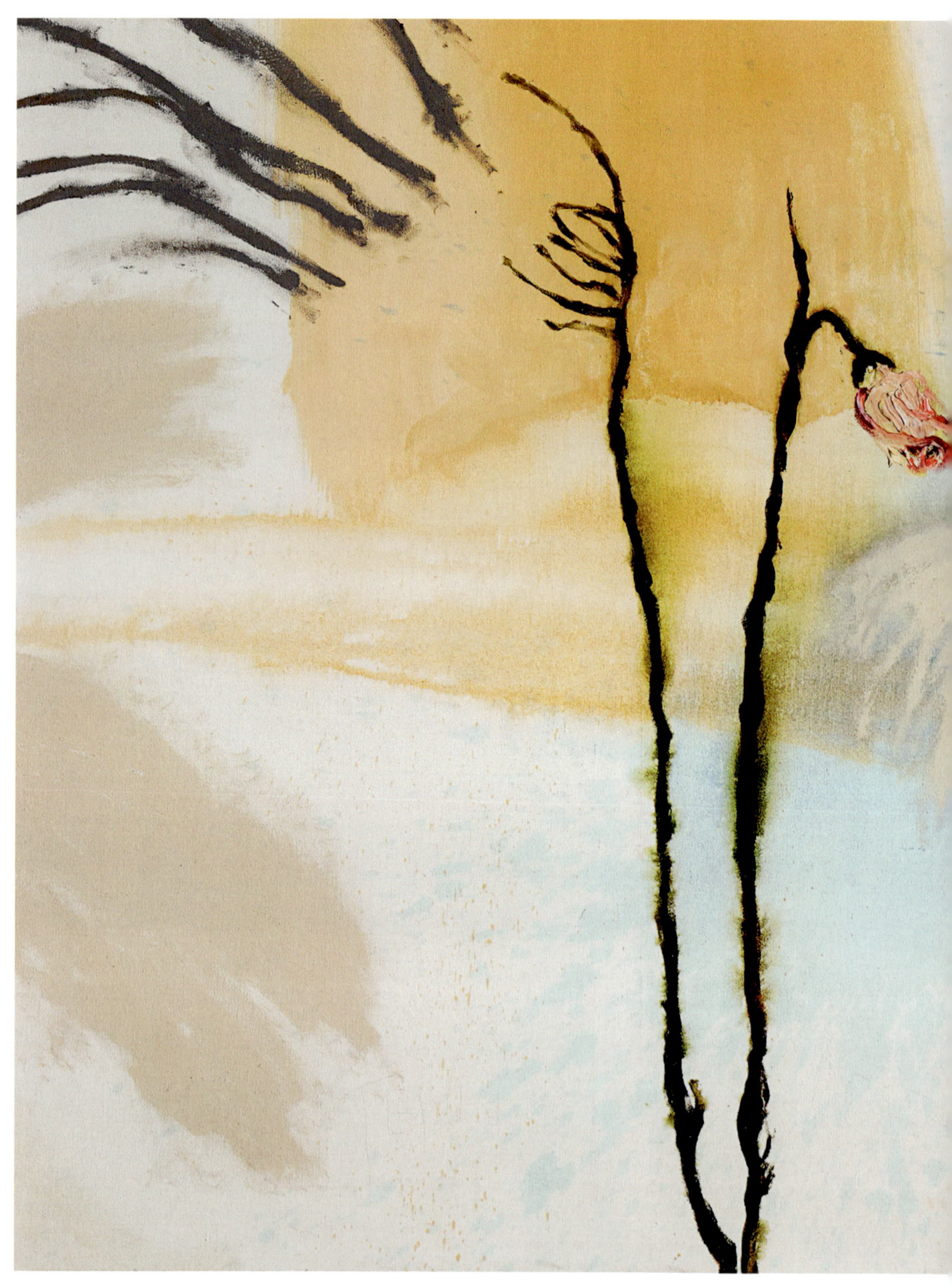

 Tener/Desear [*To Have/To Desire*], 1992. Foto—Photo: Francisco Kochen [Cat. 36]

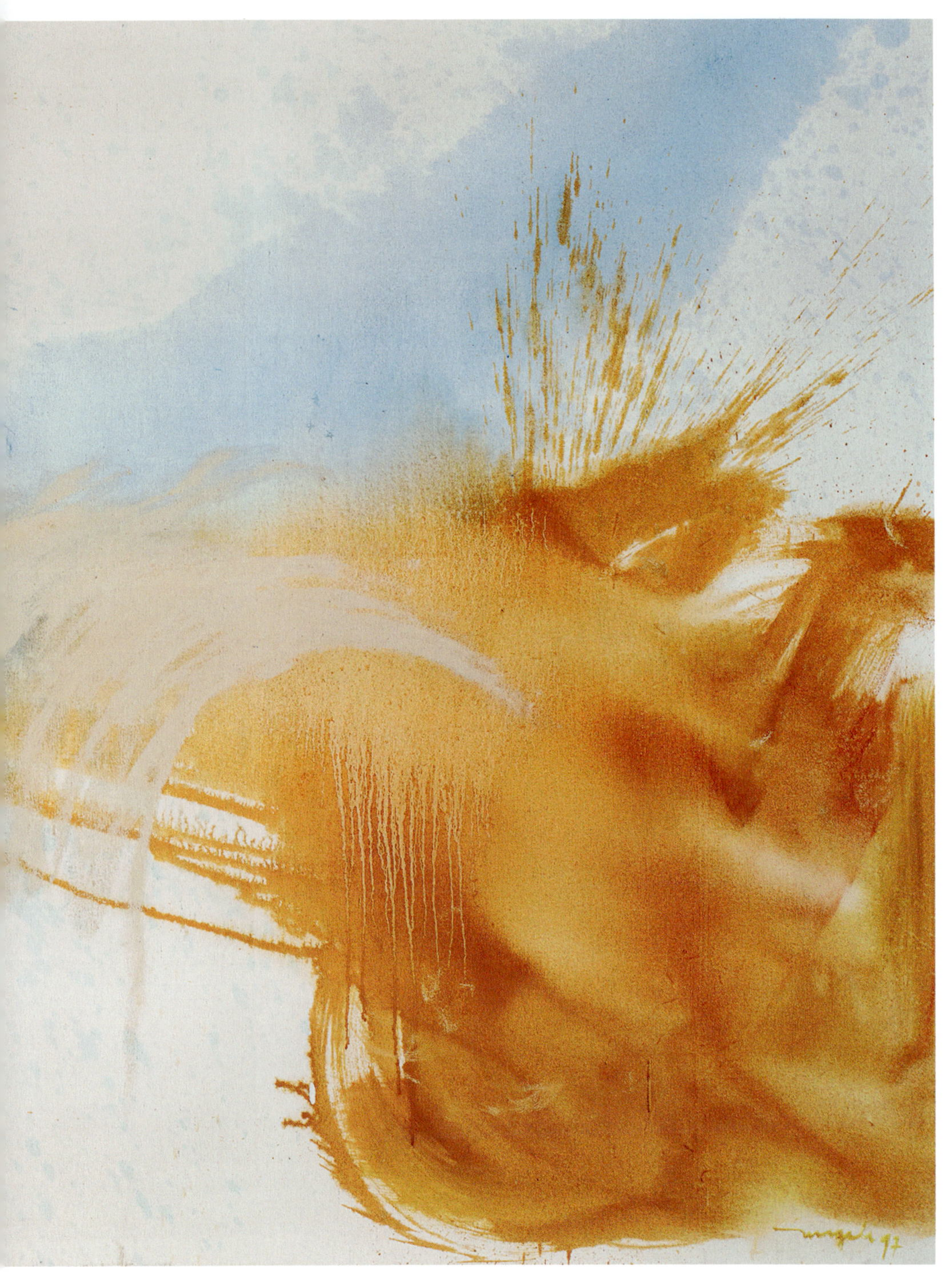

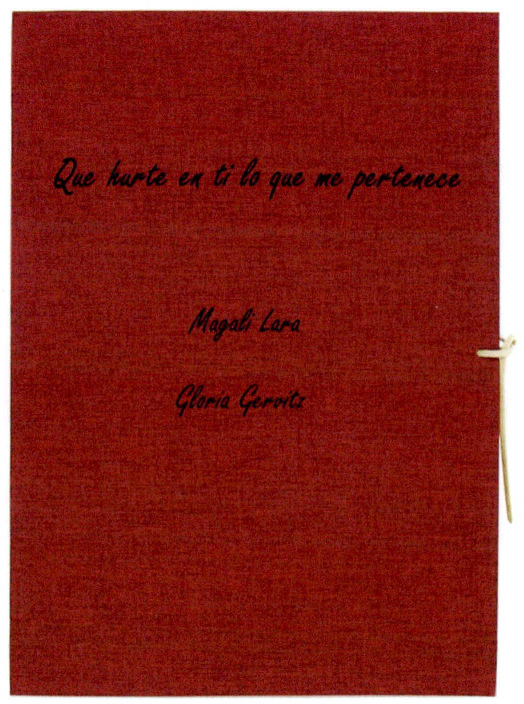

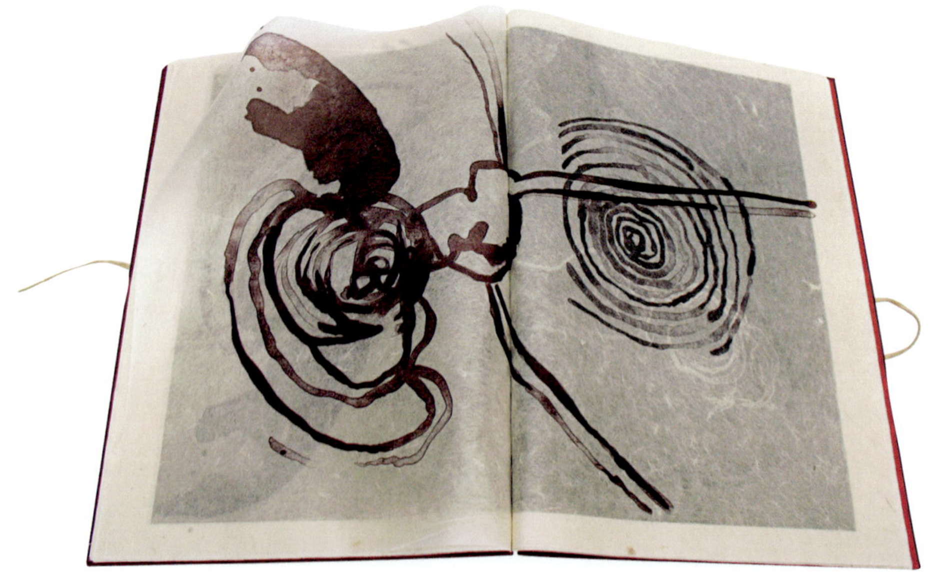

pp. 100–103: *Que hurte en ti lo que me pertenece* [*Let Them Steal in You What Belongs to Me*], 2011.
Detalles—Details. Foto—Photo: Alfredo Mora [Cat. 49]

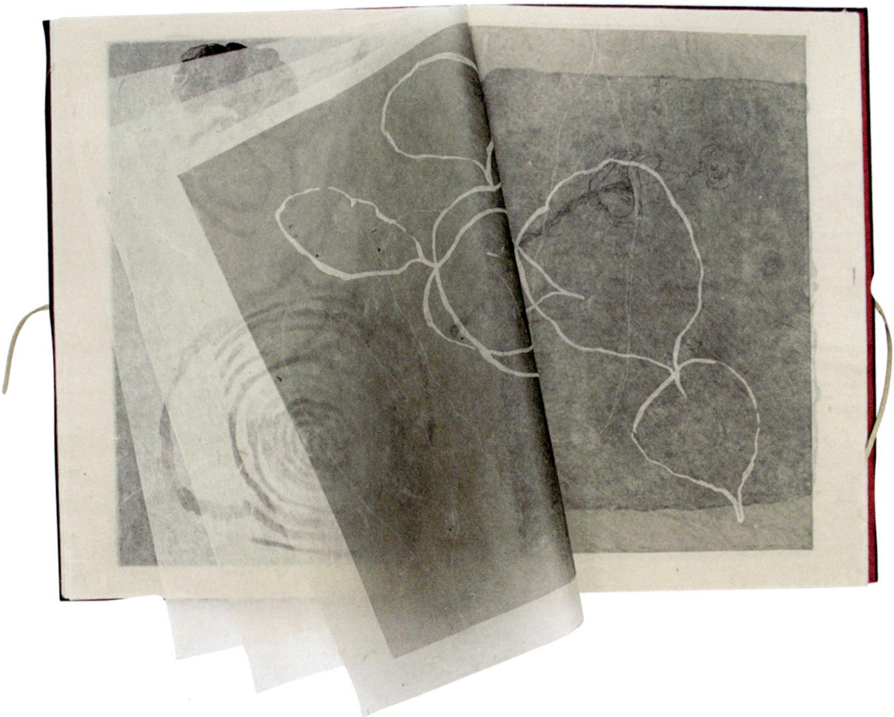

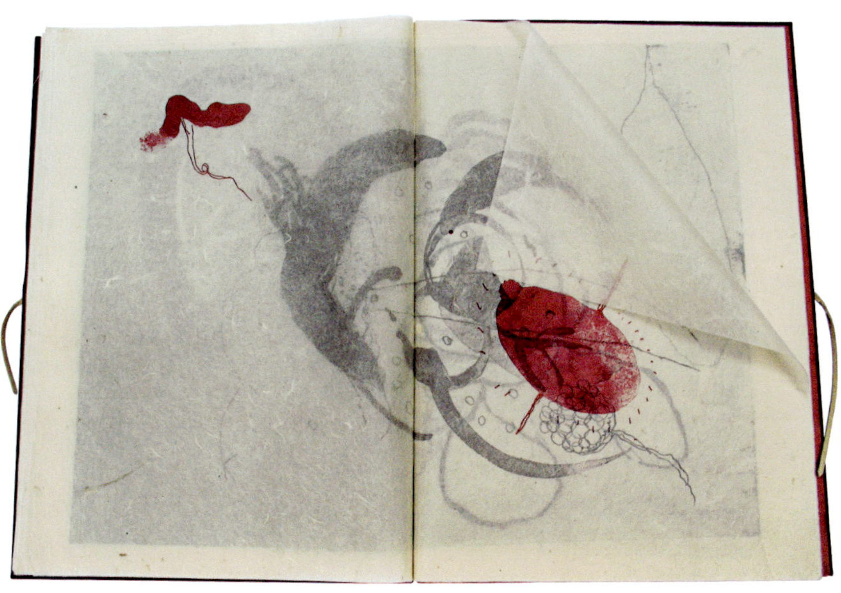

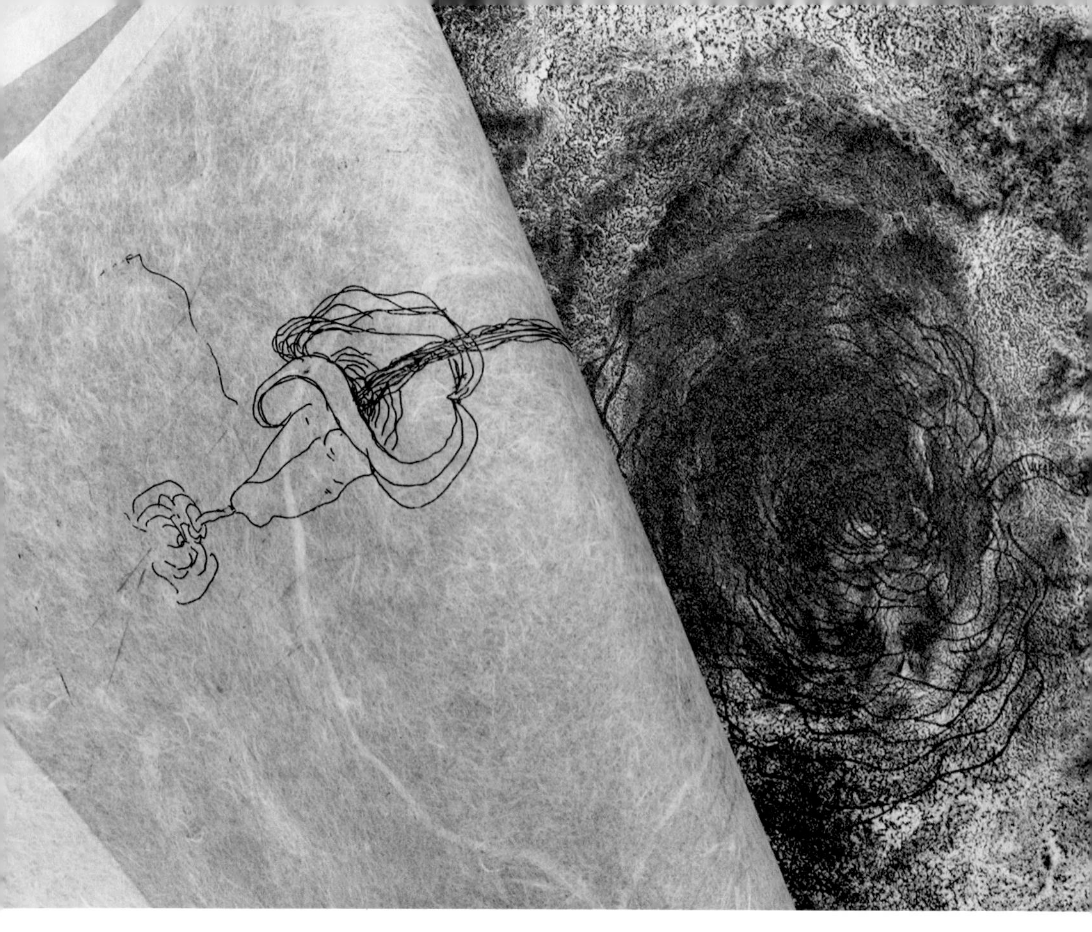

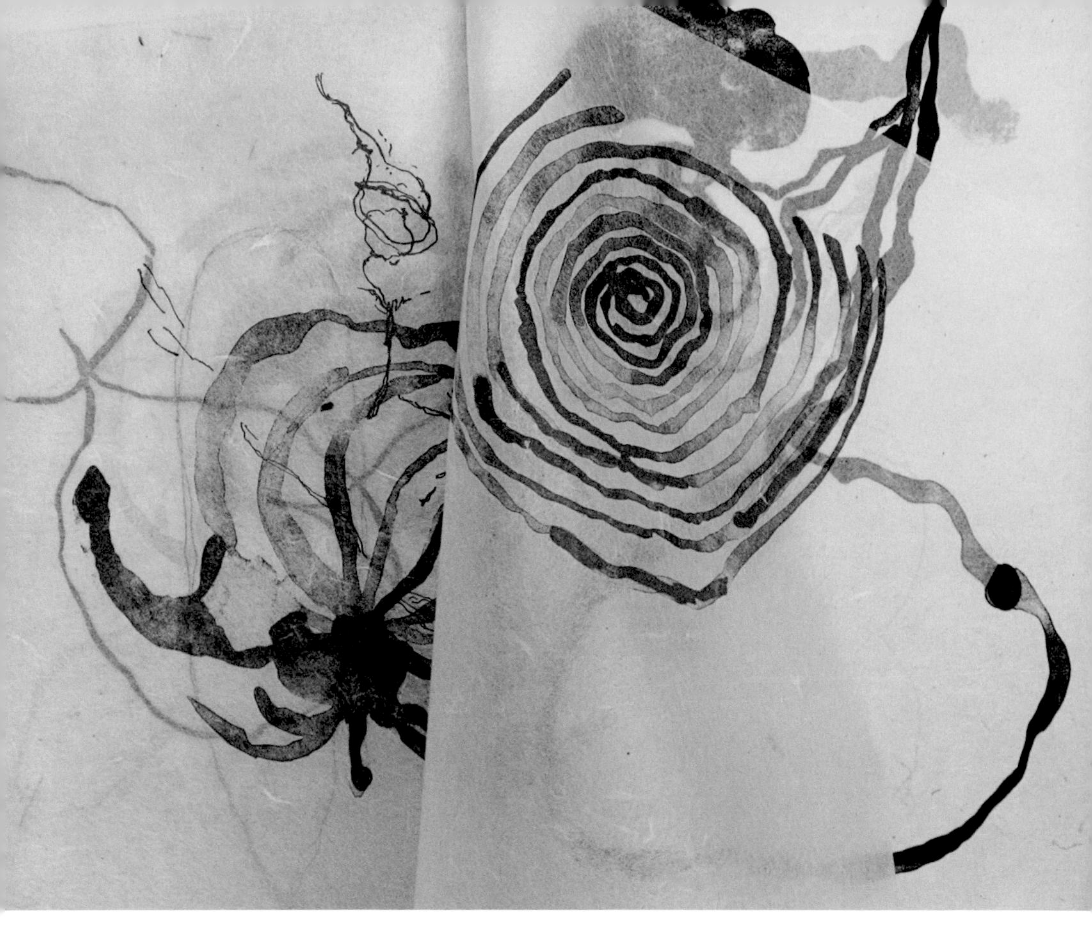

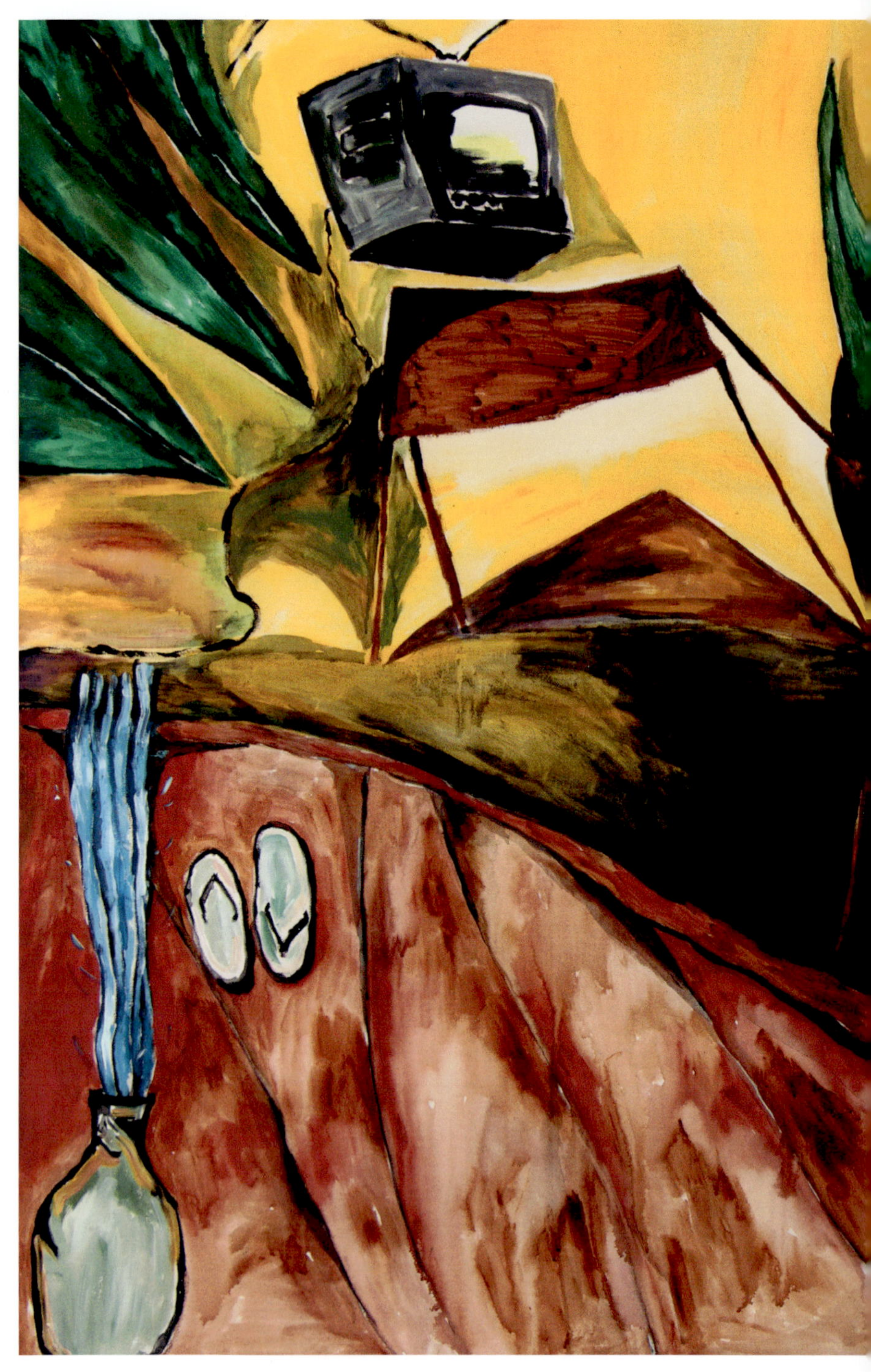

 Territorio [*Territory*], 1989. Foto—Photo: Cortesía de la artista—Courtesy of the artist [Cat. 63]

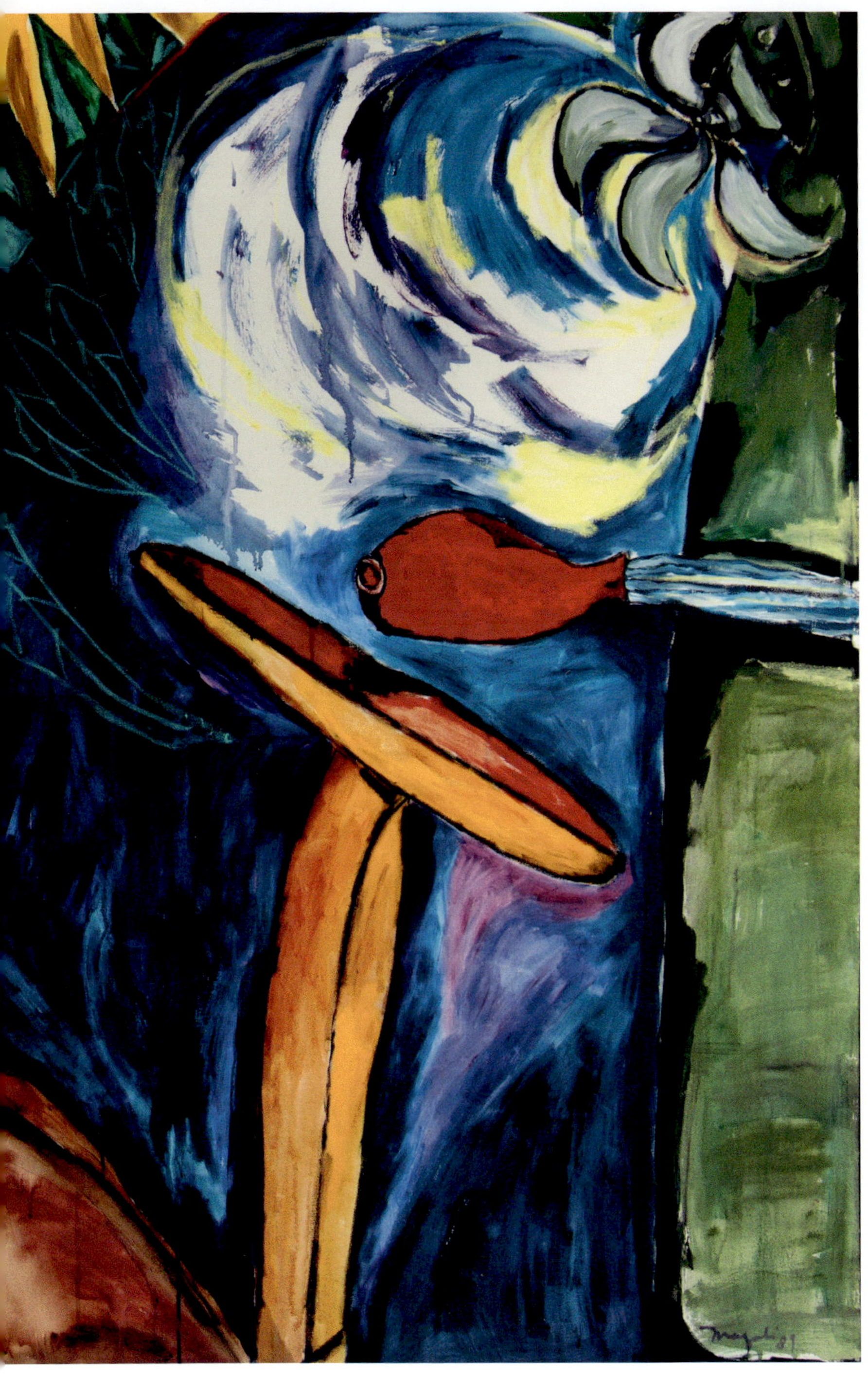

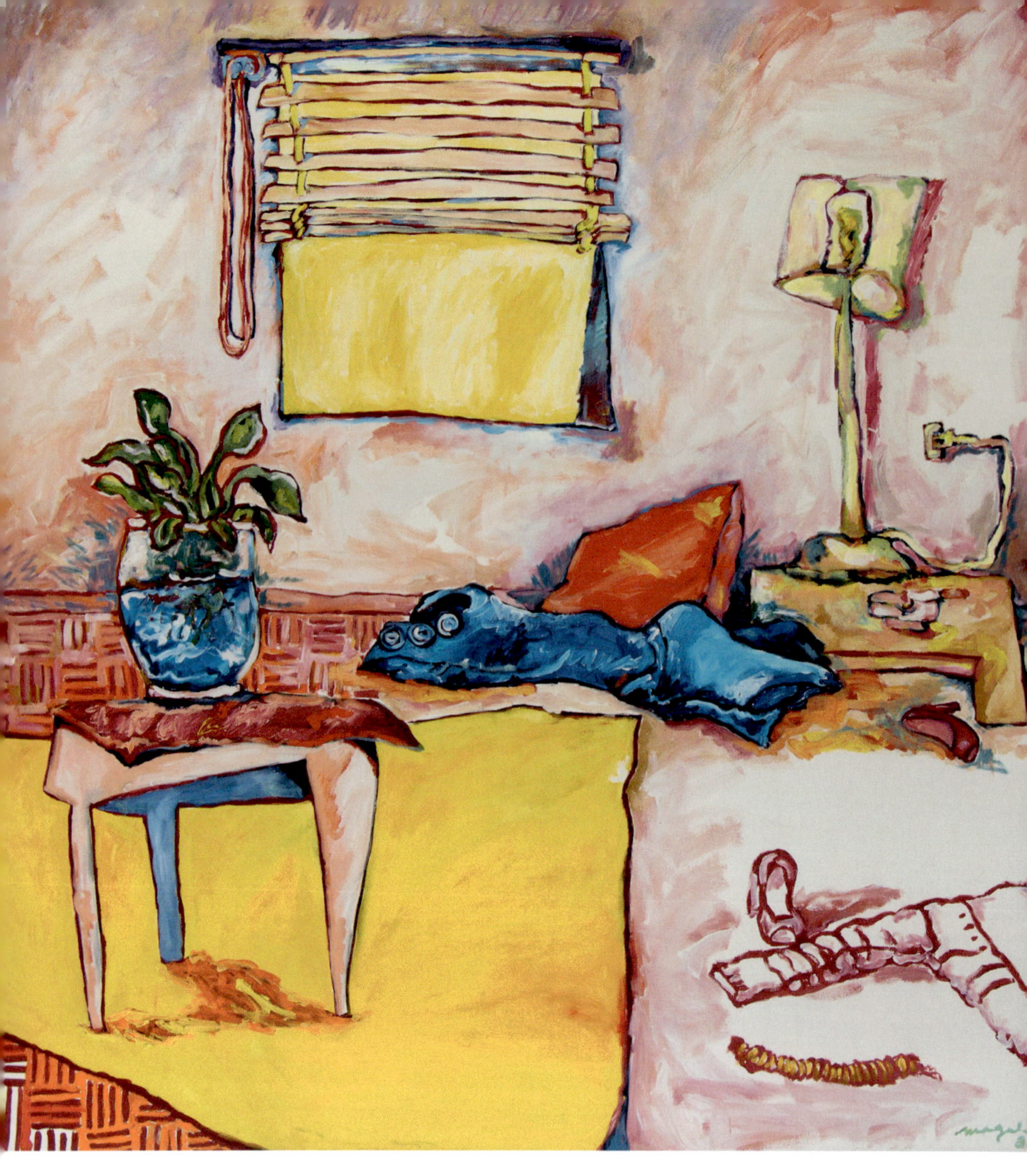

 Habitación [*Bedroom*], 1985. Foto—Photo: Cortesía de la artista—Courtesy of the artist [Cat. 51]

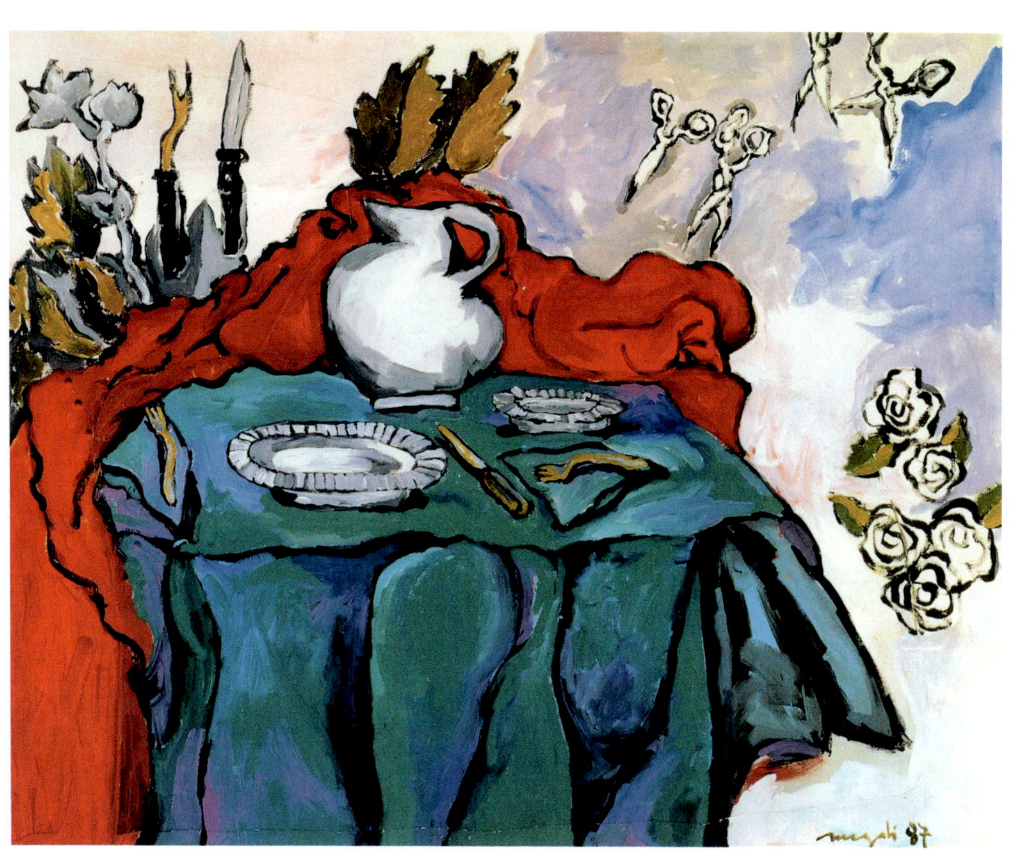

Bodegón verde [*Green Still Life*], 1987. Foto—Photo: Cortesía de la artista—Courtesy of the artist [Cat. 52]

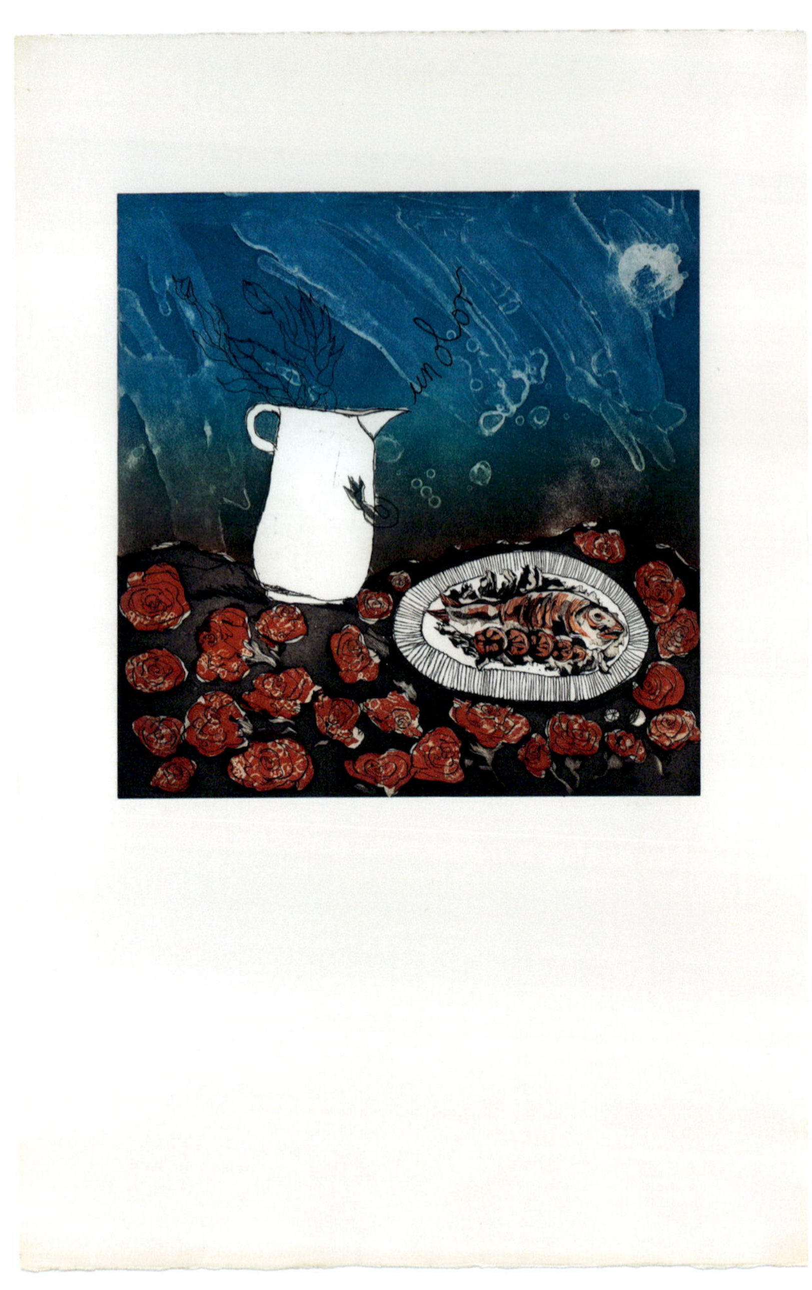

 Un olor [*A Smell*], 1987. Foto—Photo: Alfredo Mora [Cat. 53]

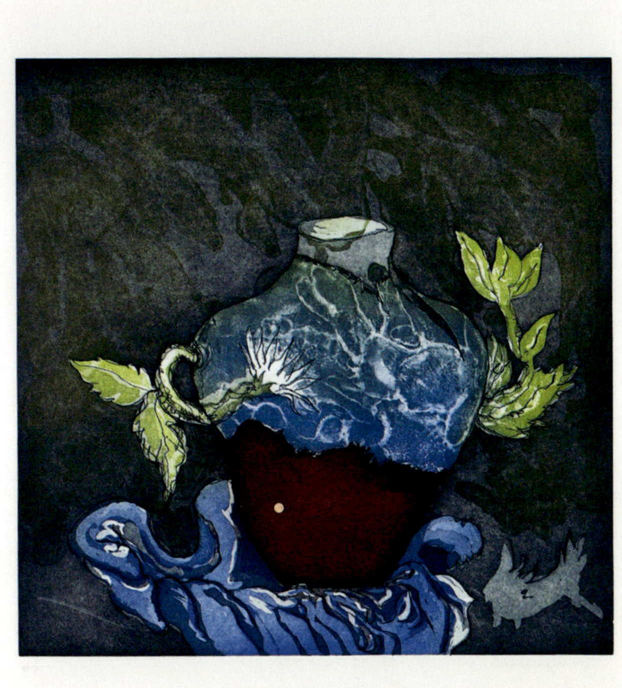

Vegetación [*Vegetation*], 1987. Foto—Photo: Alfredo Mora [Cat. 54]

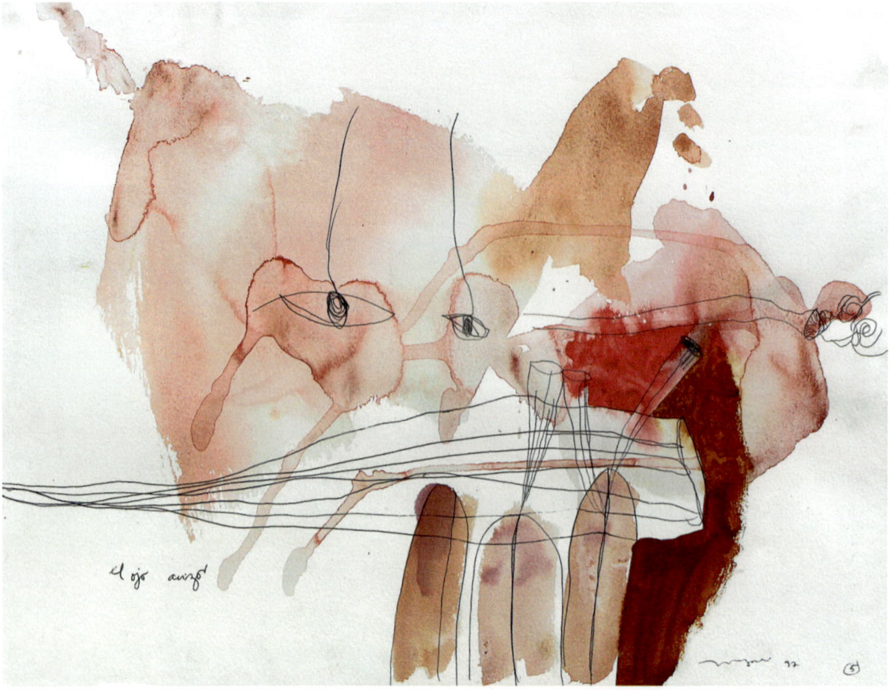

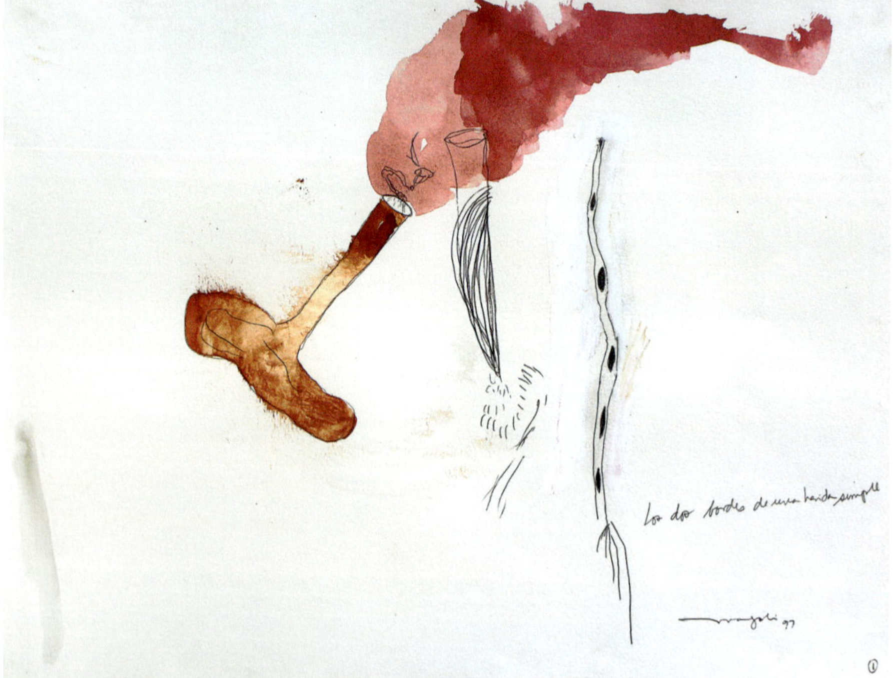

Arriba—Up: ***Miembro que lame*** [*Licking limb*], **1997.** Foto—Photo:
Cortesía de la artista—Courtesy of the artist **[Cat. 65]**

Abajo—Bottom: ***Los dos bordes de una herida simple*** [*The Two Edges of a Simple Wound*], **1997.**
Foto—Photo: **Cortesía de la artista**—Courtesy of the artist **[Cat. 64]**

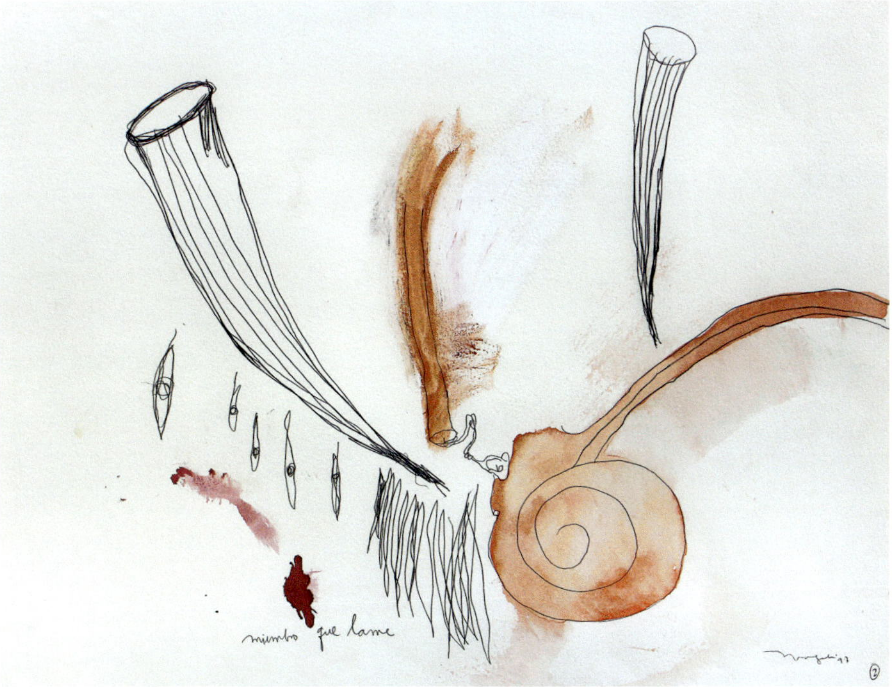

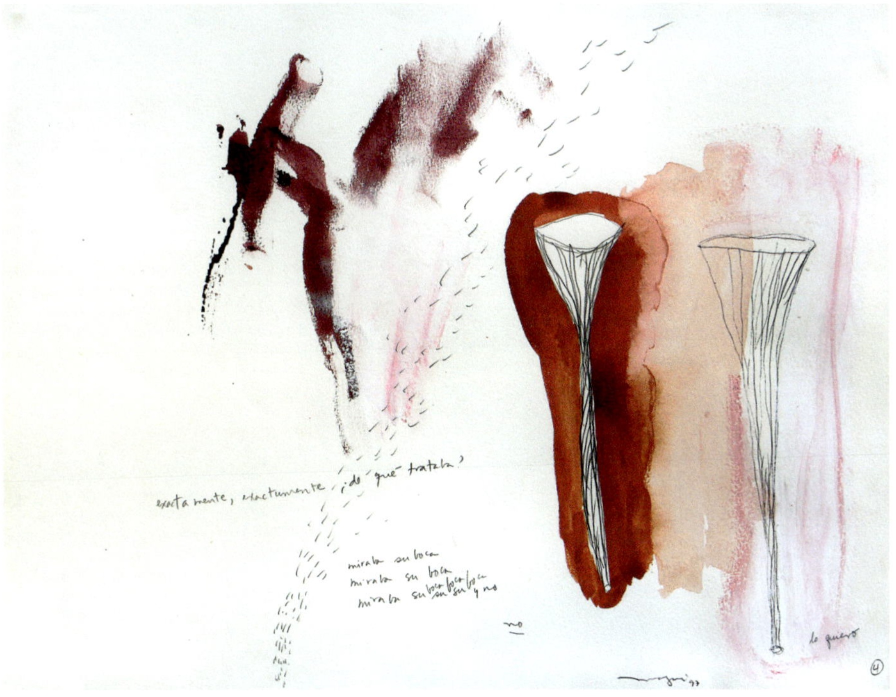

Arriba—Up: ***El ojo avizor*** [*The All-Seeing Eye*], **1997.** Foto—Photo: **Cortesía de la artista**—Courtesy of the artist **[Cat. 66]**

Abajo—Bottom: ***Su boca*** [*Her Mouth*], **1997.** Foto—Photo: **Cortesía de la artista**—Courtesy of the artist **[Cat. 67]**

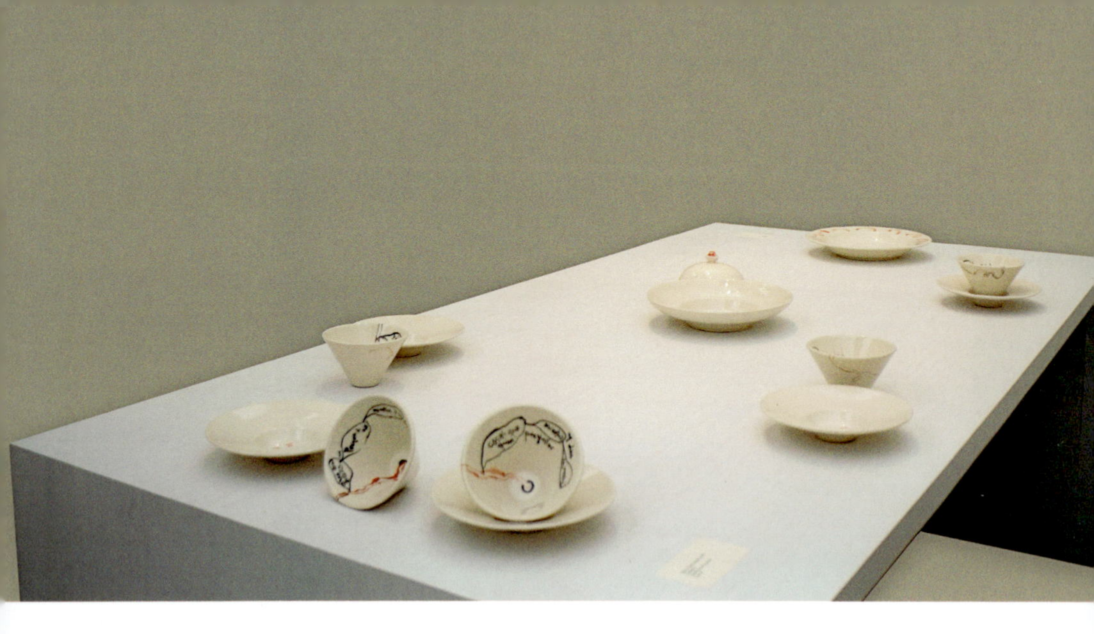

Miento [*I Am Lying*], 2002. Vista de instalación de la exposición—Installation view of the exhibition *Mi versión de los hechos* en el—at MUCA, UNAM, 2004. Foto—Photo: Cortesía de la artista—Courtesy of the artist [Cat. 73]

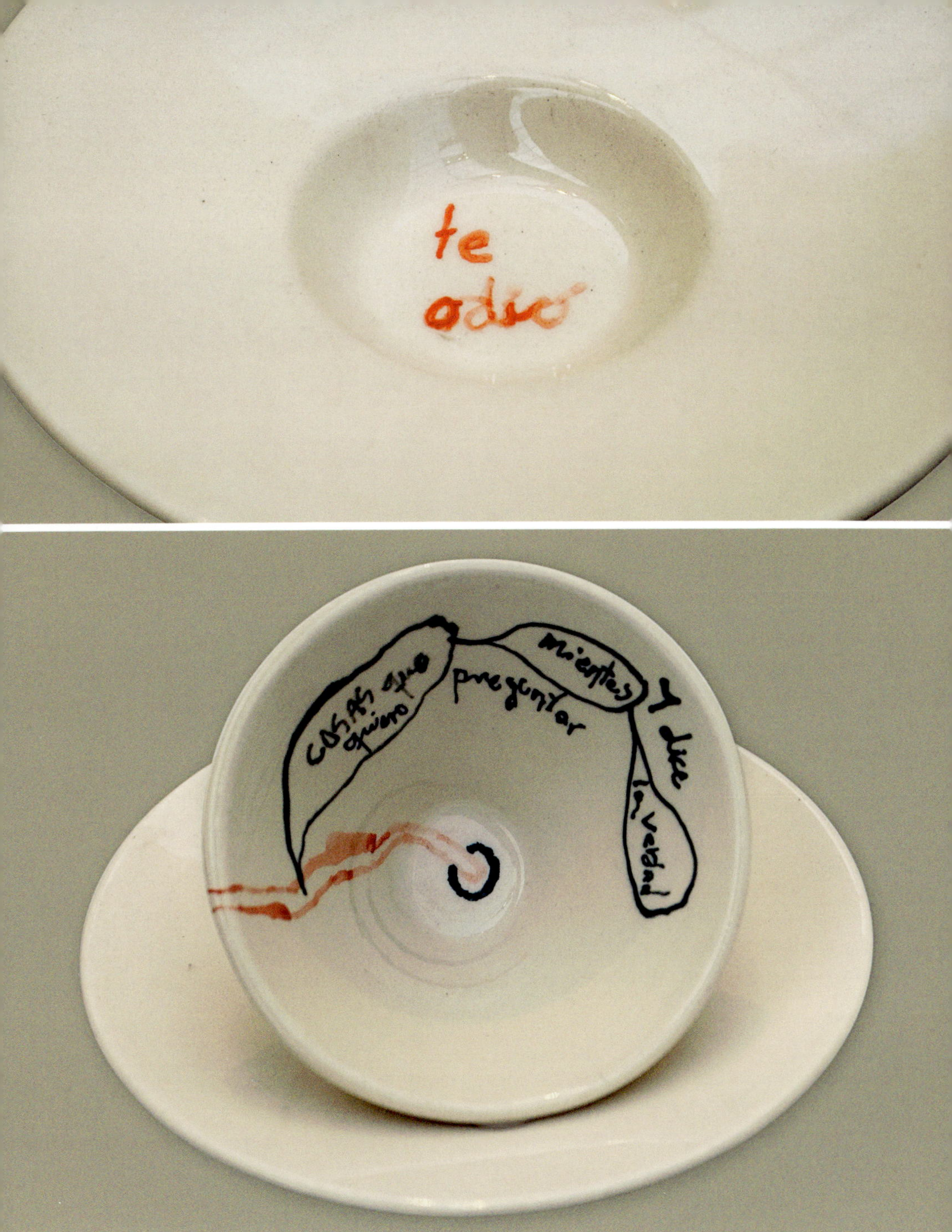
te
odio
cosas que
quiero
preguntar
mientras
y dice
la verdad

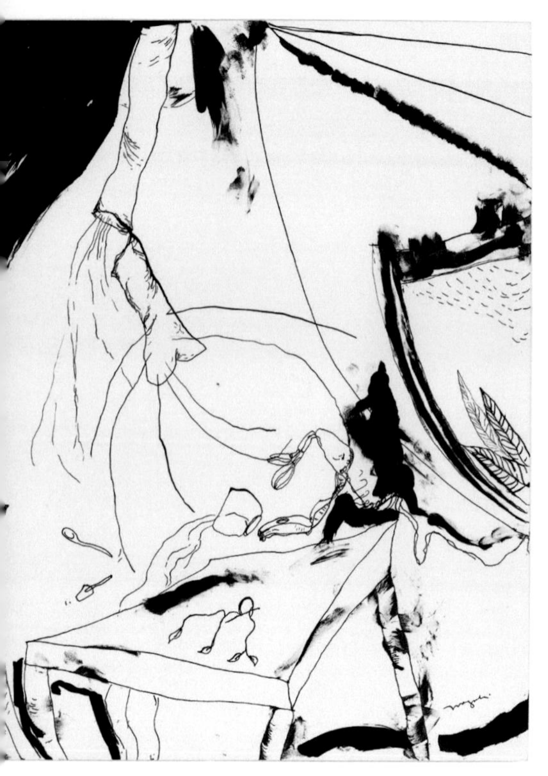

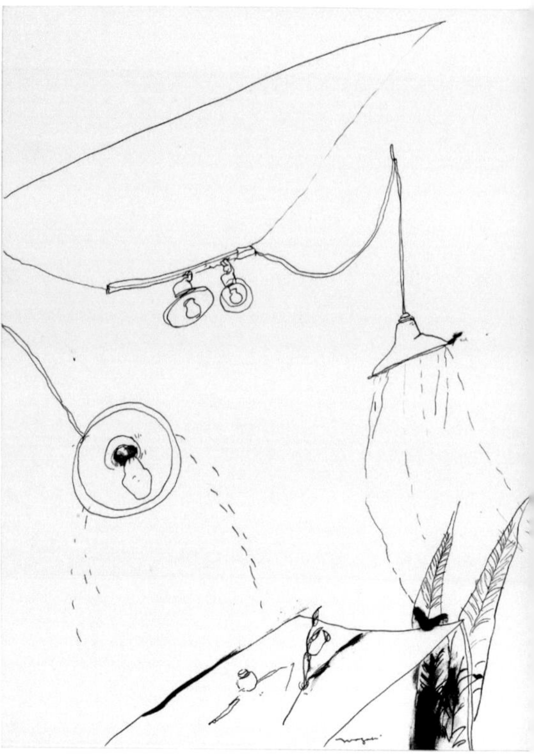

 pp. 114-117: *Dibujos* [*Drawings*], 1988. Foto—Photo: Cortesía de la artista—Courtesy of the artist [Cat. 55]

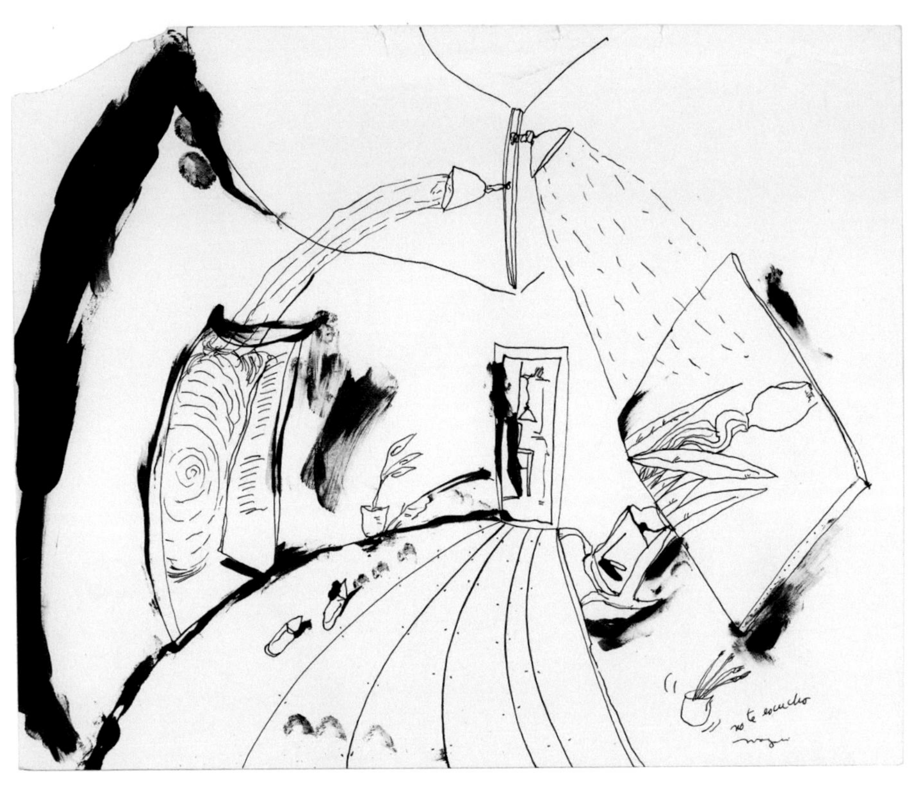
no te escucho

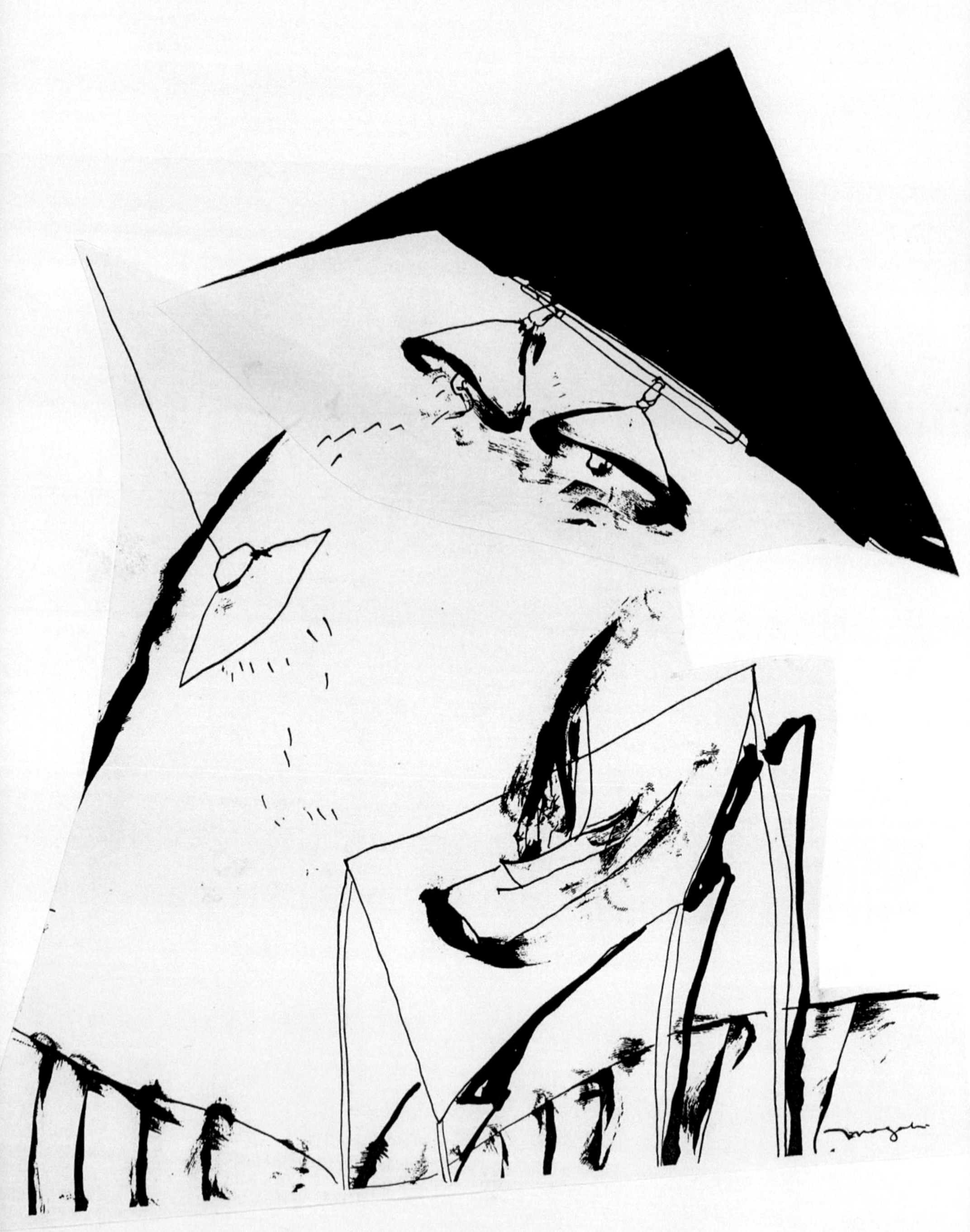

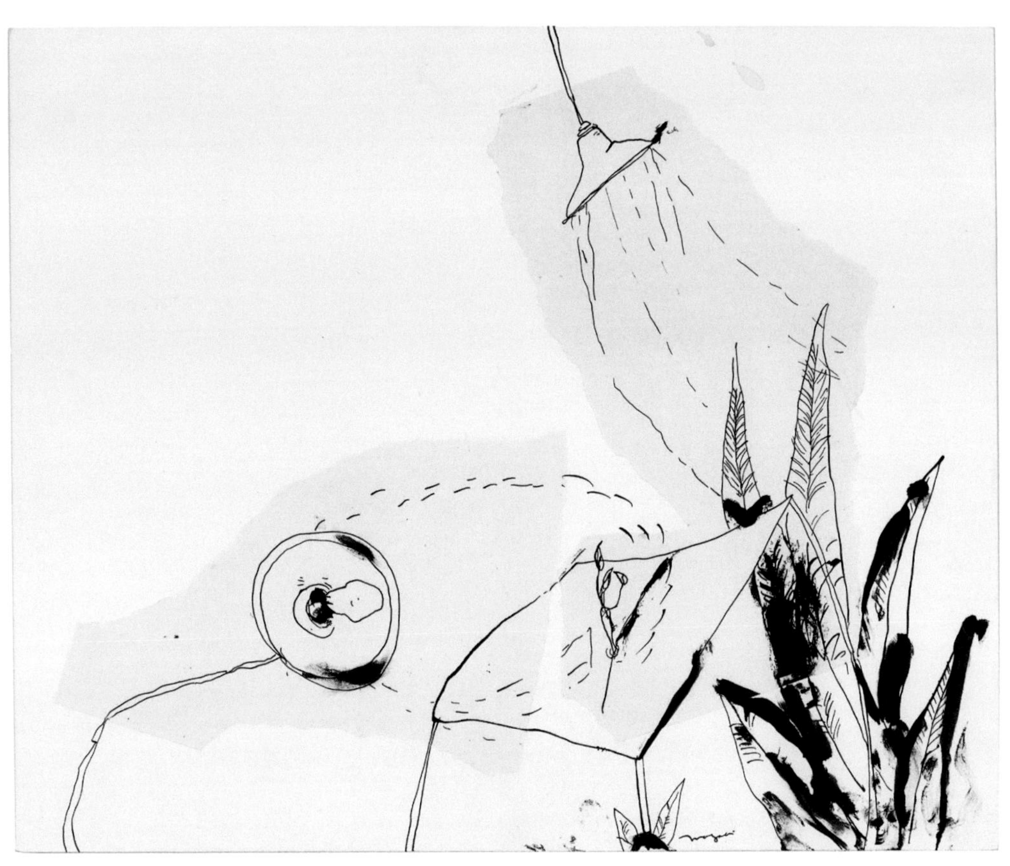

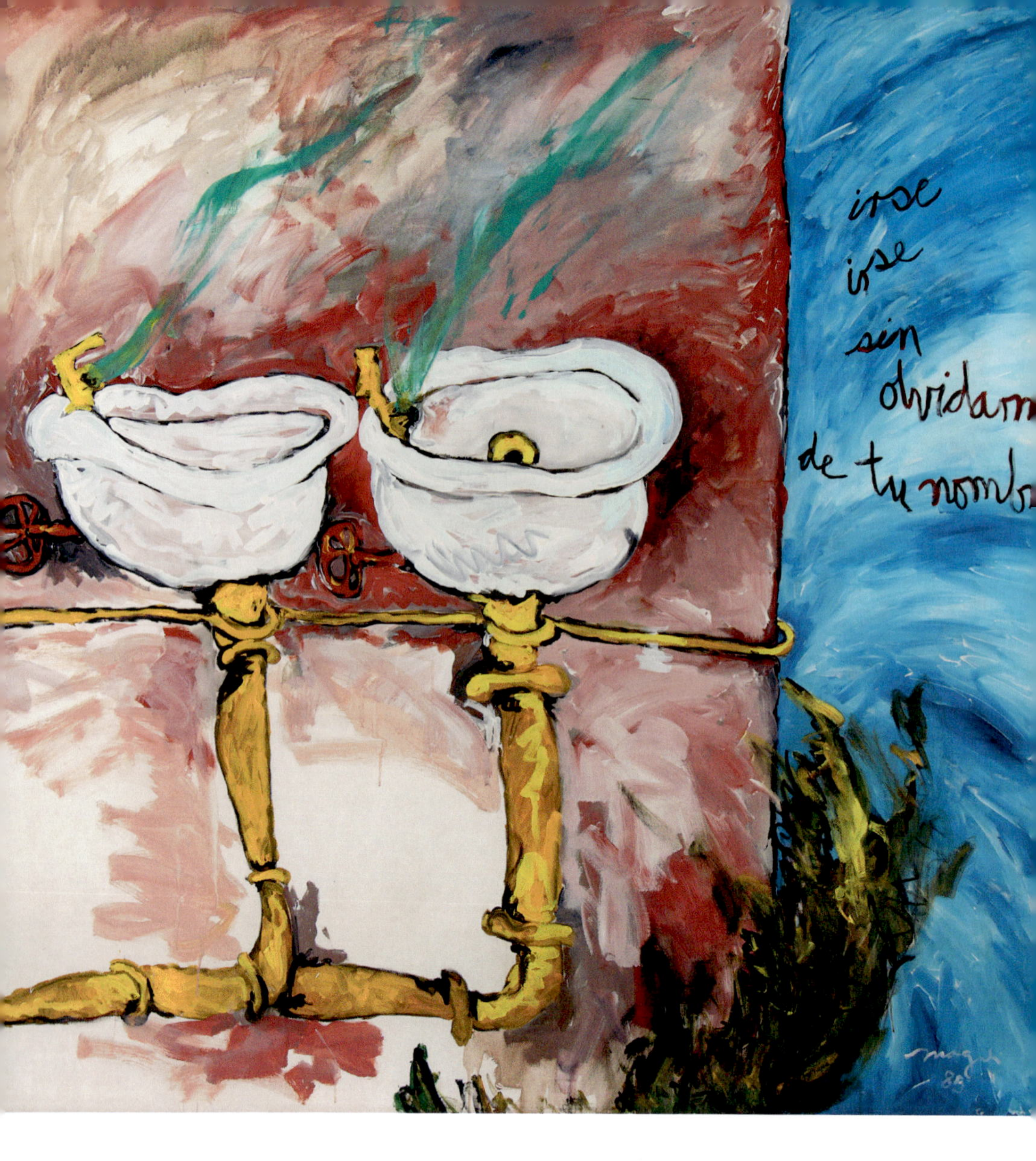

 Olvidarme de tu nombre [*Forgetting Your Name*], 1985. Foto—Photo: Gabriel Batiz [Cat. 84]

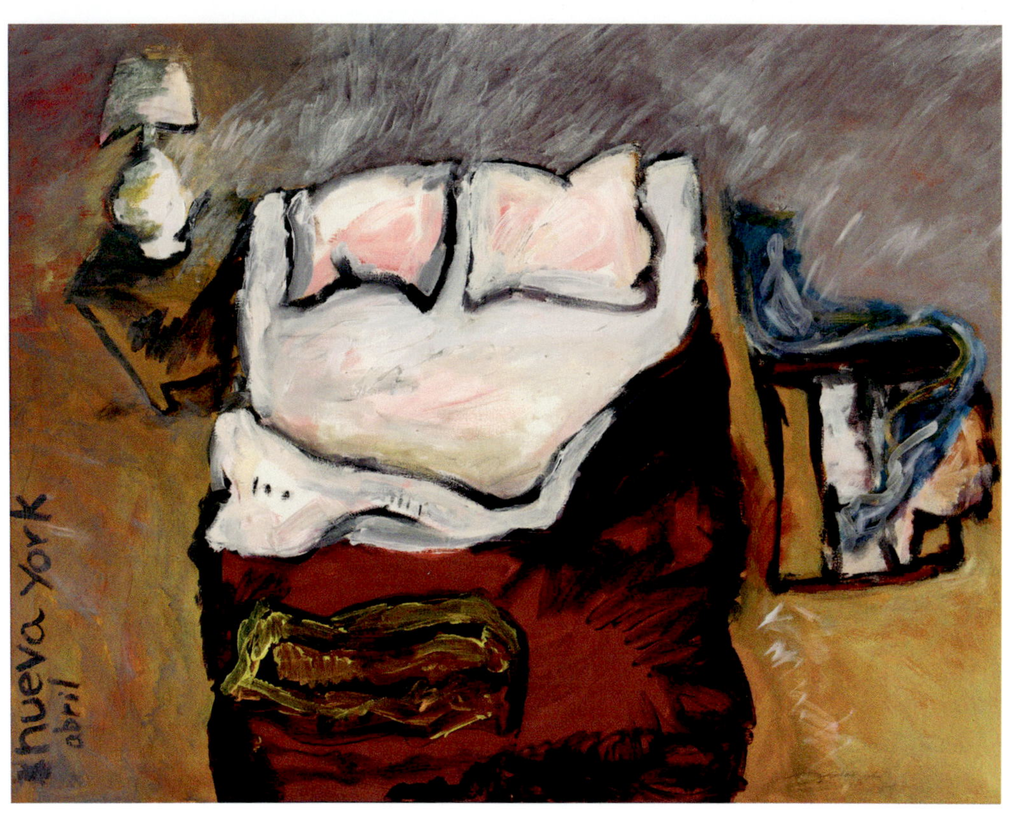

Cama, New York [*Bed, New York*], 1985. Foto—Photo: Gabriel Batiz [Cat. 82]

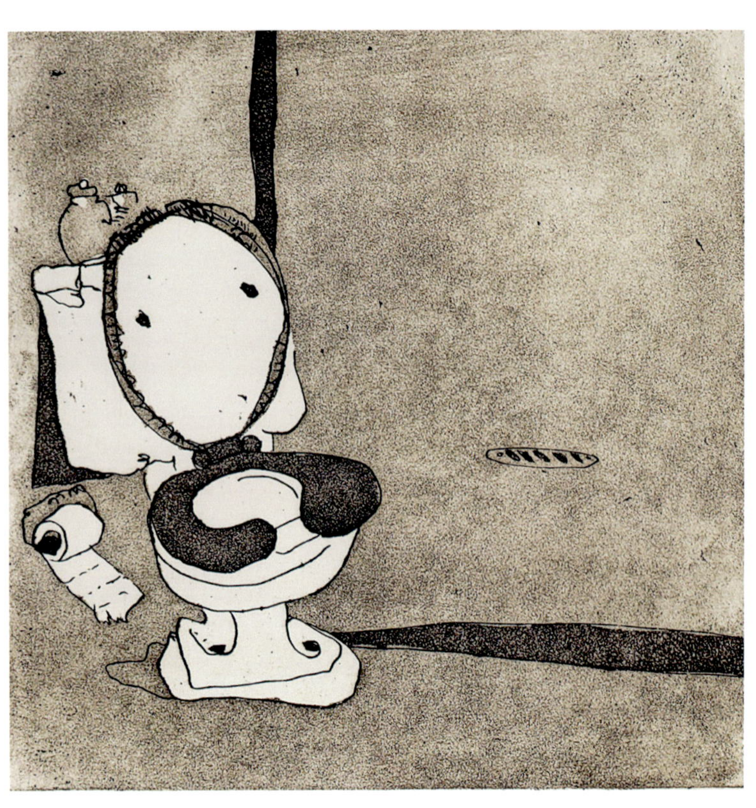

pp. 120-123: *De la misma, la misma habitación* [*From the Same, the Same Room*], 1984.
Foto—Photo: Alfredo Mora [Cat. 79]

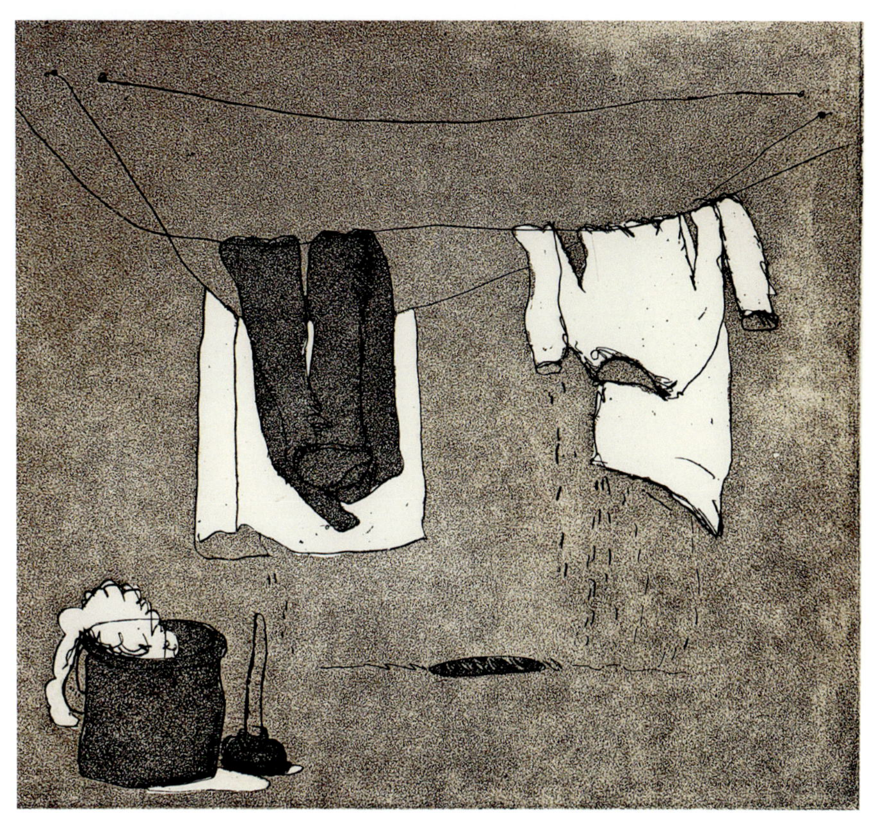

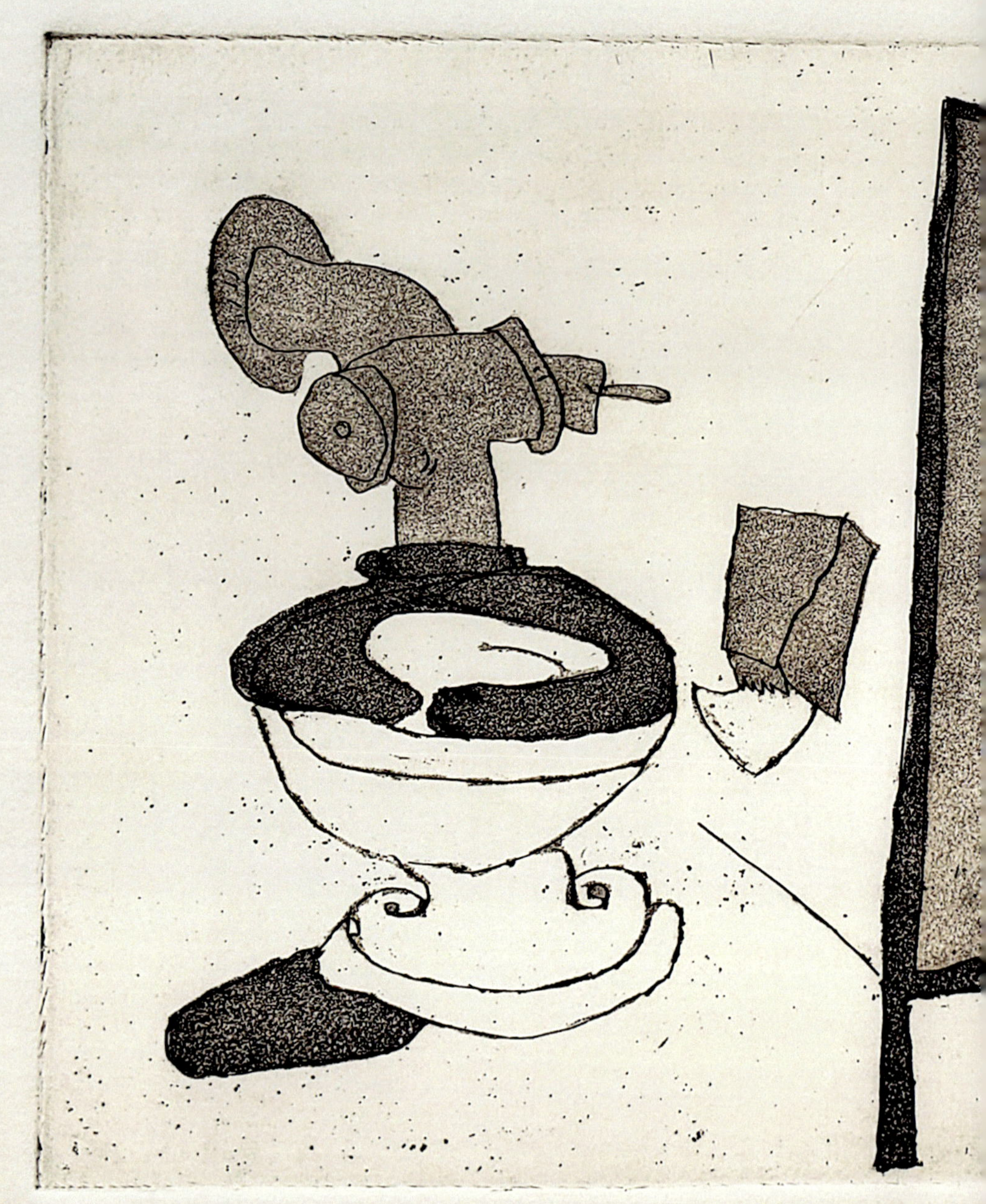

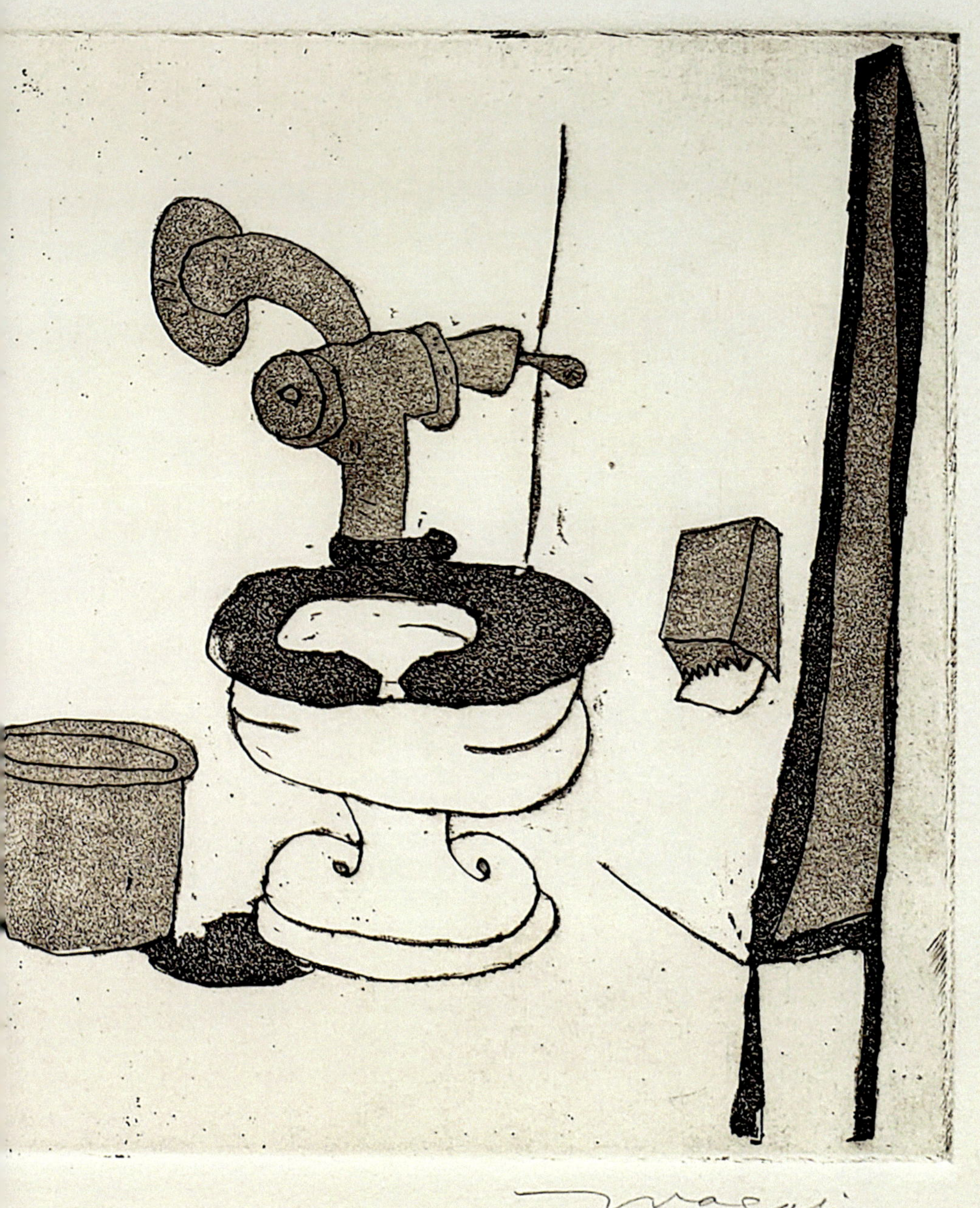

Repertorio Aura-Boullosa presenta:

Cocinar

escenografía y vestuario : Magali Lara
música : Liliana
iluminación : Jesusa
dirección : Carmen Boullosa

Cocinar hombres [*Cooking Men*], 1985. Cortesía de la artista—Courtesy of the artist [Cat. 136]

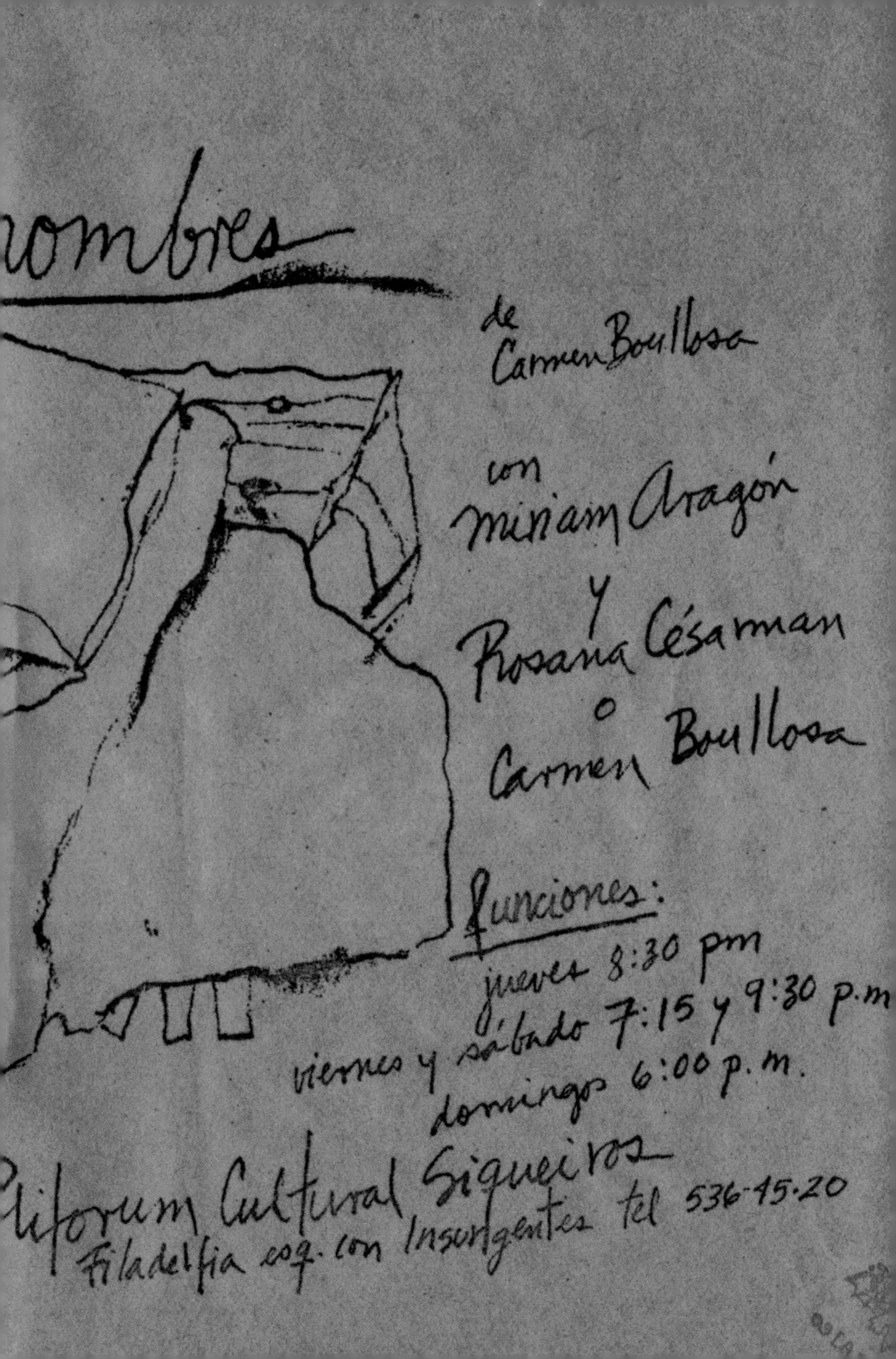

hombres

de
Carmen Boullosa

con
Miriam Aragón
y
Rosana Césarman
o
Carmen Boullosa

Funciones:
jueves 8:30 pm
viernes y sábado 7:15 y 9:30 p.m
domingos 6:00 p.m.

Poliforum Cultural Siqueiros
Filadelfia esq. con Insurgentes tel 536-45-20

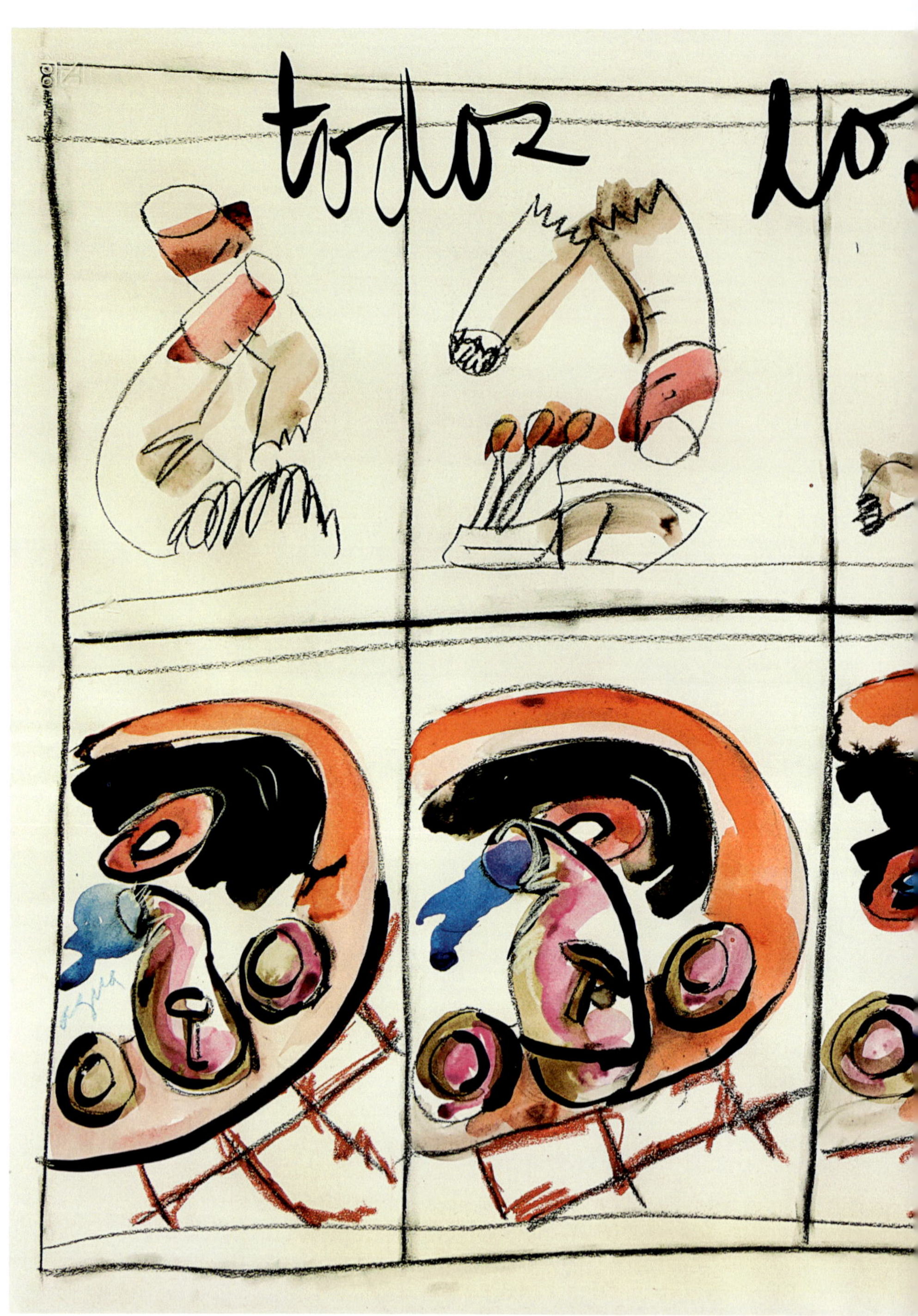

Todos los días otro punto de vista [*Everyday Another Point of View*], 1982.
Foto—Photo: Alfredo Mora [Cat. 122]

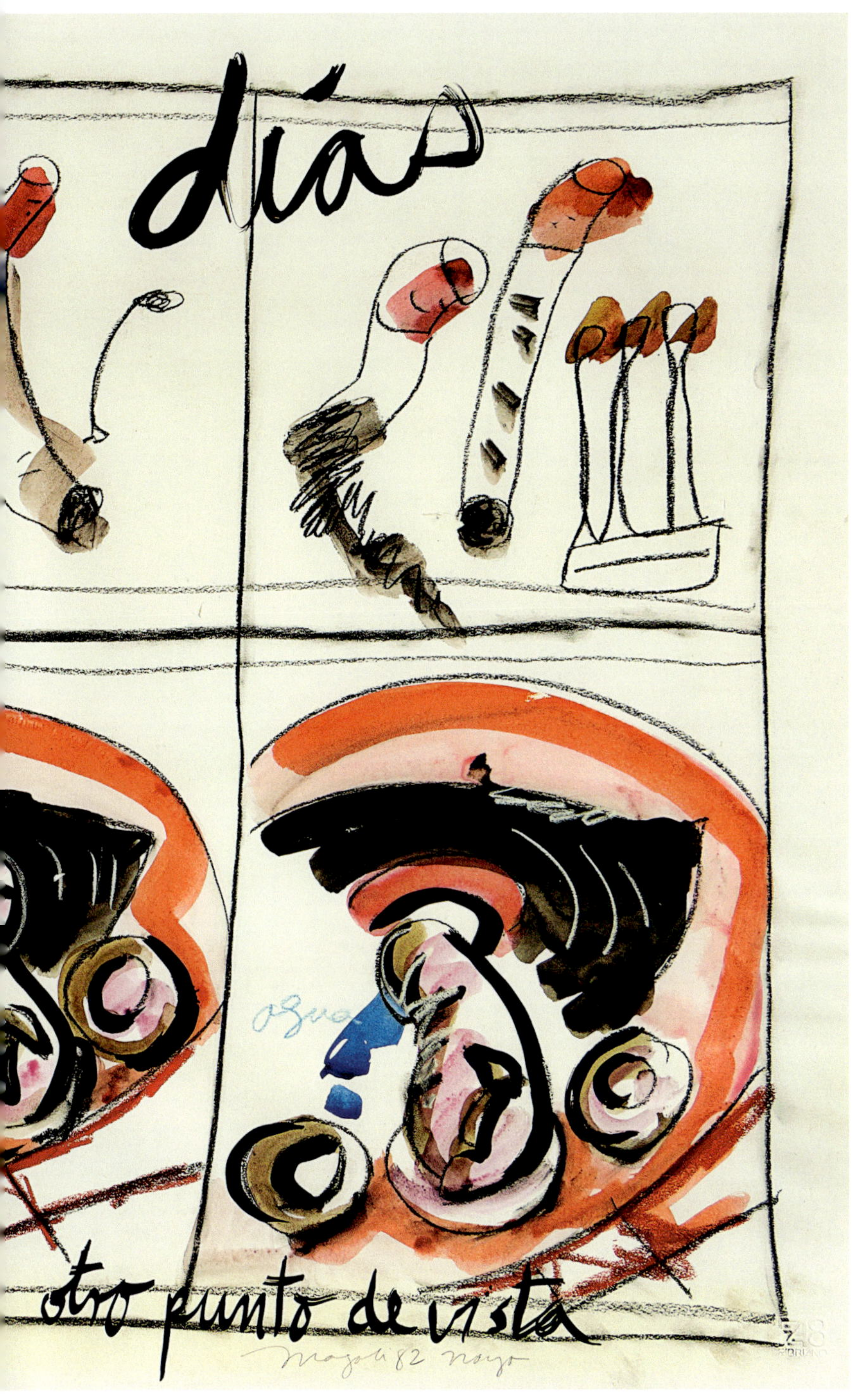
días
agua
otro punto de vista

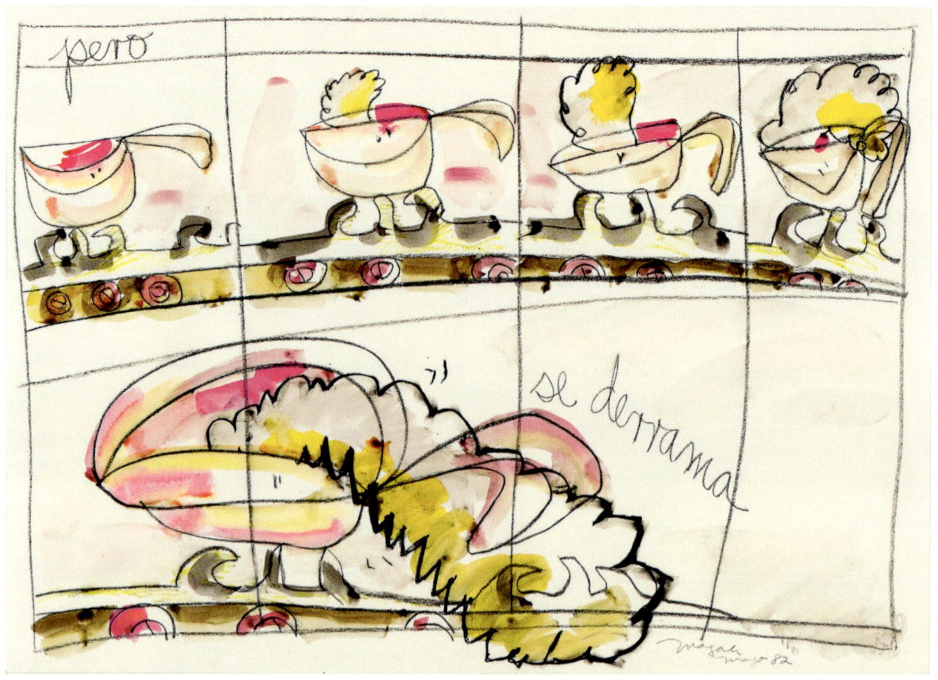

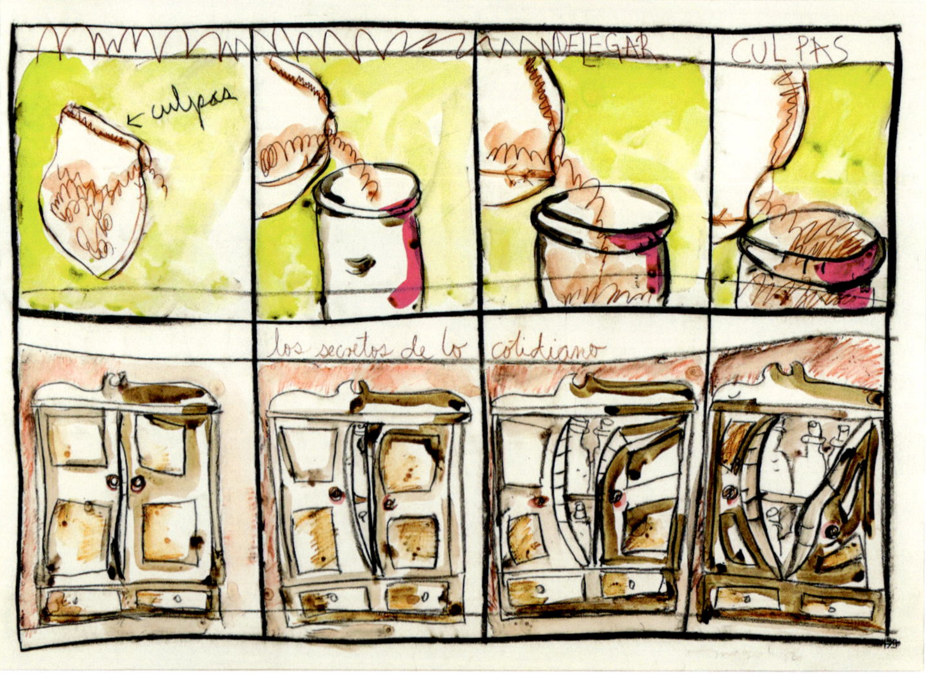

Arriba—Up: ***Pero... se derrama*** [*But... It's Spilling*], 1982. Foto—Photo: Alfredo Mora [Cat. 119]

Abajo—Bottom: ***Delegar culpas*** [*Delegating Blame*], 1982. Foto—Photo: Alfredo Mora [Cat. 117]

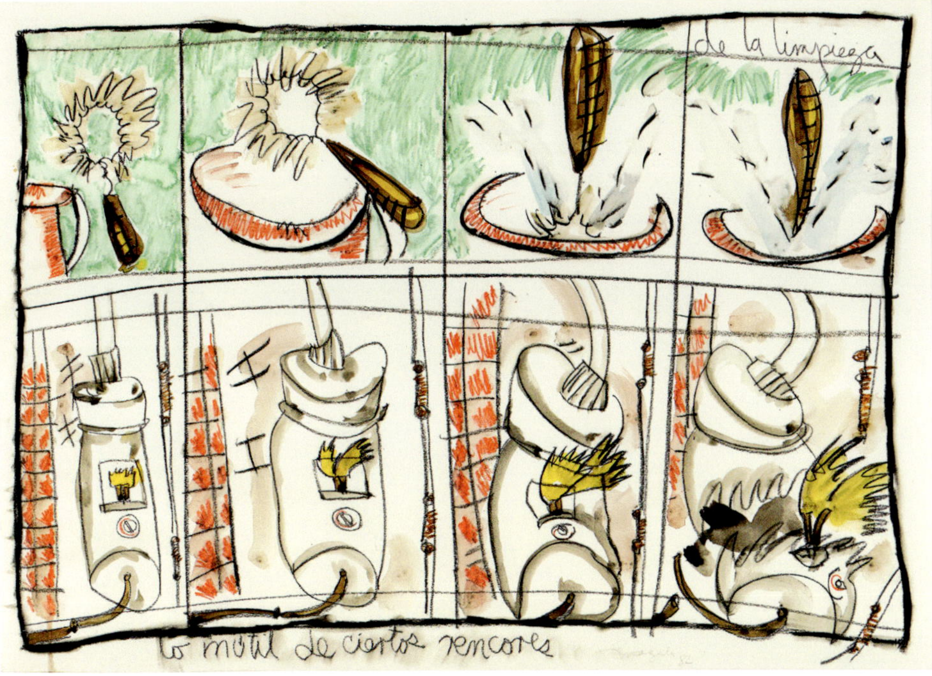

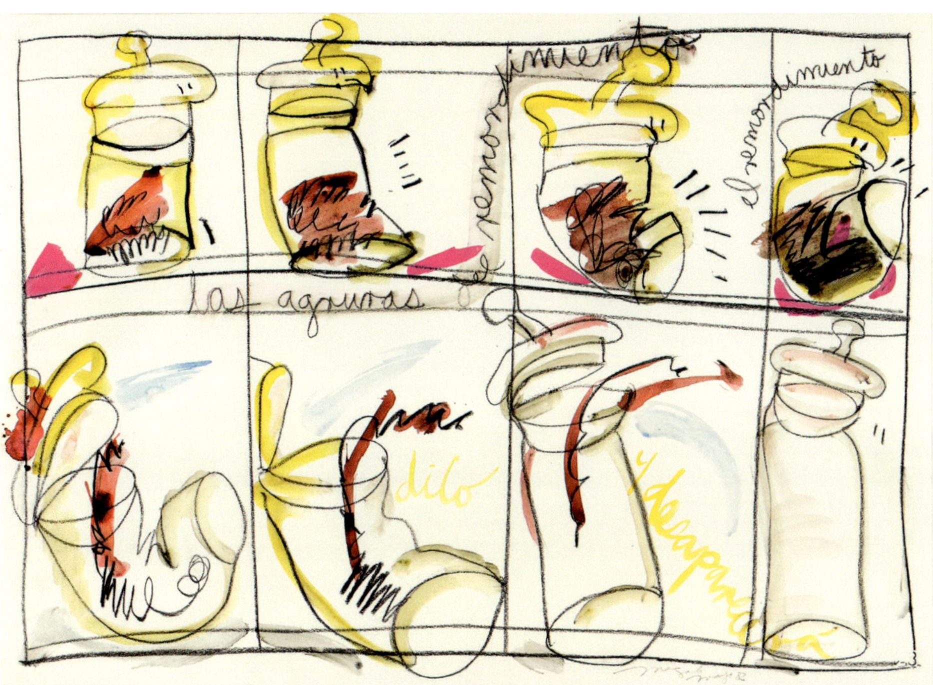

Arriba—Up: ***De la limpieza y lo inútil de ciertos rencores*** [*Of Cleaning and the Uselessness of Certain Rancours*], **1982.** Foto—Photo: **Alfredo Mora [Cat. 116]**

Abajo—Bottom: ***Las arrugas del remordimiento*** [*The Wrinkles of Remorse*], **1982.** Foto—Photo: **Alfredo Mora [Cat. 115]**

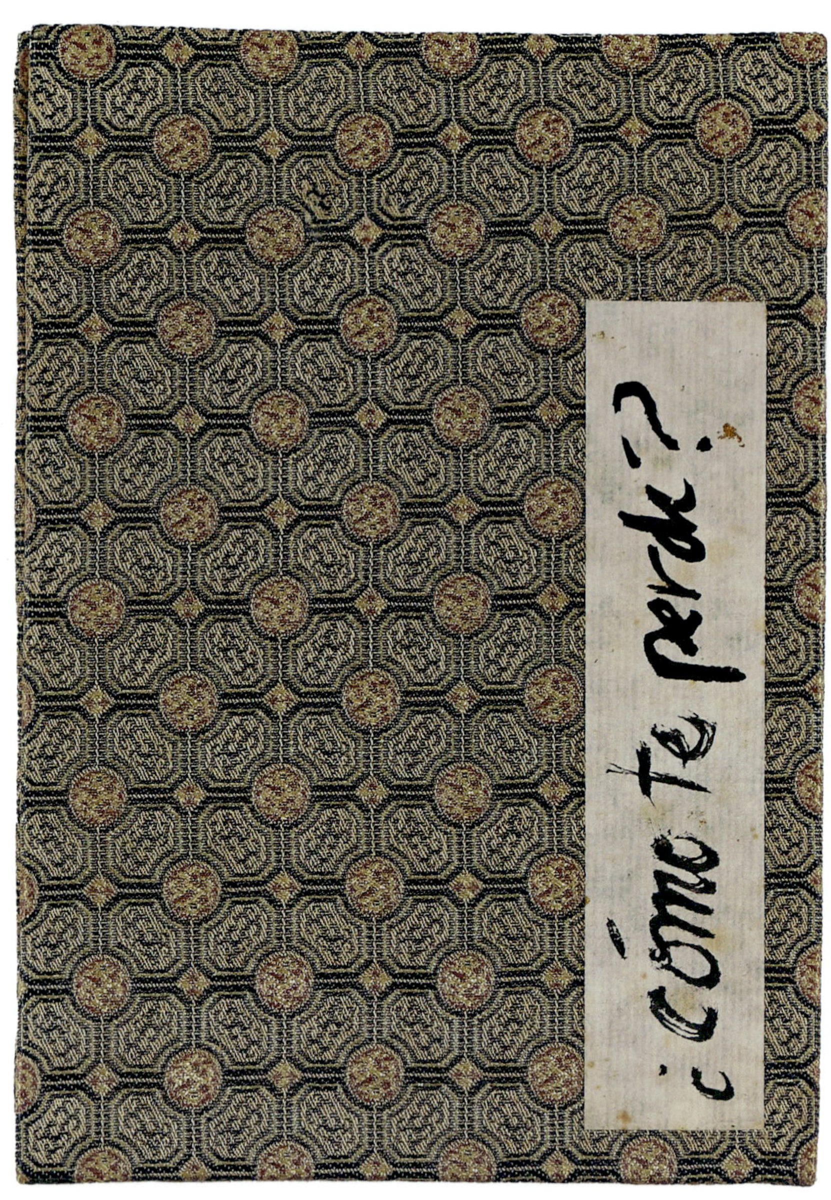

pp. 130-131: *Cómo te perdí* [*How I Lost You*], 1989. Detalles—Details.
Foto—Photo: Cortesía de la artista—Courtesy of the artist [Cat. 142]

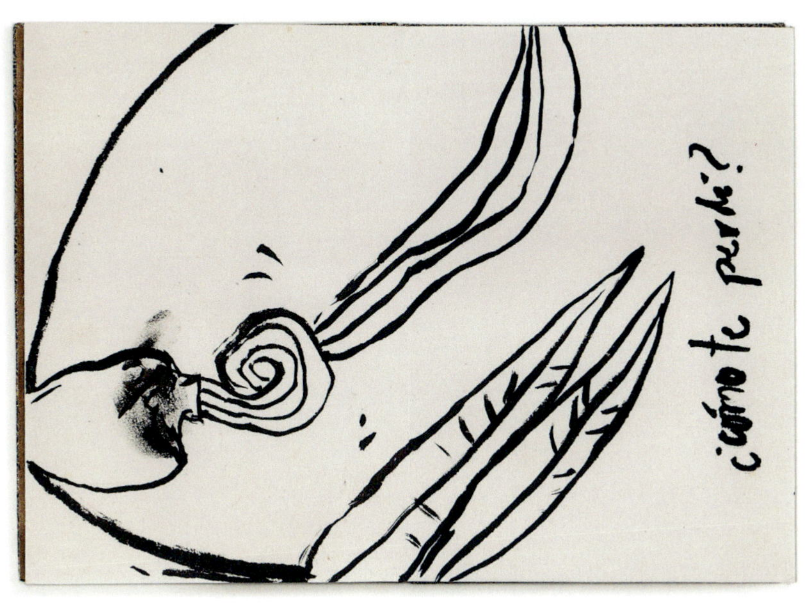
¿cómo te perdí?

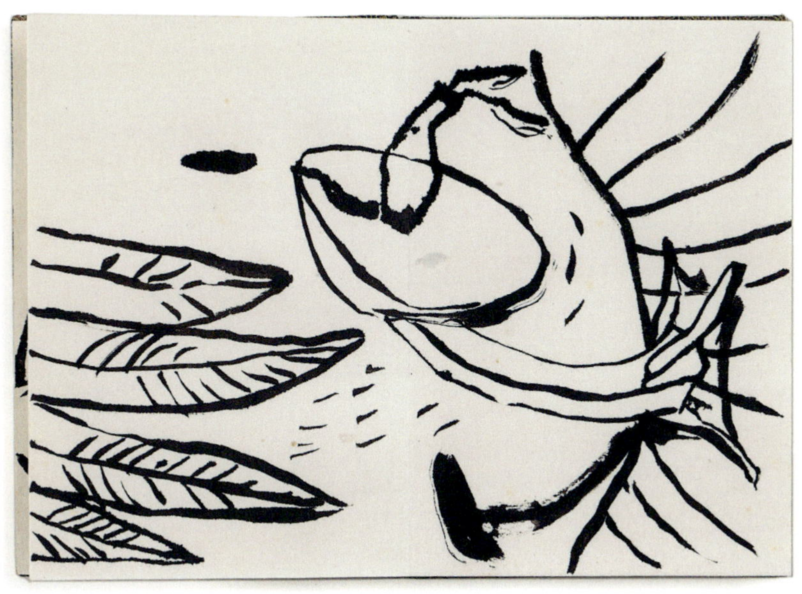

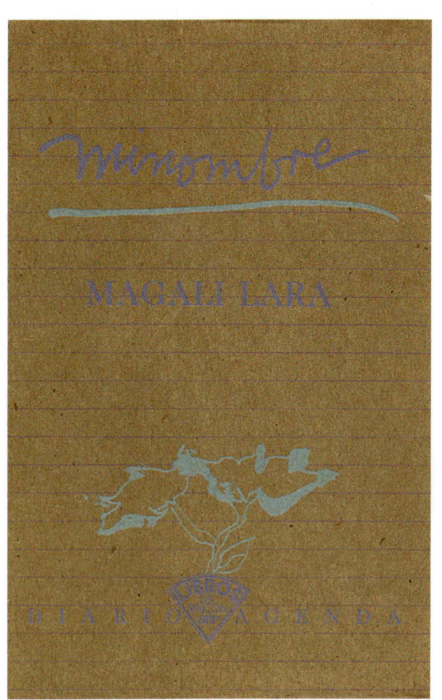

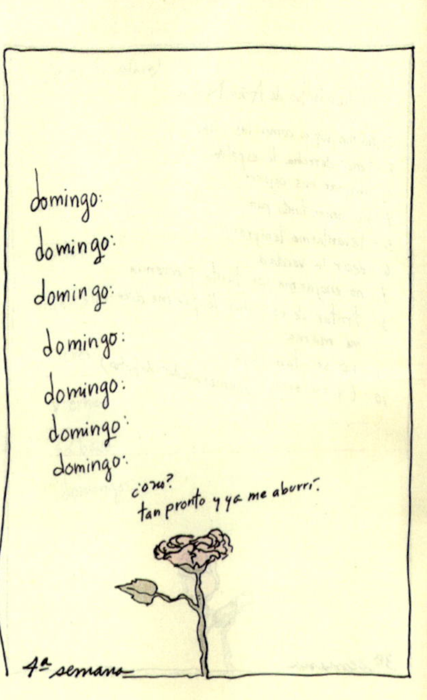

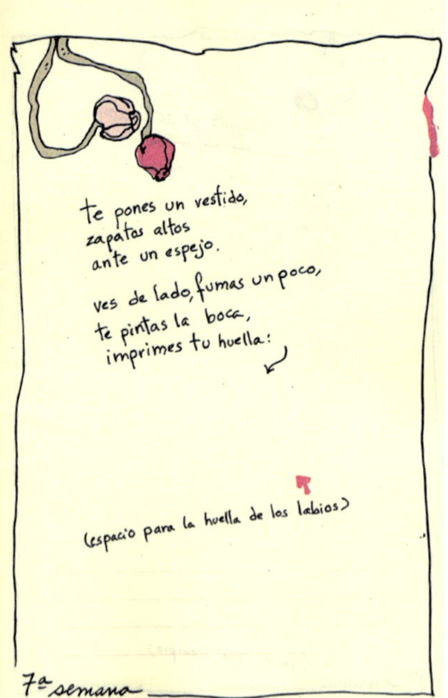

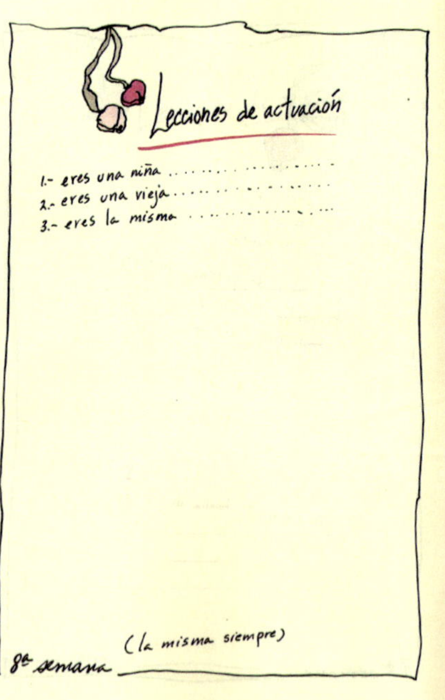

pp. 132-133: *Mi nombre* [*My Name*], 1986. Detalles—Details.
Foto—Photo: Cortesía de la artista—Courtesy of the artist [Cat. 139]

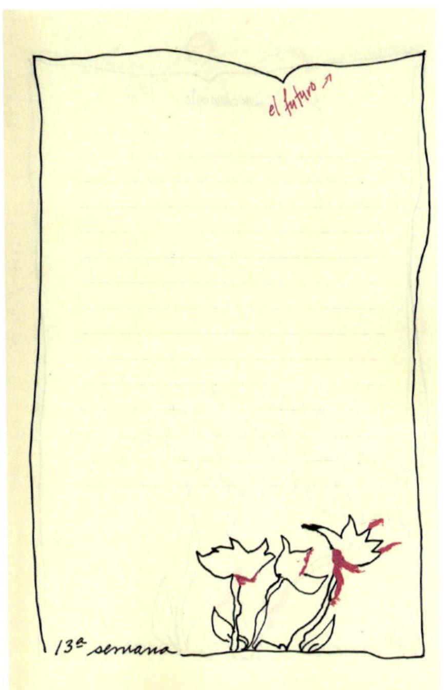
el futuro ↗
13ª semana

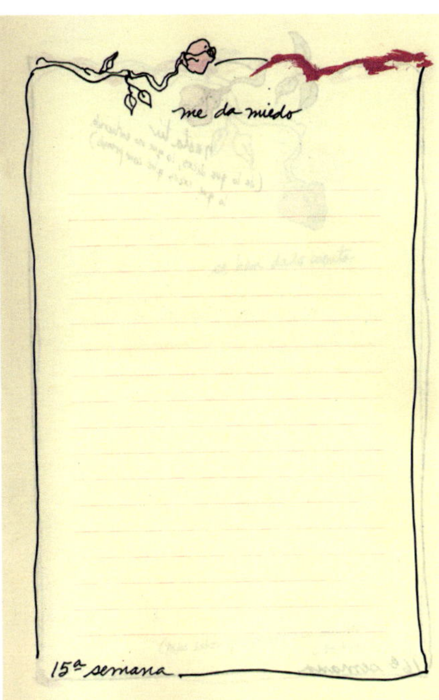
me da miedo
15ª semana

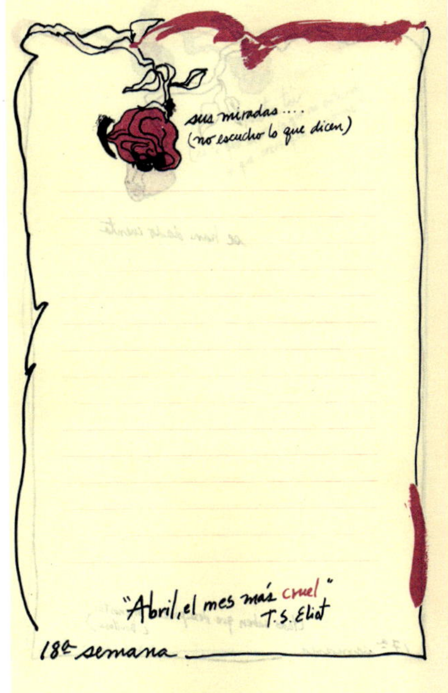
sus miradas....
(no escucho lo que dicen)
"Abril, el mes más cruel"
T.S. Eliot
18ª semana

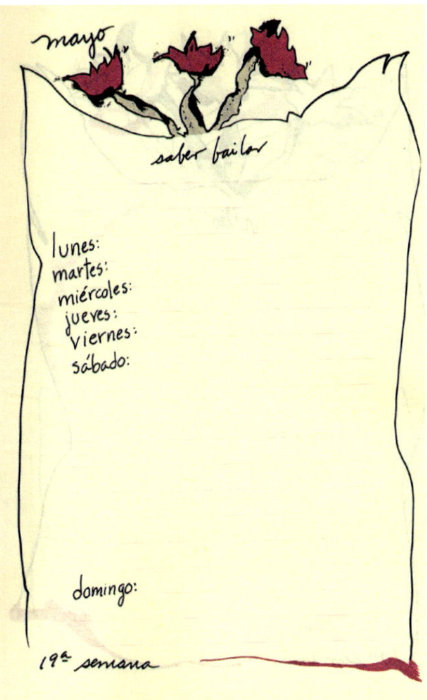
mayo
saber bailar
lunes:
martes:
miércoles:
jueves:
viernes:
sábado:
domingo:
19ª semana

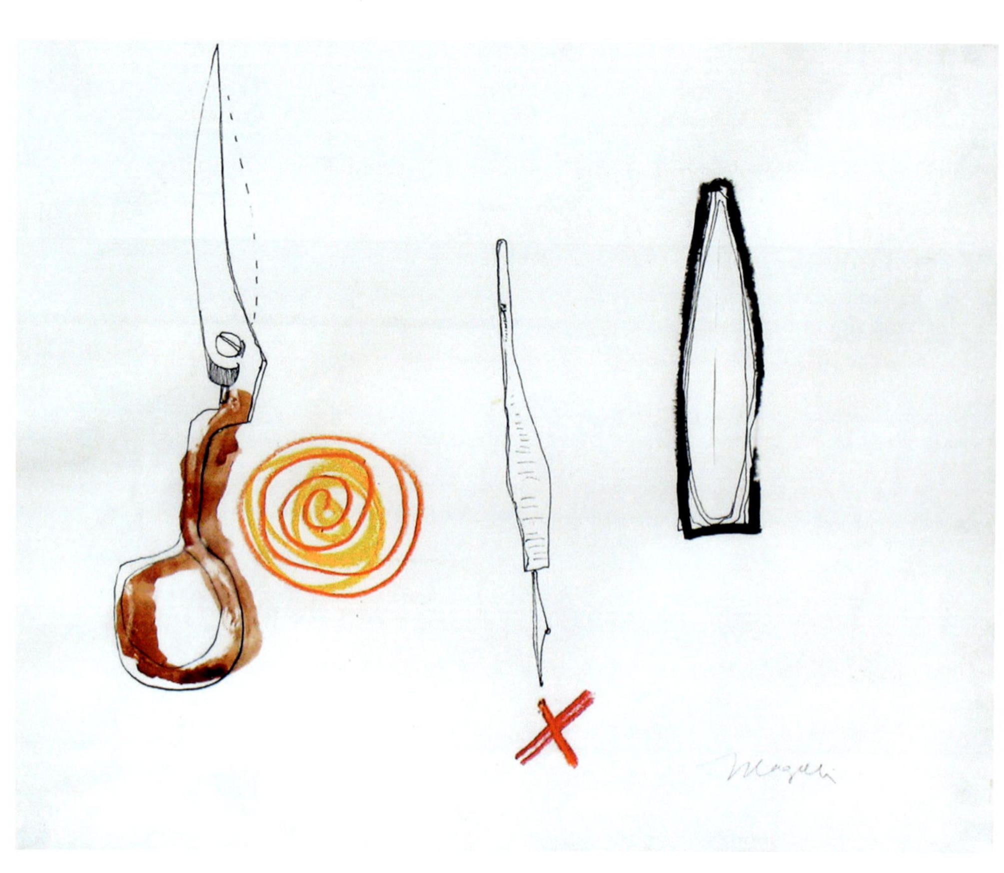

 Sin título [Untitled], 1977. Foto—Photo: Cortesía de la artista—Courtesy of the artist [Cat. 94]

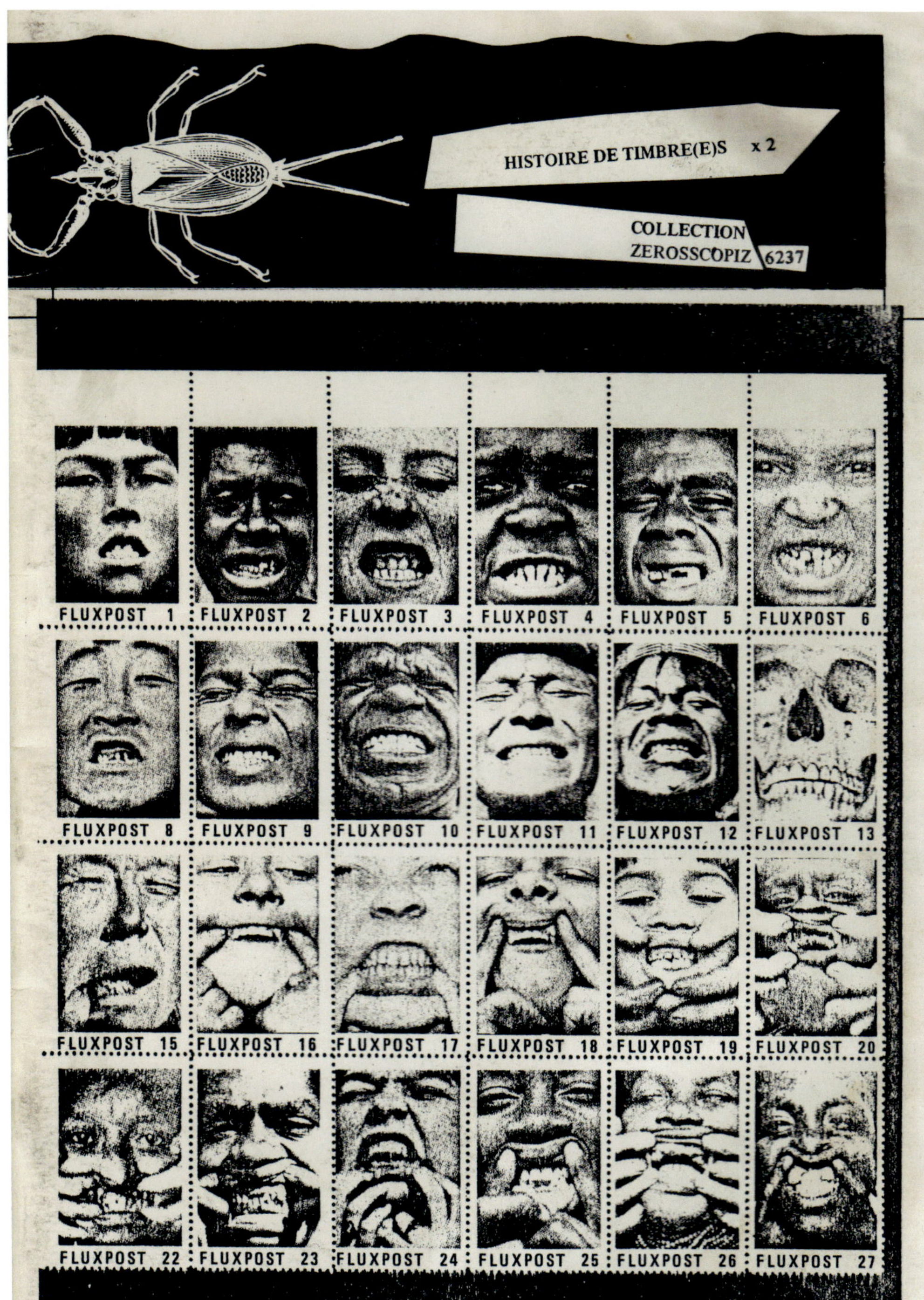

Histoire de timbre(e)s x2 [*Historias de timbre(e)s x2—Stamp Stories x2*], 1981.
Foto—Photo: Cortesía de la artista—Courtesy of the artist [Cat. 107]

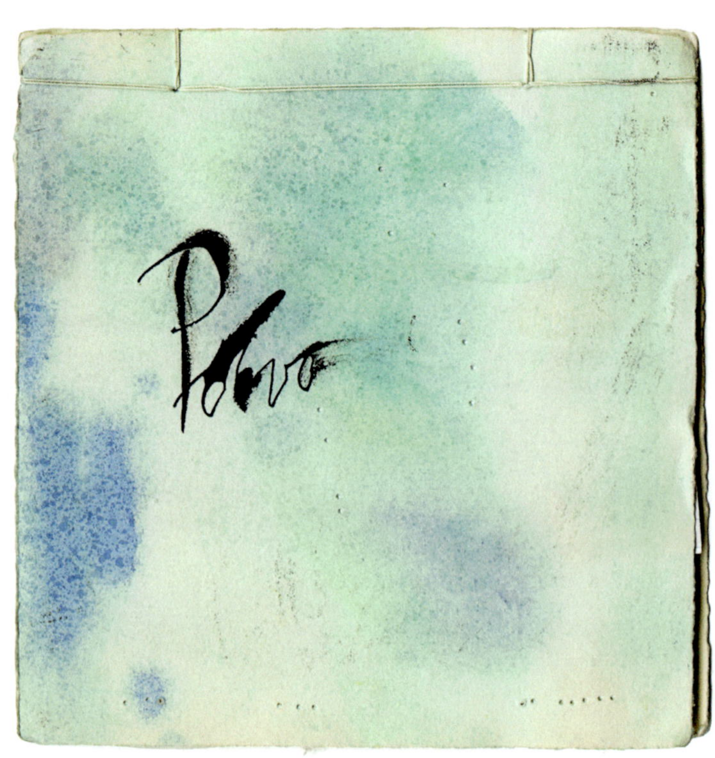

Polvo [*Dust*], 1986. Detalles—Details.
Foto—Photo: Digitalización—Digitization: Berenice Hernández [Cat. 141]

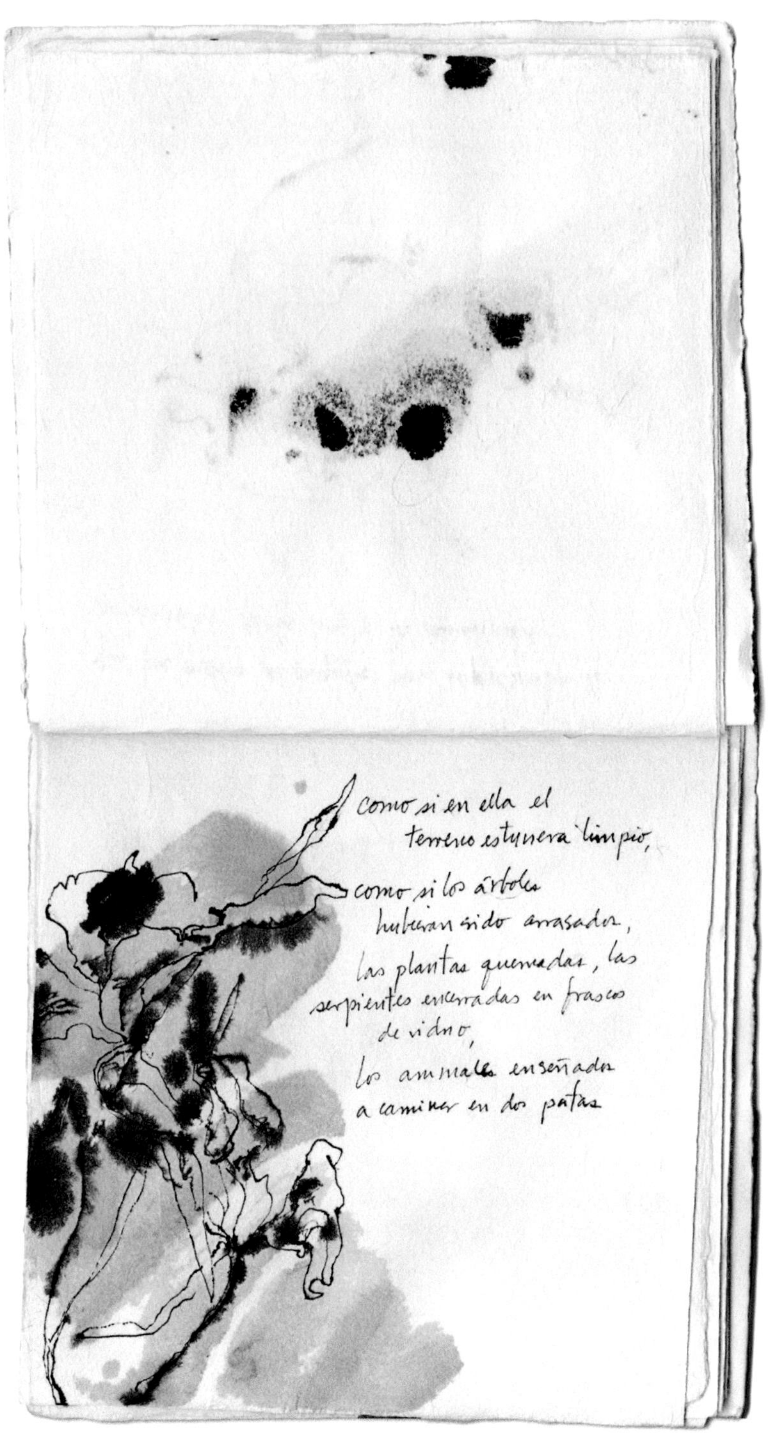
como si en ella el
terreno estuviera limpio,
como si los árboles
hubieran sido arrasados,
las plantas quemadas, las
serpientes encerradas en frascos
de vidrio,
los animales enseñados
a caminar en dos patas

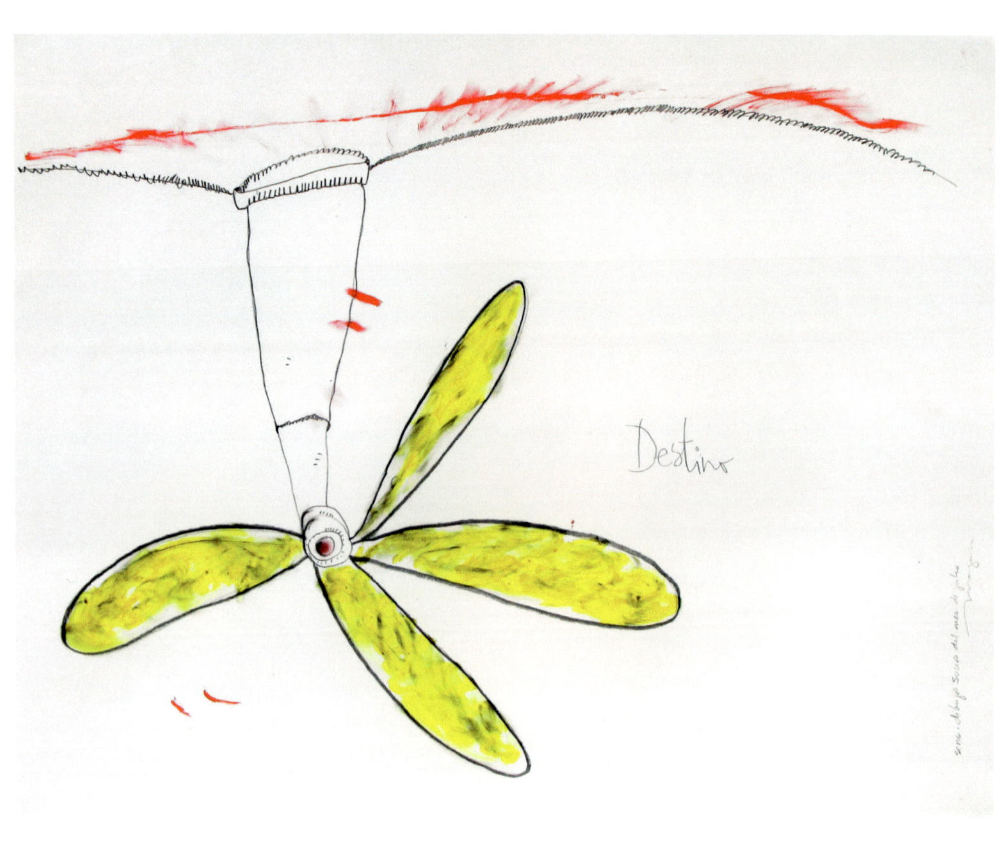

 Destino [*Destiny*], 1984. Foto—Photo: Cortesía de la artista—Courtesy of the artist [Cat. 130]

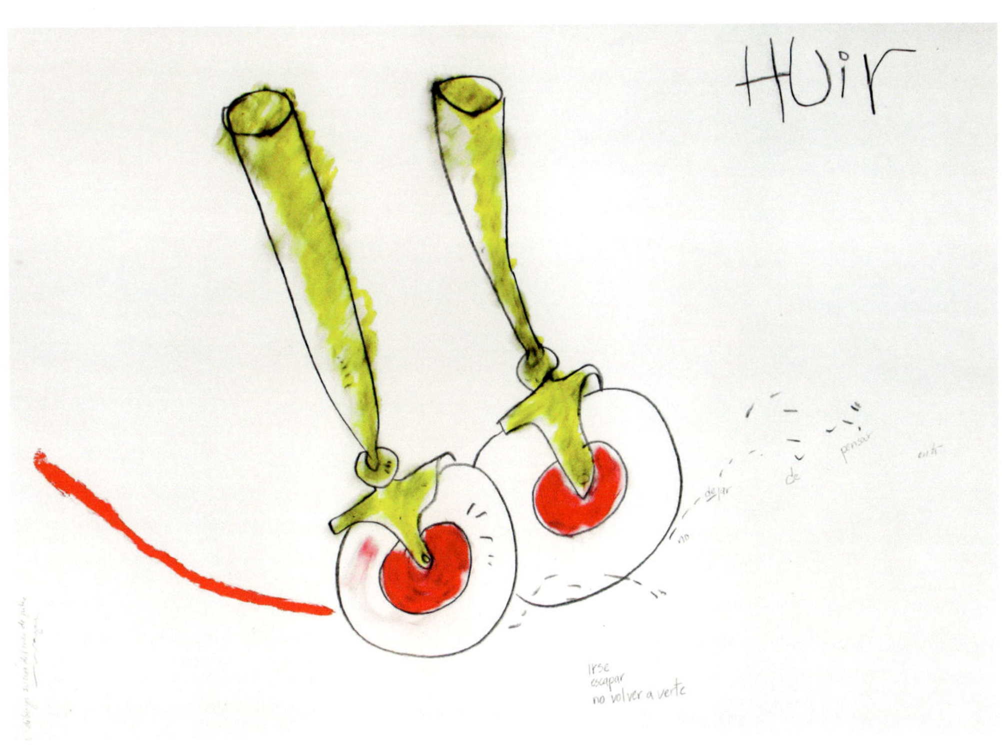

Huir [*To Escape*], 1984. Foto—Photo: Cortesía de la artista—Courtesy of the artist [Cat. 134]

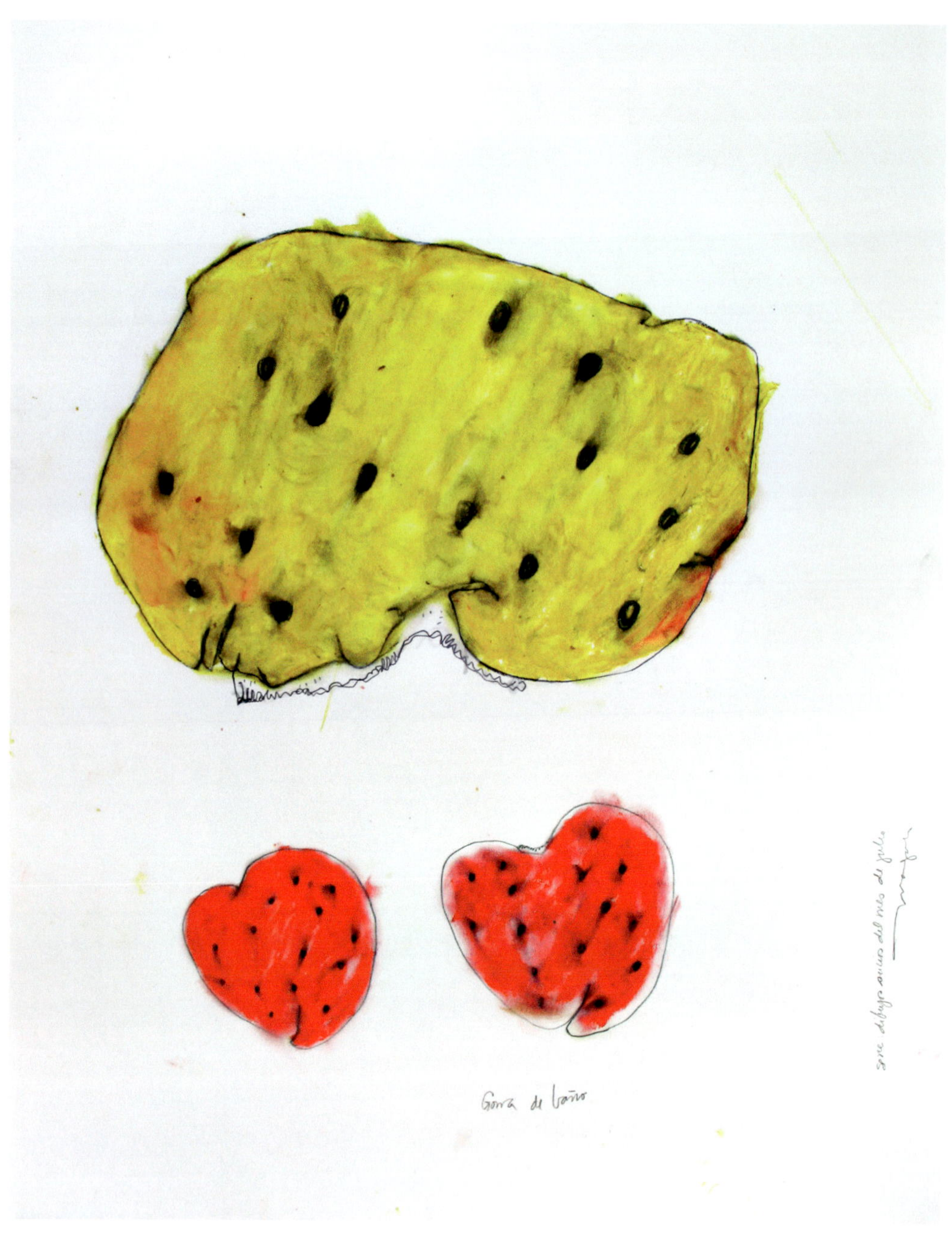

 Gorra de baño [*Shower Cap*], **1984. Foto**—Photo: **Cortesía de la artista**—Courtesy of the artist **[Cat. 133]**

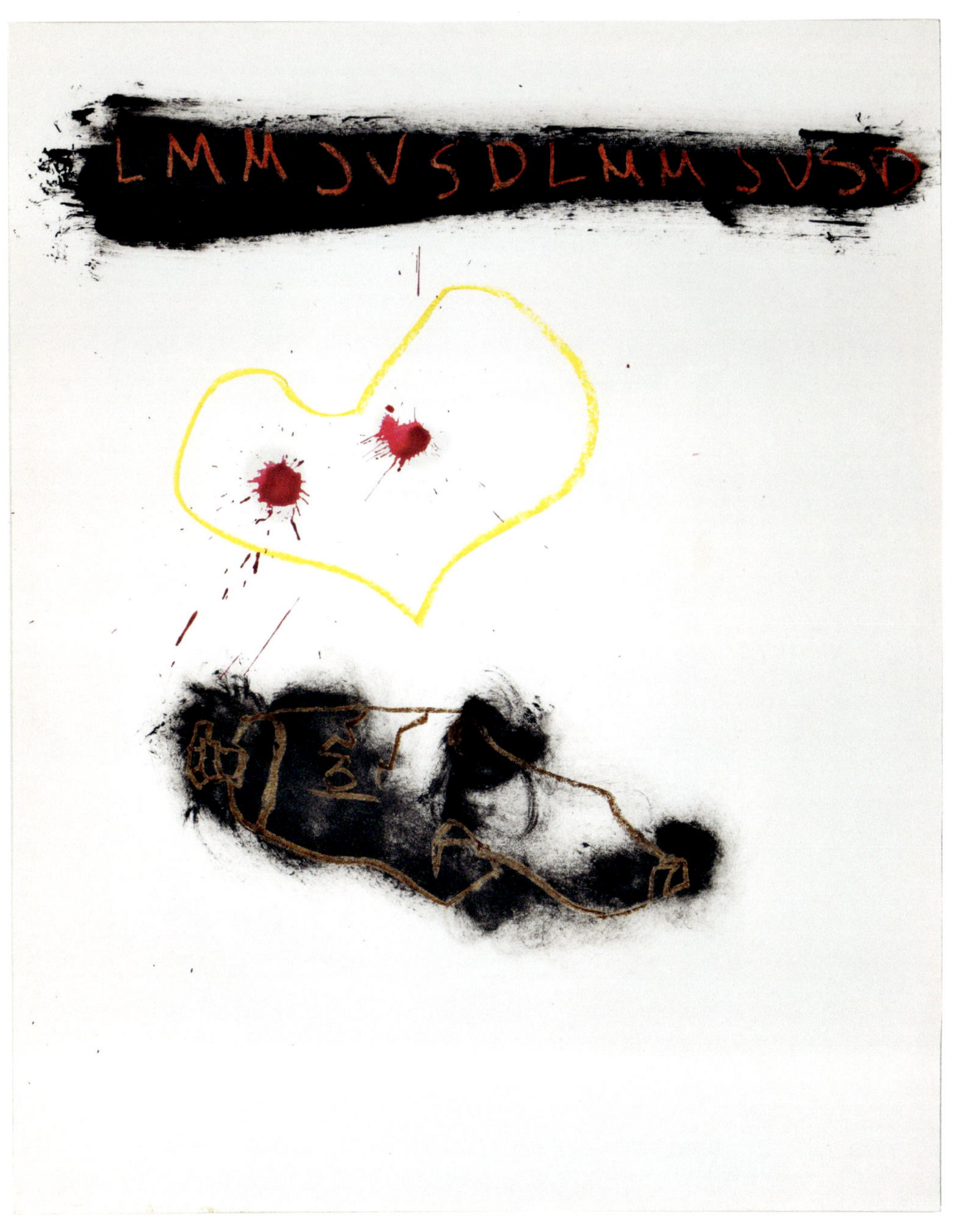

Semana [*Week*], 1976. Foto—Photo: Alfredo Mora [Cat. 87]

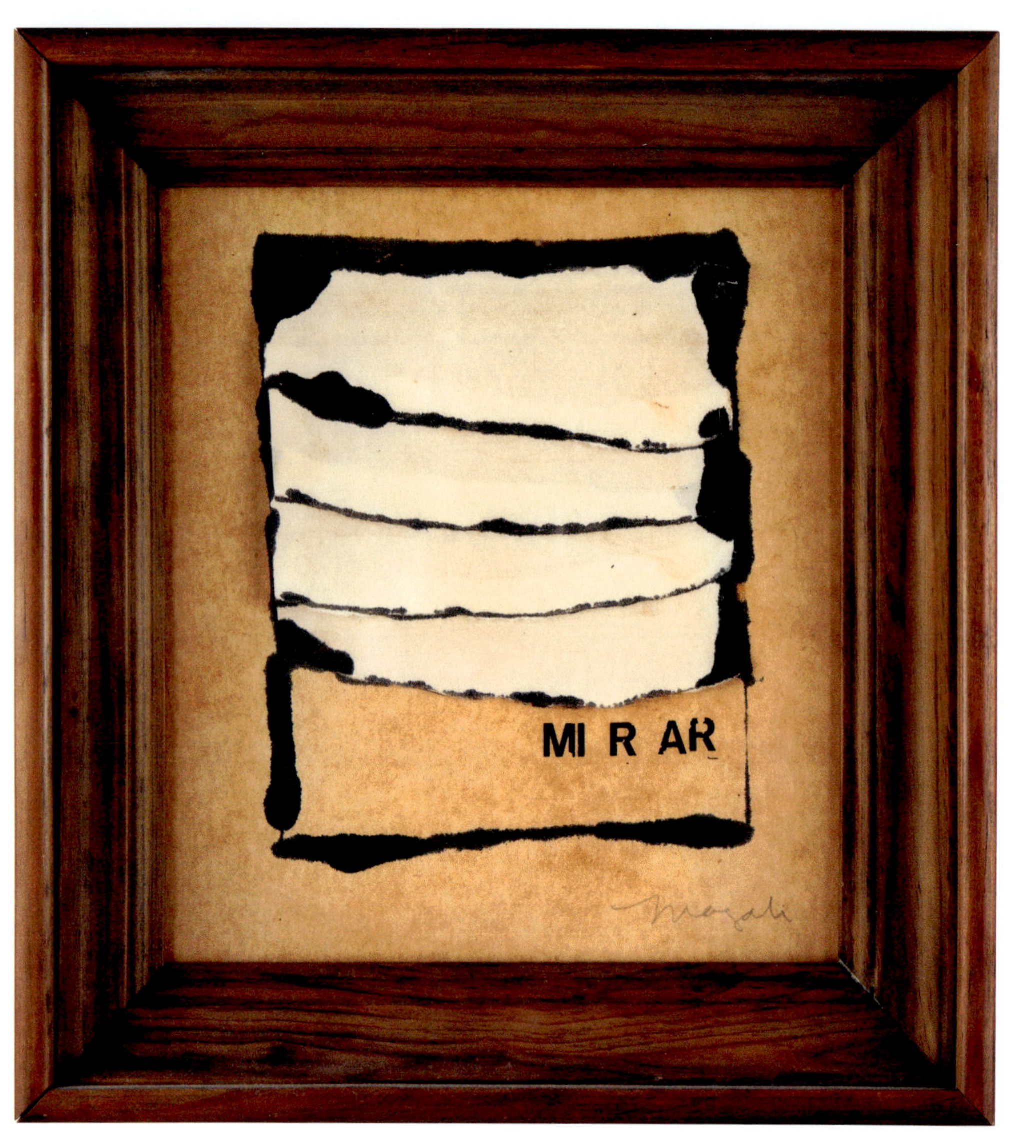

 Ventana [*Window*], 1977–1978. Foto—Photo: Cristina Reyes [Cat. 96]

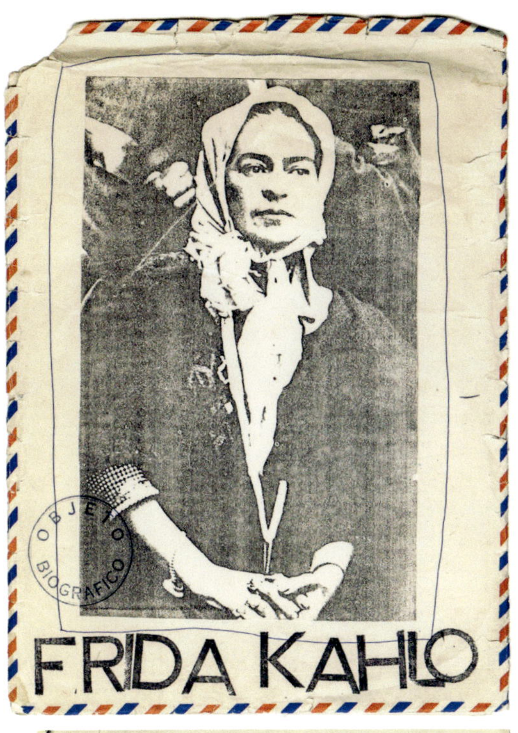

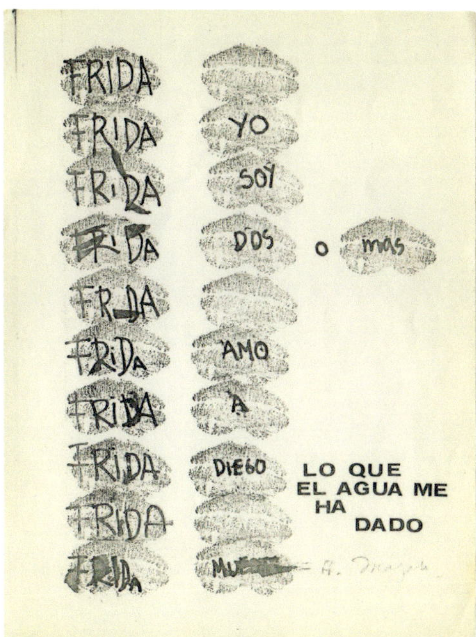

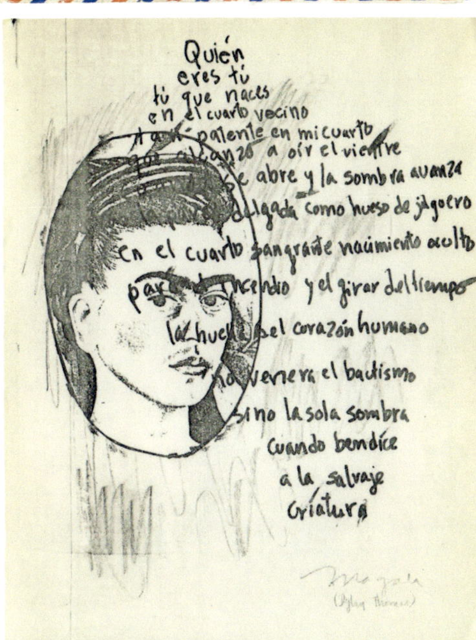

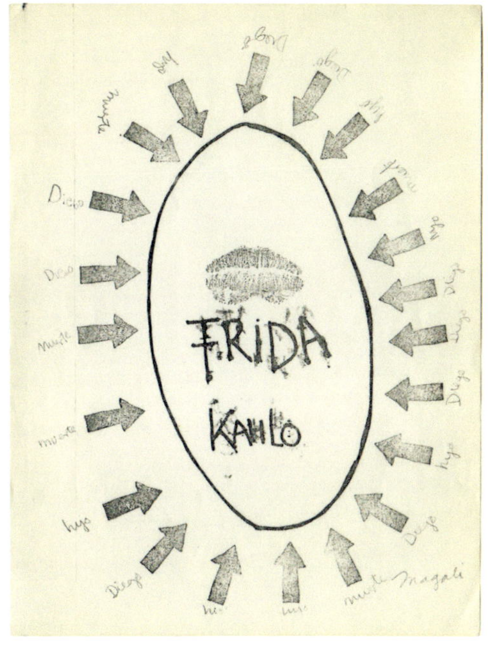

Frida Kahlo. Objeto Biográfico [*Frida Kahlo. Biographical Object*], s.f.—n.d.
Digitalización—Digitization: Berenice Hernández [Cat. 98]

The Two Edges of a Simple Wound*

Virginia Roy Luzarraga

* The title of one of Magali Lara's drawings from the series *Repetir* [*Repeat*] (1997).

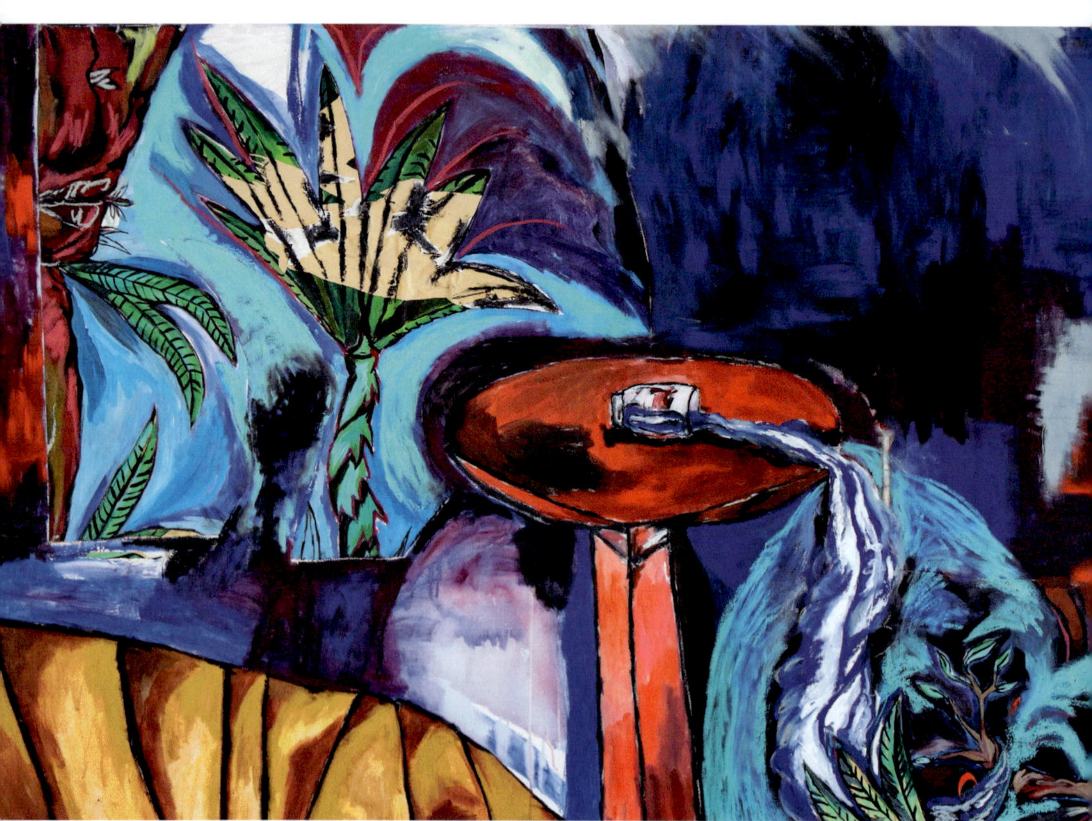

Agua derramada [*Spilled Water*], 1989. Foto—Photo: Gabriel Batiz [Cat. 57]

Spiral and Negative

A spiral is a serpent without a serpent, coiled up vertically around nothing at all.
Fernando Pessoa

Ever since antiquity, there have been countless definitions of and metaphors for the figure of the spiral, whether as a symbol of creative or destructive power, or as an analogy for time, lending itself to countless allegories. The two open ends of the line can refer to infinity, to circularity, or to self-absorption in one's own image.

Through the notion of an endless spiral, of a never-ending line, the exhibition *Five Decades in Spirals* offers a reverse retrospective of the work of Mexican artist Magali Lara. The show begins with some murals specially produced for the showing and ends with Lara's early drawings of the 1970s and '80s. In the form of a continuously expanding spiral, the exhibition examines Lara's visual and spatial explorations throughout her career, showing how the artist has staked out her own territory as a space of formal, visual, and emotional place. Lara's work manifests a powerful urge to embrace a wide range of forms from the standpoint of concrete configurations.

From the beginning of her production, Lara has been interested in the idea of *opposite space*, the remainder that underlies the condition of absence. Her work has explored ways to give meaning to the white surface of the canvas or paper and to denote the imperceptible pauses and silences between brushstrokes and gestures, as well as the miniscule voids that emerge between words and images. In this way, her artistic experimentation explores a place with no limits, a space that expands in spirals, outlining the fleeting traces , as of a photographic negative, that continually broaden and open up to other narratives.

The exhibition emphasizes the exploratory aspect of this rhythm that emerges out of the margins and constitutes its own perspective: "It is possible that a drawing may contain an account in the same way that a phrase borders on the unsaid."[1] The intervals and interstices emerge from amidst the compositional elements in the support itself or from between the frame itself and the wall

—

1— Magali Lara, "El paisaje interno: Glaciares," in *Magali Lara. Animaciones*, an exhibition catalogue published by the Museo Amparo, Puebla, 2012, p. 27.

that frames it. Thus, the piece is always *in relation to,* detained within an expanding context that connotes and situates it. There is a constant palpitation between inside and outside, as in the space projected and insinuated in the series entitled *Windows* (1977-1978).

At the same time, Lara's work reveals a tension between torrential force —sometimes the result of a plastic or chromatic presence, or a particularly striking iconography— and a necessary and deliberate fragility. As the artist herself has said: "The question for me was how to construct a space that would allow vulnerability to be integrated."[2] Her works seem to rest in beautiful suspension: everything on the brink of collapsing and falling, of disintegrating, even as it sustains itself, hanging on to something.

This torrent rushes on with a combination of explosion and contention. As Néstor García Canclini pointed out in a conversation with the artist:

> It would perhaps be possible to separate two movements in many of your works. On one side there is that which refers to fantasies, delirium, something that moves on the edge of discourse, connected, we might say, to subversive thought. It is related to the explosion of red body parts present in several works of yours: Tongue, lips, blood, heart or metaphoric body parts, like flowers, fruit and red landscapes. The greatest eloquence is fire and flame, as a title says. But at the same time, there is an effort to formally contain these explosions: Triangles, windows, the Satori treatment.[3]

In this process of continual displacement, digressions, objects, and landscapes are never what they appear and always stand in relation to another reading: the flowers are not simply flowers, and neither are the household objects, the words and colors, simply what they seem. It is an artifice, a trap set by Lara, which requires us to go beyond the literal meaning of the image and delve into the mutations of forms, of significations, and of wounds that take place.

—

2— Magali Lara, "Tallera," in ibid.

3— Néstor García Canclini, "The Pleasure of Becoming Someone Else: A Conversation with Magali Lara," in *Mi versión de los hechos... [Magali Lara],* Mexico, MUCA, UNAM, 2004, p. 87.

Scale and Structure

> *The question of proportion is a subject that I am passionate about.*
> *What is the size of the monumental?*
> *Where does the minute begin?*
> **Magali Lara**

Rather than taking a linear chronological approach, the exhibition proposes a selection of different areas, arranged more or less by decade, to explore the dialogues and focuses of Lara's artistic production: experimentation with the possibilities of figuration and abstraction, chromatic constructions, and the use of different symbologies. Interlocking themes that blend and modulate over the course of the years, forming a sort of archipelago of Lara's artistic processes and interests.

This intermeshing formal structure speaks to the *tempo* that is characteristic of Lara: a common approach and a personal engagement with the work at every moment. Textures in which emotional, sensorial, and narrative threads are interwoven. As the artist herself has stated: "I believe that forms also speak of emotional structures, of ways of understanding time and space."[4] Ramifications and germinations that are intertwined in the form of an unending conversation.

These cadences, which open and close the exhibition, begin new murals that greet visitors outside the museum and lead them to the beginning of the show. *La piel son nubarrones negros* [*Skin of Black Storm Clouds*] (2025) a title taken from the writer Jon Fosse, and *Estiro los dedos* [*I Stretch My Fingers*] (2025), draw on Lara's engagement over the past five years with charcoal drawing on walls and her exploration of planes, blotches, and surfaces in which empty spaces assumes special importance. From this dissolution of forms and spaces, the route continues back through the series *Futuro* [*The Future*] (2013-2019), which deals with the evolution of the world and the cosmos through a series of abstract circles, formless atoms, and chains of molecules that allude to the uncertainty of the near future. From 2012 back to 1999, the themes of bodies and wounds are the focus of Lara's work, with the presence of the rotting forms, coffee stains, and scribbles of the series

—

4— Magali Lara, "El paisaje interno," in *Magali Lara, op cit.*, p. 25.

Alzheimer (2007) and the drawings of eyes in the series *Llamas* [*Flames*] (1997), alternating with her tapestry compositions, the large size of which reinforces the drive and potency of the scars.

An immersion into the vegetal realm takes place in the 1990s, as the artist's own body is translated into a vegetative one: clusters of branches, herbaria, and images of germination are the result of this engagement with the plant world. A new approach to color allows Lara to conceive of nature as an expansion of the body and to explore the erotic associations of limbs, organs, and even amputations.

In the 1980s, Magali began to paint still lifes, breaking them down and giving them new meanings. The genre is a family tradition, as both her mother and grandmother painted still lifes. They are used by Lara as a prism through which to observe interior spaces and territories, often with allusions to the sensual aspects of deterioration and violence. Earlier on, between 1980 and 1985, her work had focused on what she has called "the scatology of feelings": pieces in which she depicted toilets and bathrooms, intimate spaces for cleaning and personal grooming, but also places of pleasure and pain.

Finally, the exhibition closes with Lara's earliest drawings and the books she published in those years: her research into Frida Kahlo, the series entitled *Historias de casa* [*Domestic Stories*] (1982) and *Dibujos sucios del mes de julio* [*Dirty Drawings of the Month of July*] (1984), in which the powerful connotations of ordinary household utensils lay claim to the domestic space as a place of feminist resistance, a symbiosis of precarity and violence but with its opportunities for empowerment. In this way, the exhibition surveys the entire range of supports, dimensions, and disciplines in which Lara has worked.

The notion of scale is key in considering the work of Magali Lara: scale understood not only as the proportional relation of physical elements, but also as a conceptual tension between them, in the scale of the drawings and paintings, of the tapestries, of the artist's books and other publications, and even in the context of installation. The correspondence between sizes and measurements reflects not only the variety of formats but also the intellectual exercise of conceiving the notions of large and small at the same time. The very etymology of the word *scale* (which comes from the Latin word for 'ladder' or 'staircase') throws light on this connection that allows the interplay of movements and translations between different components. As the constant dichotomy between distance and proximity disappears, Lara's practice takes on increased corporality.

In this way, the various spaces function as a universe of negotiation between media, forms, and color schemes, whereby Lara both explores and transgresses the limits of visual and conceptual art. More than just an exercise in translating supports, it has allowed Lara to explore the expressive possibilities of each format and their different tactile approaches: from the linearity and subtlety of the drawings to the brushstrokes and density of painting, via the weightier medium or rugs and tapestries, the sequencing and composition of artist's books, the immediacy of intervention into photographs and photostats, the finish of ceramic work, and the narrative aspects of animation as a kind of canvas, where sound becomes an important new element. In short, a long creative etcetera. Varied rewritings which, like knots, are tied and untied, threading the weaves and potentialities of her artistic expression.

Epilogue: A Vocabulary of One's Own

One of the characteristics of Lara's work is reiteration. The lines, forms, and themes are interlinked and repeated, returning back onto themselves. Over all these years, Magali Lara has created a sort of intimate vocabulary, a language of her own. Aware of this fact, she has drawn up a glossary of this personal terminology which can be found at the end of this catalogue. Each word is defined in terms of biographical experiences and personal concerns that that artist has expressed in her work. Christine Frérot has called Magali Lara's practice a *syntax of touch*: "one is rooted in reality through the sense of touch, slipping into the *wound,* into the *skin,* or into the *marrow,* without ever abandoning *intuition.*"[5]

These rewritings recover something of Lara's own: the sense of belonging that has been crucial to her artistic career. Lara originally wanted to be a writer, but she opted for visual art and began to work in the medium of drawing, for painting was part of a suffocating official world within the canonical patriarchal system. "I wanted to tell stories, but I didn't want to be a writer because I

—

5— Christine Frérot, "Insumisión. Magali Lara, a flor de piel," in *Intimidad del Jardín. Magali Lara, pinturas 1985-2016*. Cuernavaca, Centro Cultural Jardín Borda, 2017, p. 22.

was interested in the narrator being a body, my own body, which is a perfect unknown."[6] And Lara continues: "I chose drawing because it was closer to this body I did not understand at all [...] Drawing, like handwriting, is a place between image and text. And I needed something that was fragile, that did not have the density of painting, because I was almost on the outside."[7] It is not insignificant that Lara was inducted into the Mexican Academy of Arts in 2020 in the graphic arts rather than the painting section.

Animal, monster, body, language, landscape, eyes, mouth, and memory are some of the concepts that have occupied Lara's writings, developed in a variety of ways: mutating, being dismembered, fusing again. They traverse her entire oeuvre and expand into a mosaic of nomenclatures and forms only to devour one another.

—

6— Magali Lara, "Formas menores: una conversación a distancia entre Magali Lara y María Minera," in *Del verbo estar*, Mexico City, Museo Universitario del Chopo, UNAM, 2017, p. 50.

7— Ibid., p. 44.

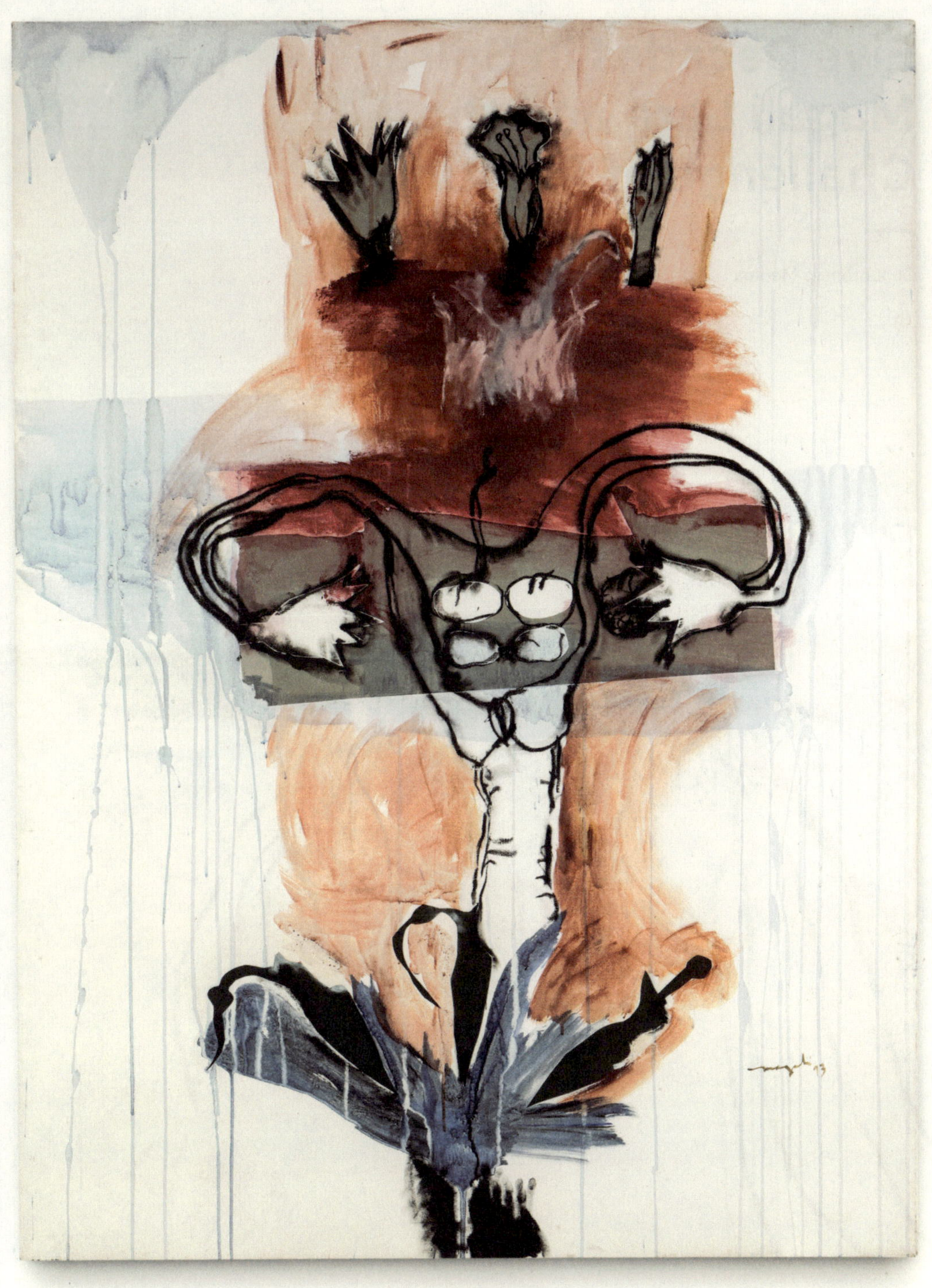

Sin título [Untitled], 1993. Foto—Photo: Cortesía de—Courtesy of Galería RGR [Cat. 38]

Five Decades in Spiral: Magali Lara and the Challenge of Painting

Cuauhtémoc Medina

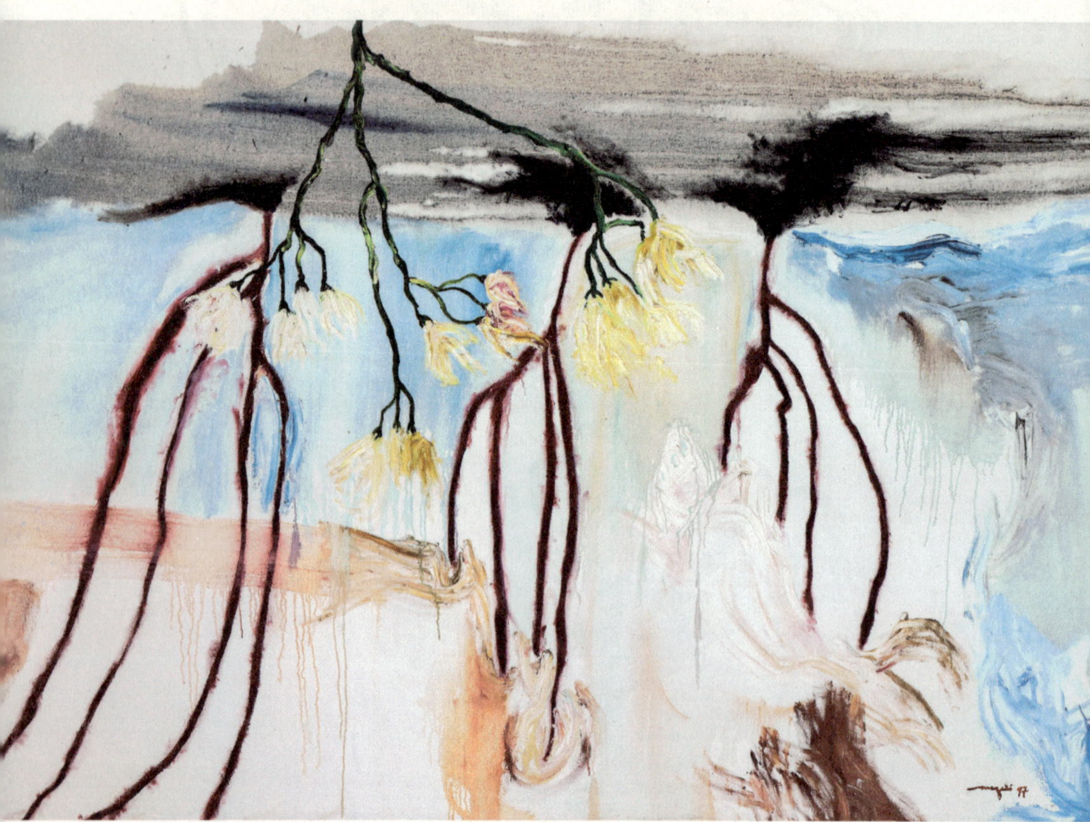

Primavera [*Spring*], 1997. Foto—Photo: Cristina Reyes [Cat. 46]

Heterogeneity and De-artification, ca. 2020

At the beginning of the 2020s, Magali Lara's work underwent a double expansion. On the one hand, she consolidated her place as one of Latin America's foremost woman painters, forming part of a constellation of proponents of the feminist adventure throughout the global south —defined more by a series of struggles, adventures, and questions than by a specific doctrine—, while on the other, the space occupied by her painting came to realize its potential. As though the pandemic of that year had made clear the urgency of broadening the vast scope of her lines, blots, and script, Lara began to extend drawing onto the wall, establishing a tension vis-à-vis works painted within the confines of their traditional limits. The existence of painting outside of the frame definitely became a crucial problem. David Joselit, quoting Martin Kippenberger, has pointed out that this is the most important issue facing painting after Warhol: "Simply to hang a painting on the wall and say that it's art is dreadful. The whole network is important! [...] When you say art, then everything possible belongs to it. In a gallery that is also the floor, the architecture, the color of the walls."[1]

Magali Lara's career has not simply been a late-modernist transition from canvas to wall, to physical space and to architecture, but rather a superposition of complexities that have tentatively included the creation of dialogues, echoes, and contradictions between the work contained within its limits and the creation of a series of contexts. In the summer of 2021, at the gallery of the Seminario de Cultura Mexicana in Mexico City's Polanco neighborhood, Lara presented an eminently hybrid exhibition, still subject to manual production, but openly resisting the domination of technological and post-photographic devices. Paintings that were fleeting gestures, their pigments dissolving into flows, veils, and blotches the structure of a black circle, uncentered but dominant, and the residues of a terrain suggested by ocher and yellow carnations. Alongside these paintings, Lara decided to frame and hang a series of papers, black on white, marked with circular elements in watercolor and surrounded by lines that suggest orbits, astral shadows, patches of cloudiness, and displacements. The

—

1— David Joselit, "Painting Beside Itself," in Terry R. Myers (ed.), *Painting,* Londres/Cambridge, Whitechapel Gallery/The MIT Press, p. 218.

mysterious tensions, precarious and all but impossible, between these visual accounts expanded into the superposition of certain paintings onto mural interventions: uncanny yet lifelike floating presences, executed in charcoal, painted on the wall in collaboration with artists Luis Hidalgo and Minerva Ayón. Magali Lara described the interrelation of those paintings as the staging of a conversation between the works themselves, as if suggesting a tense relationship, not necessarily articulated, between the reflections of two or more shadows on non-intersecting planes.

The title of that exhibition *Toda historia de amor es una historia de fantasmas* [*Every Love Story Is a Ghost Story*] (2021-2024) suggests that these dialogues establish, in a non-mimetic fashion, the creation of emotional chains: the balance of happy and unhappy encounters, of falling in and out of love, that penetrates our existence.

One might be tempted to think that the way these visual objects approach and are dispersed —without premeditation or *definitiveness*, amidst shadows and light— may not be alien to the insubstantial flights of fancy that fascinated Éric Rohmer, for example, in the course of his *Six Moral Tales*, produced between 1962 and 1972: the arbitrary bewilderment, composed of happy or bitter misunderstandings imposed upon us by the experience of love and desire.[2] Reducing the complexity of these emotional collisions to a personal erotic metaphor would betray, to be sure, our tendency to oversimplify. In Lara's presentation of these works, she also describes them as the visualization of a dialogue between her original training as a painter and contemporary art: a pairing that, as we well know, is by no means particularly welcome.

To propose a symbolic interpretation of these gestures also misses the point, since it is possible to understand Magali Lara's works not so much as endowed with meaning as constituting a properly artistic production, at once technical, emotional, and intellectual. It is not that painting expresses the inexpressible, but nevertheless the experience of painting certainly takes place on the margin of the verbal, which it displaces. We are dealing here with works born of thinking/painting/saying/being silent/feeling. In this sense, Magali Lara's oeuvre constitutes a paradigm of the way a work abandons the double fiction of representation and a refusal

—

2— Lara reinforced this subject matter in a mural on the outside of the building that touches on the power of experiences and feelings in challenging the limits of the body.

to represent: it becomes a vehicle both of the possibilities of the medium and of the intensity of our own concerns, as materialized meditation. What is characteristic of Lara's work in this last period is the effort to establish a heterogeneity divested not only of means, but also of meditations, times, stories, and referents. An emphatic flow, but happily impure, which produces a provisional whole.

The superposition of paintings and drawings taken from her notebooks, projected as specters or simulacra, evokes the notion of an unestablished identity, of painting that plays with the boundaries of dissolution and otherness. Lara has pointed out that some of the 2018 drawings she used in the montages gathered into the series entitled *Armor* —with reference to Wilhelm Reich's concept of the character as an external armor imposed on our bodies— also allowed her to explore the body as "a landscape generated by a negotiation between past and present," where it is possible to meditate on the decline of life. She adds: "Perhaps growing old is about dismantling our own identity and allowing the past [to] stop having an explanation; [to] be landscape, that's all."[3]

Alongside the notion of identity as a solid, rigid construction —increasingly present in ideological operations of every stripe in the wake of the collective neoliberal disaster—, there appears in Lara's work the hypothesis of a radically different liberation process: Hélène Cixous's idea of the feminine as "something fluid that allows itself to be traversed by the Other, by the capacity to include what is different."[4] Indeed, these drawings and paintings visualize a process of dismantling that serves as illumination, analogous perhaps to that notion of *disarticulation/reconstruction* with which the artist, as she herself has confessed, is constantly obsessed: landscape that is clearly no longer a primeval romantic unity but rather a setting for global catastrophe.

In 2023 Magali Lara explored, on the walls of La Tallera (a space located in a former studio of David Alfaro Siqueiros in the city of Cuernavaca), the spectral reality of *América tropical* [*Tropical America*]. One of her notes on the photographs of the Siqueiros mural in Los Angeles, painted half a century ago, serves as both a reference and an implacable verdict: "Civilization, as we understand it, is destruction without memory."

—

3— Magali Lara, *Coraza/Armor,* Buenos Aires, W–Galería, 2020, p. 5.

4— Idem. The artist doesn't remember the source of Cioux's quote.

The Future, or Excess, 2013-2019

One of the possible ways of rejecting or dissimulating representation is through the enjoyment of loss of scale. Ever since Malevich conceived his painting as a suprematism of the sensibility, in which "each form is a world," one of the characteristics of nonobjective painting has been, in the words of Lissitzky, "[to] appreciate the relative scales of everything that has been made."[5] In 1928, Karl Blossfeldt, an ornamental sculptor, published the book *Urformen der Kunst* (translated into English as *Art Forms in Nature*), which contained large-scale photographs of vegetal elements that evoke surprising architectural forms. Between 1963 and 1965, Gustav Metzger developed what he called an "auto-creative art" through the projection of light from microscope images of liquid crystals, to which he gave the provisional title of *Earth from Space*.[6] This genealogy reveals one of the tasks of painting: that of bringing us face to face with what Immanuel Kant called the "mathematically sublime,"[7] the experience of a spectator who feels "the inadequacy of his Imagination for presenting the Ideas of a whole, wherein the Imagination reaches its *maximum*."[8]

In the 2010s, Magali Lara's painting began to explore the indeterminate observation of the scales of what can be painted in relation to an experience highly characteristic of our own time: the inability to represent the future. In fact, the idea that the future is utterly beyond our capacity for representation was the content of a vision that became the starting point of Lara's works in the years thereafter:

> In 2013, in the south of France, I had an unsettling experience: I felt a darkness enveloping me, so that I was unable to make out the horizon. It happened in the most casual way, in the middle of the night, when I went out to have a smoke on the terrace

—

5— The quotations are taken from John E. Bowlt (ed.), *Russian Art of the Avant Garde: Theory and Criticism*, London, Thames and Hudson, 1988, pp. 134, 157.

6— Press release for *Art of Liquid Crystals* (1966), reprinted in *Gustav Metzge,* Oxford, Museum of Modern Art, 1998, p. 56.

7— *Kant's Critique of Judgement,* translated with Introduction and Notes by J.H. Bernard (2nd ed. revised), London, Macmillan, 1914. Available at: https://oll.libertyfund.org/titles/bernard-the-critique-of-judgement.

8— Ibid.

> of my sister's house. Everything was stuck to me, like a collage. Suffocating… this black hole occupied everything. It's the future, I thought. We don't know anything about it; we don't understand how it is already inside us, or where it is taking us.[9]

An apocalyptic figure, doubtless, in the original sense of the Greek term, as *revelation* or *divulgation* of the future, with reference to the vision of John of Patmos. It is possible that one of the paintings of the series *Future*, executed in 2013, which contains a large black circle, uncentered, toward the left margin, on a white background, is the most direct representation of this visionary experience. Rather than piling up evidence of the darkness of the present age, Lara opts for representing the corporal matter that in principle resists the term *hackneyed*, used to refer to non-representative painting. As she puts it: "It is by no means an abstract work. I am interested in the minutiae of existence, the power of the microscopic elements that give us structure."[10]

What is interesting about her vision is that it was not an intermediate step, but rather a starting point: a sort of epigraph to a series of poems. In numerous notebooks, drawings, and paintings, Lara breaks down this concise and apparently final form, in a series of painted corpuscles and chains on a canvas or a blank sheet of paper. To be sure, their scale renders them relative. Lara conceives forms that oscillate between the microscopic and the macroscopic, in this way suggesting intercellular biological formations and everything from molecular to galactic visions. These motifs in blue, grey, black, and white are corpuscles knotted into branches or fruits, or emerging from a visible horizon, charged with mist and cloud, or suspended like organelles surrounding mitochondria, radicles, and dendrites. The intuition of heavenly bodies opens up into cellular formations, which evolve in turn into vegetal forms, now articulated in chains or networks, now oscillating in a kind of Brownian motion.

—

9— It is relevant to point out here that Lara has expressed an interest in "those artists who have had or believe in illuminations. William Blake, for example." Fascinated by the way that Roland Barthes drew on the Zen concept of Satori in reference to Cy Twombly, Lara decided to devote an entire project to exploring this notion of a visionary painter. See Magali Lara, *Del verbo estar,* Mexico, Museo Universitario del Chopo, UNAM, 2017, p. 106, and Magali Lara, *Satori,* Mexico, Galería Nina Menocal, 2002.

10— Magali Lara, "Abstracto." Available at: https://www.magalilara.com.mx/?accion=tema&cat_id=16.

Owing to its unknowable nature, the tragic aspect of Magali Lara's original interpretation of the future is subjected to critique through the play of the material imagination of painting and also by its condition as alchemy, to which painters never fail to succumb. In the words of James Elkins, an "immersion in substances, a wonder and a delight in their unexpected shapes and feels."[11] The inescapable medium and the unrelenting experimentation on canvas and paper transform the final vision of the black circle of the future into an exuberant, albeit silent, celebration of the emergent. Without her saying so —perhaps without her even having thought of it, for the most important thing is that it appears to her in the course of painting—, the future forecast by Lara glides by way of its concretions toward an open notion of *what is to come*, more in line with Jacques Derrida's open concept of *l'avenir*:

> In general, I try to distinguish between what one calls the future and "l'avenir." The future is that which—tomorrow, later, next century— will be. There's a future that is predictable, programmed, scheduled, foreseeable. But there is a future, l'avenir (to come), which refers to someone who comes whose arrival is totally unexpected. For me, that is the real future... It's the coming of the Other when I am completely unable to foresee their arrival.[12]

From the abysmal darkness of the future, from the horror of not knowing, Lara extracts an interplay of countless *appearances*.

Meteors and Bodies, 2000-2012

Thinking/painting, feeling/drawing: it is not a question of pigment and lines translating ideas, nor of the pictorial rendering effective that spurious term *preconsciousness*, supposedly referring to the existence of thought behind language, which only needs to be verbalized. The way Lara's painting involves a kind of thinking is precisely in the relation between uncertainty and restlessness, question and conclusion: a certain preoccupation leads to

—

11— James Elkins, *What Painting Is: How to Think about Oil Painting, Using the Language of Alchemy*, New York/London, Routledge, 2000, p. 193.

12— See Kirby Dick and Amy Ziering Kofman, *Derrida: Screenplay and Essays on the Film*, New York, Routledge, 2005, p. 53.

the act of thinking while painting; the fabrication of lines, blots, distances, fragments of texts, and other forms extracts from the activity and its reflection first of all a sensation. As in the course of a single day, the changes in the weather of Lara's work announce their own evolution and appearance. It is a kind of thinking insofar as it anticipates and shelters a temporal element. A stillness that needs, like a thought, to be reflected on in order to open up and develop its potential.

> Painting opens up to this place of sensation, which we could call premonitory. When a painting is done well, it has a minimum time, frozen, which continues to take place, but not in a horizontal form. Not like in the movies, in which you go about traversing over time, it is like a non-time. I do not know how I could express it. It goes about surfacing, like in sacred texts, one text behind another text, and you have to read it over and over until the apparent text almost loses its meaning in order for the other one to surface. That also happens with color.[13]

Like a minor prophecy, Magali Lara's painting makes us think of that immanence/imminence that readers of poetry (like Lara herself), find in authors such as Rilke when they explore the temporal aspects of loss:

> Here is the time for what you can say,
> this is its country. Speak and acknowledge.
> More than ever things are falling away—
> the things that we live with—and what is replacing them
> is an urge without image.[14]

At the beginning of the new century, Magali Lara's brush made an incursion into a neighboring temporality. Monumental canvases like the triptych *Después de la lluvia* [*After the Rain*] (2009) combine a meteorology of the sensations with a suggestion of the horizon: large blotches emerge like storm clouds in a distant prospect of irregular spirals that form colored corpuscles,

—

13— See Néstor García Canclini, "The Pleasure of Becoming Someone Else: A Conversation with Magali Lara," in *Mi versión de los hechos...* [*Magali Lara*], Mexico, MUCA, UNAM, 2004, p. 88.

14— Rainer Maria Rilke, "Ninth Elegy," Gary Miranda (trans.). Available at: https://poetrysociety.org/poems/ninth-elegy.

in a measureless void. The drawings and sketches executed by Magali Lara around the turn of the new century seem to avoid any determinate weight or space in order to convey states of disquiet and tragic premonition. And eyes observing the destruction, now like flocks of birds, now slitted to evoke the female sexual organ, rendered in orange and reddish blotches. It was not without reason that Magali Lara wrote across the upper part of one of her drawings from the series *Llamas* [*Flames*] (1997): "the whole world totters."

In these records of storms and conflagrations, both outside and within, we can glimpse the transfer of commotions of all kinds into a tragic meditation: the exploration of pain and loss. There is a certain link between this vision of trials without a subject and the assumption of our own mortality.

In a text that seeks to reflect in words the density of time in these works, Osvaldo Sánchez has evoked the Penelope's unfinished web and the anticipation of a shroud:

> From a dirty white, like a sorceress weaving this vague archaic temporality, faithful to almost any kind of expectation [...] Wet drawings, now so dry, fine walls, a scab under which the blood's absence of memory settles like sediment [...] This is how that *I do not forget* takes shape, which no one is able to give us, though we be wearied by its mute appeal.[15]

The series of drawings Lara produced in the late 1990s and early 2000s have an energetic rather than a mimetic quality: the intense lines and flows of the drawings of Eva Hesse or Joseph Beuys. They put down on paper the expression of forces and sensations: magnetic fields and emotional gestures rather than conventional delineations of represented objects. In particular, the trunk of a fallen tree inspired a drawing that is much less recognizable as an object than as a provider of undulations and vectors. Posing a challenge to the technical capacities of the Taller Mexicanos de Gobelinos in Guadalajara, Lara transferred several of these drawings onto a tapestry. The material ghost of the fallen tree recalled the death of her late husband, the Cuban artist Juan Francisco Elso Padilla (1956-1988). Magali Lara decided to place the tapestry on a futon still bearing traces of the contours of her own body, surrounding the object with a few lines

—

15— Osvaldo Sánchez, "La cicatriz," in Magali Lara, *Allá. Exposición de gobelinos y cerámica,* Mexico City, Galería Nina Menocal, 2000, p. 15.

from “Causes and Chance” (1986), a song by Silvio Rodríguez that deals precisely with the invisible realm of contingency:

> And causes were surrounding it
> Commonplace, invisible
> And chance was entangling it
> Powerful, invincible

The contrast between painting and this way of drawing is not, however, that of the formalist tradition between color or blot on the one hand and line on the other. In fact, Lara’s drawing also constitutes a surface. The paintings emphasize the paper background as a barrier, while the lines of Lara’s drawings suggest the surface of a written text. Even the drawn rendering of forces and energies in Lara’s work can be interpreted as a sort of inscription: the expression of a movement of the senses.

Ramifications/Rendings, 1989-1999

Magali Lara’s paintings, drawings, animations, objects, books, and other graphic works have focused on the creation of a visual language recognizable by the expressivity of its lines, by the way that writing introduces a sort of gentle animism into the representation of spaces and objects, and the way that allusions to the vegetal or corporal world allow the artist to explore, with subtlety and humor, the vicissitudes, erotic and existential, of contemporary feminine experience. Lara’s art is above all a quest for a sort of intimate personal diary, translated into a dialogue between objects, images, lines, and pigments. Lara is a painter of the emotions, of the “affects” in the Spinozian sense of the word: the reciprocity between beings and sensations. A fluidity replete with visual accidents and delicacies which we can see as a legacy of the painting of Cy Twombly, in terms of understanding the canvas as a space of poetic gestures and voids which, as Roland Barthes has written, “is no longer the object of desire (the splendid body frozen in marble), but the subject of this desire,” in which every line is “an *energon*, a labor which reveals—which makes legible—the trace of its pulsion and its expenditure.”[16]

—

16— Roland Barthes’ essay “Cy Twombly, ou ‘Non multa sed multum’” has been translated by Richard Howard under the title “Cy Twombly: Works on Paper” and

If the concept of a central nucleus could be established for something like an artist's career, it would be tempting to think that the decisive turn in Magali Lara's work was her intuitive exploration of vitality, eroticism and vegetative reproduction as analogies for the effervescence of her feelings and of her body. If there is one element that distinguishes Magali Lara from most other painters of her generation, it is that her work is not directed at restoring some notion of tradition or craft, but rather at discovering a way of making us feel through visible media a series of vital forces and experiences. In this sense, it is a body of painting that transcends the notion of the painted object, using pigments and the other tools of painting as ways of experiencing and thinking about the body. The connection between experience and these fields of reference is something that Lara has explained very clearly: "I was totally indifferent towards thinking in terms of nature, until I felt death [...] Maternity, or the fragility of maternity, led me to the consolation of the vegetative world."[17]

Magali Lara's translation in the 1990s of the experience of maternity into the realm of plant pollination, germination, and proliferation remains a dazzling feat, exploring as it does the fragility and ambivalence of female experience. As it happens, that representation is by turns dramatic and lyrical, beautiful and monstrous, delightful and deadly. Lara's work draws explicit analogies between nature and maternity, between the uterus, the ovaries, and the Falopian tubes and the anatomy of flowers, trees, and fruits. She conveys through thorns, dead leaves, and the spilling of all kinds of liquids the imagery of bodily pain and suffering. She evokes through trembling tree trunks the fragility of the torso, making roots and branches caress one another, stretch out and embrace with the desperation of arms and hands. But, as Karen Cordero has pointed out, what these elements suggest are not bodies in themselves, but rather passions and doubts of being determined by sexuality, reproduction, and the ascription of gender roles:

> We know ourselves as fragments, we cannot completely perceive ourselves, and yet this series does not represent the fragmented,

—

reprinted in Roland Barthes, *The Responsibility of Forms. Critical Essays on Music, Art and Representation,* New York, Hill and Wang, 1985, p. 170.

17— Magali Lara, "El céntro", in *Mi versión de los hechos... [Magali Lara], op. cit.*, p. 50.

> incomplete, dismembered body that we have been exploring since Dada, but rather gestures, traces, which, as a whole, as they are ordered by Magali, seek to evoke a deeper and more complex experience through sequence, play, relation, contraposition, and resonance.[18]

These plants are an observation of the flow of life in proximity to sexuality and pain, to birth and death. It is revealing that, in texts and interviews, Lara has shared her obsession with certain Gothic themes, such as that of the "monster, the personal animal and that other one I feel is pursuing me," her obsession with the sequel to Ridley Scott's *Alien* (1992), and with the brutality of the image of Judith cutting off the head of Holofernes in the painting by Artemisia Gentileschi (ca. 1620). For Magali Lara, the experience of motherhood is also a sort of abduction:

> Isn't motherhood aggressive, where we are indispensable so that another autonomous being can gain strength? Doesn't it seem terrifying, in this day and age, to be indispensable to someone or to renounce certain possibilities in order to commit yourself to another? Everything suggests that we women are at a tremendous disadvantage. We like to have children, to care for other people, and love continues to be a mysterious and desirable substance. Perhaps we are monstrous because we are not enough for ourselves.[19]

Out of the audacity of Lara's herbaria, amidst the bulbs and branches, there emerges with deafening force a properly Baconian vision.[20] It is not the "body without organs," that "amorphous, undifferentiated" fluid that Gilles Deleuze and Félix Guattari took up from the interjections of Antonin Artaud to confront and rub up against the *desiring* machines of capitalist productivism.[21] Perhaps it is even its secret and opposite com-

—

18— Karen Cordero, "Lecciones en la lógica a partir de la serie *Satori* de Magali Lara," in Magali Lara, *Satori,* Mexico, Galería Nina Menocal, 2002, p. 17.

19— Magali Lara, "(2002)," in ibid., p. 8.

20— "Lo que aprendí de Bacon: lo formal e informal hacen un todo en el cuadro" [What I learned from Bacon: the formal and the informal make up a whole in a painting], a personal exchange with Magali Lara on 25 January 2025.

21— Gilles Deleuze and Felix Guattari, *El antiEdipo. Capitalismo y esquizofrenia,* Barcelona, Paidós, 1985, pp. 17-19.

plement: a repertory of organless bodies, with all the animistic projections contained in herbaria and on dissecting tables. A desire for dissolution, a reproductive dispersion, a pain disseminated in the void. As José Luis Barrios has written, the organic realm in Lara's work is closer to "the shapeless palpitations of the organisms than to natural representations" and "the strokes and figures appeal to that which is dark and terrorizing about the 'that' of the body."[22]

Interiors, 1982-1988

The turn toward an engagement with plants was definitely heralded by a sort of vegetative animism. At the end of the 1980s and in the early 1990s, Magali Lara's canvases staged emotional and amorous tensions in rooms constructed in three dimensions, where vases, flowerpots, and flowers play a leading role, clearly anthropomorphic and apparently personalized. It was then that Lara already assumed her role, as she herself has written, as "a painter of interiors":

> My themes are everyday life, the little dramas of no apparent importance, the unregistered emotions that comprise our personality and our relationships. I think that objects from everyday life are saturated with the bodies of their owners and, somehow, they reproduce emotional scenes, or better said yet, halted circumstances that regulate our affective movements.[23]

Magali Lara has associated her approach to the figuration of these still lifes with her interest in María Izquierdo and other artists working on the margins of the so-called Mexican School of Painting, but above all as the assumption of a legacy: "For me that marked a return to the story of the women of my family—my grandmother and my mother—who painted still lifes and flowers, but which I associated with the desire to reproduce, to repeat."[24]

—

22— José Luis Barrios, "Hostility and hospitality: body and World", in *Mi versión de los hechos... [Magali Lara], op. cit.*, p. 82.

23— Magali Lara, "House Stories", in *Mi versión de los hechos... [Magali Lara], op. cit.*, p. 83.

24— Magali Lara, "Las flores y el sexo." Available at: https://www.magalilara.com.mx/?accion=tema&cat_id=11.

The *traditionalism* of those scenes nevertheless indicated (and sometimes explicitly so) an interest in domesticity that led to the core of post-impressionist painting. Works such as *Agua derramada* [*Spilled Water*] (1989) and *Territorio* [*Territory*] (1990) constitute an account of post-Cubist imbalances and violent contrasts of astringent colors that convey a state of instability not unlike that to be found in the interiors and still lifes of Max Beckmann. These dramatizations, seen from above, take their place alongside other compositions that have inherited some of the visual opulence of a Pierre Bonnard or an Henri Matisse. But all oriented, to be sure, toward inducing and sharing an emotional state. It would not be out of place to point out the affinity of these scenes with movie sets, insofar as they contain something of the forced perspective of a Hollywood thriller or *film noir*.

In this spirit of seeking to redeem her painting of the second half of the 1990s, Magali Lara undertook the exhausting task of establishing the possibility of a *competent* painting and a commitment to the challenge of lending continuity to her own oeuvre, which has only reinforced its critical sociopolitical thrust. As she herself has declared, the task of carrying out a localized work from a standpoint of difference must take place within a painting project that is impossible and at the same time ready to be assumed. "Painting took me back to a place where traditions were important. I always have the feeling that it is an enormous challenge to find a personal way of painting in Mexico, which is why the art of painting never ends."[25]

The implications of this stance are broad in scope, as we have seen. Although Magali Lara was recruited into the Mexican version of the so-called return to painting of the 1980s—a return to "individual creative practices that favor the pursuit of personal expressions," which defined no small number of artists of her generation, especially in Mexico City[26]—, the way her own practice continued to address the experiences of domestic objects and spaces in the 1970s (or, to put it another way, her handling of genre) opened up a space of exception for her. Rather than

—

25— Ibid.

26— The phrase is the memorable formulation of Dominique Liquois on the occasion precisely of the exhibition that presented the works of the studio artists who had emerged from the group experience of the 1970s. See Dominique Liquois, *De los Grupos los individuos: Artistas plásticos de los grupos metropolitanos,* Mexico City, Museo de Arte Carrillo Gil, INBA, 1985, p. 50.

subjecting herself to an idealized—which is to say, historicist and rhetorical—version of what painting "ought to be,"[27] Magali Lara undertook from the beginning to inject into her painting a narrative and emotional content that removed her from any pretension to engage in *painting-painting*. Her position, through the many variations in her work, has been happily paradoxical: she has confronted painting as an unresolved problem that involves the task of finding visual power in the immersion into a personal story. Paradoxically, this emotional need and the awareness of the great difficulty of producing a substantial painting —a difficulty exacerbated by where she comes from— is what has always brought her back, as she says, to the traditions. This active scepticism is also the element that allows her to persevere as a painter. The notion of understanding painting as a problematical, all but impossible, challenge, is something that oriented the young Lara to meditate repeatedly (though without copying it) on the work of Paul Cézanne, a painter who insisted, without any pretension to verbalize the idea, that "there is only understanding in the work itself."[28]

The predominant themes of these painted stagings of the 1990s drew on the key space of domesticity, but they were also *motifs* that allowed Lara to engage in virtual battles with all the great referents of modern Western painting: beds, windows, and ceiling fans, in the middle years of that decade, the elements of an emotional account, at once dreamy, erotic, and maternal. Lara is not only interested in the bed as a focus of dreams, maternity, and death, but also as a place of flight, as we can see in the title of a series of intervened photographs of 1998: *Escape*.[29] At the other extreme, bathrooms and their furnishings (mainly toilets and sinks) suggested an immersion into self-examination: a rite of purification. As Lara herself has written: "The bathroom is very

—

27— Particularly enlightening for me was the comment made by Olivier Lerch and Christian Gratia, the members of Diseño-Arte Mixing, who showed their work at the Museo de Arte Carrillo Gil in 1990, upon seeing an exhibition of local painting. As they put it, the problem with the local painters was that, instead of painting, "they painted what painting ought to be."

28— Rainer Maria Rilke, *Cartas sobre Cézanne,* Barcelona/Buenos Aires/México, Ediciones Paidós, 1985, p. 57.

29— Magali Lara, *Fuga,* Cuernavaca, Centro de Producción Gráfica del Centro Morelense de las Artes, 1998. The book consists of a series of graphic interventions into photographs that document the escape of a patient from La Castañeda mental hospital.

revealing in terms of the relationship we have with our bodies. [...] [T]here is confession, forgiveness, and purification. It is an existential space."[30]

Domestic Stories, 1977-1983

In the second half of the 1970s, Magali Lara divided herself among several *artistic lives.* While studying at the Escuela Nacional de Artes Plásticas (where she had enrolled in 1976), she participated between 1979 and 1983 in the Grupo Março, a collective founded by Sebastián and made up of Gilda Castillo, Manuel Marín, Mauricio Guerrero, Alejandro Olmedo, and Lara herself, which explored structures and practices of language, including urban poetry interventions.[31] Magali Lara also participated fully in actions and networks of women artists and writers who were navigating the critical and creative possibilities of feminism, both in their personal practice and in collaborative works in the form of theater, publications, exhibitions, and ambient interventions. Partly through the influence of Ulises Carrión, but also owing to contact with other women artists, such as Carmen Boullosa, Lourdes Grobet, Rowena Morales, and Mónica Mayer, Lara collaborated on a series of artist's books, such as *Lealtad* [*Loyalty*] (1981), *Los zapatos de tacón* [*High Heels*] (1982), and *El libro del olvido* [*The Book of Forgetfulness*] (1983) with Boullosa[32] and *Se escoge el tiempo* [*The Time is Chosen*] (1983) with Grobet, as well as the staging of the theatrical

—

30— Magali Lara, "La escatología de los sentimientos", in *Mi versión de los hechos... [Magali Lara], op. cit.*, p. 46.

31— See Olivier Debroise and Cuauhtémoc Medina (eds.), *La era de la discrepancia. Arte y cultura visual en México, 1968-1997—The Age of Discrepancies. Art and Visual Culture in Mexico, 1968-1997* [2nd corrected and expanded edition], Mexico City, UNAM/Turner, 2014, pp. 232-233. For Magali Lara's account of the group and its magazine, see Itzel Vargas, "Lo personal es político. Entrevista a Magali Lara," in Magali Lara, *Del verbo estar,* Mexico, Museo Universitario del Chopo, UNAM, 2017, pp. 117-120.

32— On these collaborations with Carmen Boullosa, see the note on the *Taller Tres Sirenas* (1980) by Carla Lamoyi, "Más allá de la literatura. Prácticas editoriales, poesía visual, arte correo y creación escénica," in Gemma Argüello Manresa, Natalia de la Rosa, Carla Lamoyi, and Roselin Rodríguez Espinosa, *Coordenadas móviles. Redes de colaboración entre mujeres en la cultura y el arte (1975-1985),* Mexico City, CIEG/UNAM/Fiebre Ediciones/Oficina de Proyectos Editoriales, 2024, pp. 208-214. I wish to underline the importance of this publication for having examined an entire circuit of cultural collaborations between Mexican women, which had previously only been known in a fragmentary way.

production *Cocinar hombres* [*Cooking Men*] (1983-1989), directed by Carmen Boullosa.[33] There were also collective exhibitions and installations with other artists, including her participation, through the good offices of Cristina Payán, in the Festivales de Oposición organized by the Partido Socialista Unificado de México (PSUM).[34]

Magali Lara was an integral part of that very broad mobilization which has so far been the only effective social transformation bequeathed to us by the twentieth century. The artistic experiences of her generation—including both group activities and feminist activism—imbued her with a strong conviction of ties between *self-organization*, collaboration between artists, the "use of new supports, and the use of experimentation more as a process of adaptation than as an end in itself."[35] In her case, this militancy has not failed to be accompanied by a space for self-criticism and hesitations about the mere grouping together of women artists, without a commitment to the demand for works and involvement with the possibility of an avant-garde art created from the experience of difference. Her work acknowledges the need to establish, alongside gender issues, a range of expectations of quality, contemporary relevance, and artistic significance which, even in the early 1980s, made it important to keep a certain critical distance from the mere political enunciation or identitarian embrace of a feminist art:

> The problem of the existence of a feminine sensibility and a feminine and/or feminist art demands a review and explanation by us women "producers," which we have not undertaken. It is not enough to gather together a certain number of works without first taking into account their intentions and deciding whether they are successful or not. [...] [T]he production of art by women has to do with the panorama of contemporary art: please, let us not forget that.[36]

—

33— Ibid., pp. 251-253.

34— For an account of this activity, see Magali Lara, "La memoria es como una piedra pulida,", in Karen Cordero and Inda Sáenz (eds.), *Critica feminista en la teoría e historia del arte,* Mexico City, Universidad Iberoamericana, 2007, pp. 415-420.

35— Magali Lara, "Un comentario sobre el arte y las mujeres", *Fem*, vol. IX, no. 33, April-May, 1984, p. 34.

36— Ibid. Magali Lara's contribution to the magazine *Fem* examined a key issue in relations between avant-garde art and politics. Her perspective is not dissimilar to that of Walter Benjamin in his essay "The Author as Producer," which includes the statement: "[O]n the one hand, the correct political line is demanded of the poet;

It is possible that this ambition of formulating feminine experience in connection with the substantial demands of a contemporary art is aligned with one of the main vectors of Magali Lara's work over the fifty years of her career. A radical commitment to feminist struggles (including an autocritique of them), but also to the complexity and density of the work of art.[37] When Lara herself was starting out, she undertook a personal artistic practice that explored above all the question of emotional precarity, through an analogy to our own instability and emotional fragility: "Drawing, like handwriting, is a place between image and text. And I needed something that was fragile, that did not have the density of painting, because I was almost on the outside. It was a sense of my own difficulty in feeling that I belonged: I had always felt excluded."[38]

The drawings, intervened images, historical appropriations, and artist's books of Magali Lara's early years seem to reflect the gestation of an art that uses both the hesitant line of the descriptive drawing and a handwritten script not free of deliberate defects, including even spelling mistakes, to create a series of narratives about the predicament of desire and the torments of subjective experience.[39] Many of these narratives are projected onto simple everyday objects (pairs of scissors, coathangers, kitchen utensils, matches, or cigarette butts) which, like the late images of Philip Guston, express in an acute but humorous way the fascinating and pathetic condition of personal experience. These narratives would be unsuccessful if it were not for the way in which Lara's drawing and carefully hesitant writing embodies them. As the writer Tunana Mercado once pointed out, there is in Lara's work a convergence of the animated quality of her representations and the disquieting nature of their form:

> Magali Lara [...] "sets objects in motion." Kinetic, nervous, with no time for contemplation, letting itself exist more in the very dynamic of the things themselves than in the attributes imprinted on them by culture, the gesture is put into motion. The

—

on the other, one is justified in expecting his work to have quality."

37— With regard to this issue, see Lara's exploration of the complexity of present-day tensions between feminine and masculine, in Magali Lara, *Del verbo estar*, pp. 122-123.

38— Magali Tercero, "Formas menores: una conversación a distancia entre Magali Lara y María Minera," in ibid., p. 44.

39— José Luis Barrios, *Mi versión de los hechos... [Magali Lara]*, p. 31.

> line [...] seeks to capture the vibration, what must be the soul of the inert thing: [...] what has been produced is the rupture of a prefigured order and of prejudices, without the narrator, for all that, having declined to narrate.[40]

It is in this regimen that "seeks to capture the vibration" that Magali explores the memory of Frida Kahlo, before her image had become an icon and when it was still possible, as the title of one of her photocopy collages with pastel crayon —*Frida/adirf* (1979)— suggests. From the beginning, these works point to an exploration of a way of drawing that translates fragility, concern about body, and feminine experience into the surface of representation, into the creation of a sensitive language, capable of being moved. But they also betray a highly refined acuity that consists of simultaneously questioning things technical and existential, sensitive and personal. In the case of Lara, like the title of one of her painted windows circa 1980, her painting is a fiendishly complex and innovative practice of BE HOLD [MI RAR].

—

40— Tununa Mercado, "Rowena y Magali, dos narradoras visuales," *Fem*, vol. IX, no. 33, April-May 1984, p. 51.

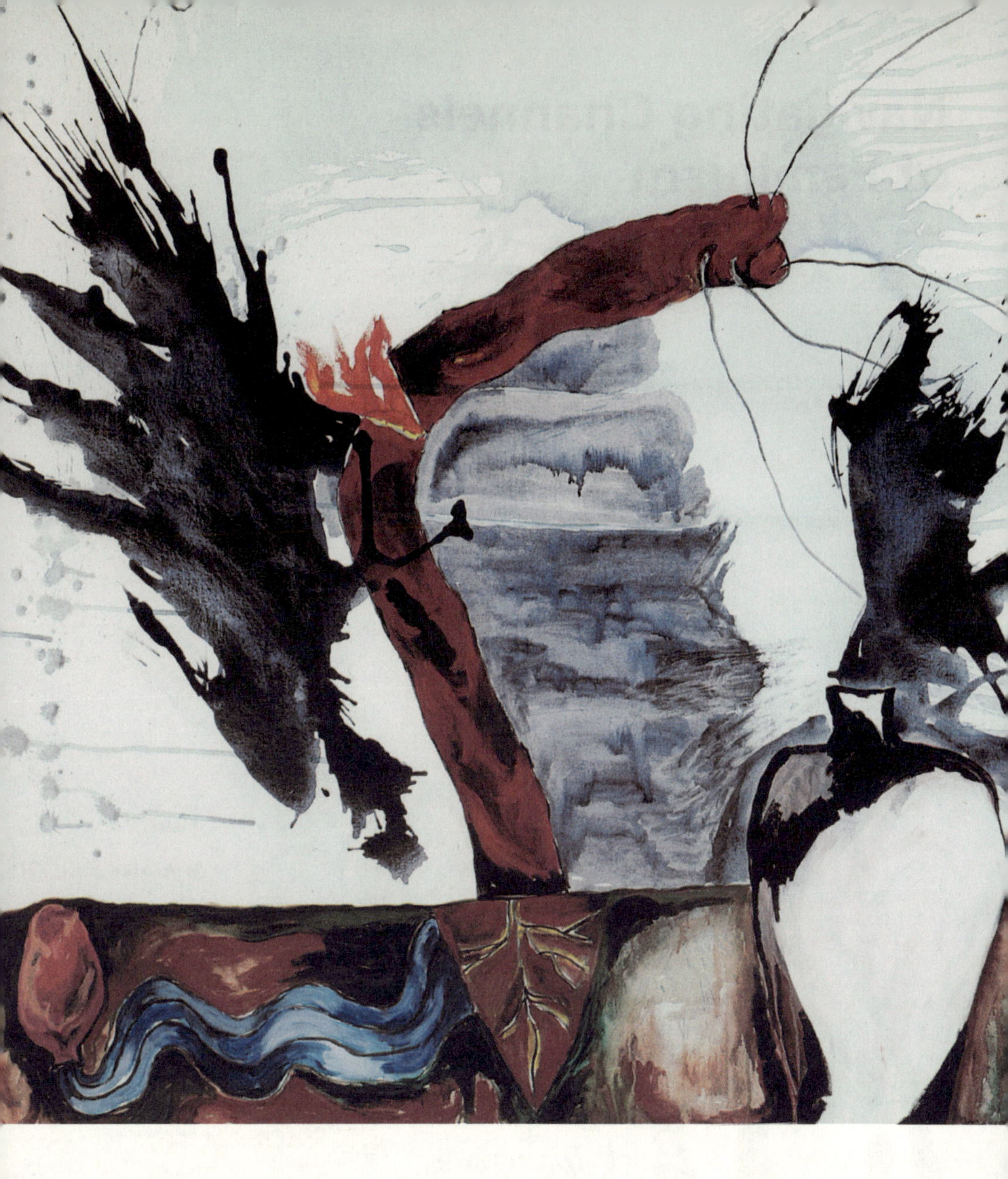

El dolor [*Pain*], 1989. Foto—Photo: Cortesía de la artista—Courtesy of the artist [Cat. 58]

Navigating Channels of Feminism

Maggie Borowitz

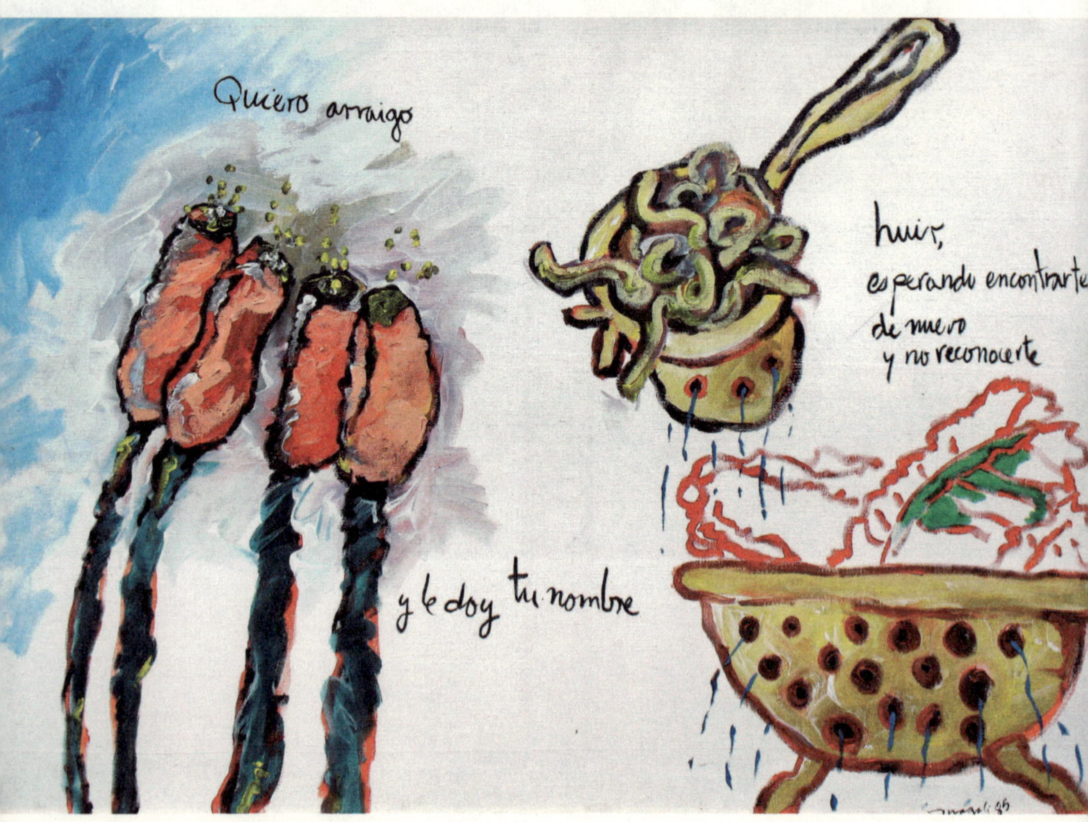

Quiero arraigo [*I Want a Sense of Rootedness*], 1985.
Foto—Photo: Cortesía de la artista—Courtesy of the artist [Cat. 81]

Waterways

In an ink painting from 1981, Magali Lara depicts a round bathroom sink above a tiled floor. A curvaceous pipe meanders away from the sink's drain. Behind the basin of the sink, the faucet is connected to another short pipe. A small arrow points to where the pipe emerges from the wall accompanied by the words "el origen" ["the origin"]. The profundity of this label rubs up against the stubby piece of plumbing to which it is applied; the pipe's presence in the image is little more than a single curved brushstroke. The origin of what? Like much of the work Lara created in the first decades of her artistic practice, *El origen* [*The origin*] (1981) folds together the profound and the quotidian. And like much of the artist's work from this period, it is an image that alludes to water and how it moves and flows.

Water punctuates Lara's artworks from the late 1970s through at least the early 1990s. Its renderings are especially related to her views of domestic interiors. In her images, water rains down from showerheads (*Lealtad* [*Loyalty*], 1981), flows from kitchen faucets (*Nunca más IV* [*Never Again IV*],1981), drips from bathroom sinks (*Todos los días otro punto de vista* [*Everyday Another Point of View*],1982), spurts from drinking fountains (*Olvidarme de tu nombre* [*Forgetting Your Name*], 1985), eddies down drains (*Escusado y lavabo,* [*Toilet and Sink*], 1985) and spills from vases in striated swirls (*Agua derramada* [*Spilled Water*], 1989). Water has been a theme that has drifted between her individual and collaborative projects, moved between the private and the public sphere and even reached into the past across generations of women creators. The water in Lara's images is no crashing tidal wave. Instead, it sputters and trickles and dribbles. Nevertheless, there is a surprising potency to her repeated investigations of water.

This essay proposes water's visual presence in Lara's images as a metaphor for thinking through the ways her artworks refuse rigidity or stasis and instead embrace fluidity. While her images record and reflect on her personal experiences, often explicitly narrating in the first person, they also open up avenues for affinity, identification and intimate exchange. Meaning flows and fluctuates and branches off in different directions. As Lara's friend and colleague Mónica Mayer has put it, in her images, Lara "is *speaking*"; her work is "very particularly a conversation—a personal conversation that's shared."[1]

—

1—Mónica Mayer, interview with the author, August 9, 2019.

Amid a burgeoning feminist art scene in Mexico City the late 1970s and early 80s that found intimate exchanges not only productive but necessary for advancing a feminist agenda, making work that was "a personal conversation that's shared" was a political move. It allowed her artworks to become channels for reflection and dialogue around feminist issues that could (and can continue to) reach across space and time. In other words, it allowed her artworks to serve as waterways: conduits, ever-changing routes of connection and transportation, even sources of power.

Fluid Dynamics

Lara began exhibiting her work in the late 1970s while still a student at the Academia de San Carlos. Her first solo exhibition (*Tijeras* [*Scissors*], ca. 1977) was held in one of the school's galleries. As she embarked on an ambitious individual practice, she also got involved in the wave of artists' collectives that quickly came to dominate Mexico City's experimental art scene in the latter half of the 1970s, known as the "Grupos" [Groups]. Between 1978 and 80, she was a member of Grupo Março, collaborating alongside peers and young instructors at San Carlos. Março's collective practice was motivated by a shared investment in the relationship between text, image and public space that centered around experimental poetry and artists' books. Alongside other women artists who participated in the "Grupos", Lara described the hierarchy and machismo that infused the collectives. She explained that the "Grupos" were "structured in a very patriarchal way, with a leader and his followers" and that women artists in particular were frequently seen as "*disciples* of the male leaders."[2] Even further, within this machista art scene, making work that addressed women's experiences was often viewed as "bourgeois" or even in "bad taste".[3]

Despite the structural issues of many of the "Grupos", the idea of collective artmaking was one that continued to appeal to Lara.[4]

—

2— Edward J. McCaughan, "Navigating the Labyrinth of Silence: Feminist Artists in Mexico," *Social Justice*, 34, no. 1, 2007, pp. 52–53.

3— Ibid, p. 53, and Olivier Debroise and Magali Lara, "Entrevista a Magali Lara (transcript)," n. d., Fondo La era de la discrepancia, Centro de Documentación Arkheia, MUAC (DGAV, UNAM).

4— Idem.

Thus, after leaving Março, while devoting significant energy to her individual artistic practice, she also began to collaborate with a vibrant group of women creators that included other visual artists, poets, playwrights, musicians and feminist activists. In contrast to her experiences in Março, she described her collaborations with other women as organized organically and horizontally.[5] Although she remained hesitant to identify her own work as "feminist art", she played a fundamental role in Mexico City's burgeoning feminist art scene through these friendships and collective projects.[6]

Organized Second Wave feminism—a period of global feminist activity that unfolded between about 1960 and 1980—emerged in Mexico in the early 1970s. Over the course of the decade, it expanded into a more publicly visible movement with a clear agenda. Women began to found key feminist organizations in 1971 and in 1975, which was named "International Women's Year" by the United Nations, feminists from around the world gathered in Mexico City for a UN-sponsored conference. In the years that followed, women rallied around key issues that emerged from these international discussions, including legalized abortion, access to contraceptives, sexual education and freedom and ending violence against women.[7] As organized feminism gained momentum in Mexico, so too did a feminist art movement, primarily centered in Mexico City. The late 1970s and 80s brought the first explicitly feminist art exhibitions, artistic contributions to radical feminist publications and the formation of several feminist-identifying artmaking collectives.[8] Lara participated in the early exhibition *Muestra colectiva feminista* (1978) at the Galería Contraste, co-organized the transnational project *La creación femenina* (1980) at Instituto Goethe and contributed to the collaborative

—

5— Magali Lara, "La memoria es como una piedra pulida," in Karen Cordero and Inda Sáenz (eds.), *Crítica feminista en la teoría e historia del arte,* Mexico, Universidad Iberoamericana, 2007, p. 420.

6— Javier Cadena, "Charla con Magali Lara," in *De la misma, la misma habitación,* Mexico, Galería Los Talleres, 1984. Lara described her investment in feminist issues but claimed, "I don't intend to make feminist art."

7— Marta Lamas, *Feminism: Transmissions and Retransmissions,* New York, Palgrave Macmillan, 2011, p. 17; Rocío González Alvarado, "El espíritu de una época," in Nora Nínive García, Márgara Millán and Cynthia Pech (eds.), *Cartografías del feminismo mexicano, 1970-2000,* Mexico, UACM, 2007, p. 69.

8— For a thorough overview of this history, see Araceli Barbosa, *Arte feminista en los ochenta en México: una perspectiva de género,* Mexico, Casa Juan Pablos, 2008.

feminist installation *Las camas* [*The Beds*] (1982) as part of the Festival de Oposición. She also illustrated the covers of two different issues of the feminist magazine *Fem* in 1984 (nos. 33 and 36), supporting a feminist political agenda through her efforts to articulate the movement's platforms visually.

Lara's activities during this period demonstrate that neither the feminist movement nor the feminist art scene in Mexico were monolithic. Activists and artists took up heterogeneous strategies and focused on a variety of issues. Heterogeneity did not water down the movement. Instead, it created an infrastructure system for grassroots social change: a network of "subterranean bridges that would be the basis of long-term cultural transformations"[9]—a plumbing system, one might say, given the way that watery metaphors are already integrated into the language of feminism with its *waves* that swell and crest and break.

A crucial aspect of that plumbing system was the strategy of the *small group*. This strategy, which emerged in the US feminist movement between about 1966 and 68, relied on a grassroots method where participants met regularly with a small, consistent group of women.[10] During these meetings, participants shared their personal experiences in order to recognize systemic problems of patriarchal society. In Mexico City, the small group took root as an organizing strategy in the late 1970s. Over the course of their meetings, participants worked slowly toward difficult topics of conversation as they established rapport, beginning with more innocuous topics like education, parents and siblings and, once confidence had been established, broaching topics such as sexuality, contraceptives and abortion.[11] The small group enabled participants to gradually establish a network of mutual trust—to gradually become intimate with one another. As a result, it created a much-needed space to discuss those latter topics, which continued to be largely taboo in Mexico during this period. Lara has explained that this strategy was circulating among feminist-aligned artists and that it played a pivotal role

—

9— Márgara Millán, "Introducción. La construcción de la polivalencia del sujeto del feminismo," in Nora Nínive García, Márgara Millán and Cynthia Pech (eds.), op. cit.

10— Lee Jenkins and Cheris Kramer, "Small Group Process: Learning from Women," *Women's Studies International Quarterly* 1, no. 1, 1978, p. 68. Available at: https://doi.org/10.1016/S0148-0685(78)90379-2.

11— "Pequeño grupo," *La Revuelta*, no. 9, 1978, p. 3.

in the development of feminist thought and in forging feminist alliances.[12]

In the feminist small group, women could begin to recognize the ways their experiences were not idiosyncratic, but rather precipitated by systemic problems rooted in societal gender dynamics. They could see that, as US feminist activist Carol Hanisch famously put it, "personal problems are political problems."[13] Once the systemic nature of those problems was unveiled, collective organizing could begin. "There are no personal solutions at this time," Hanisch argued, "there is only collective action for a collective solution."[14] Through the simple method of open conversation, seemingly unconnected experiences could be recognized as shared issues.

This grassroots, conversational organizing strategy helped to shape the collaborative artistic endeavors that were unfolding between women at this same time. For Lara, the collaborative projects in which she participated helped to mold feminist artistic vocabularies and open up truths around women's lived experiences.[15] Even further, they helped to reimagine how collective creation processes could be organized, disrupting the patriarchal systems that had structured both the "Grupos" as well as earlier collective artmaking efforts in Mexico, such as the Muralist movement.[16] In contrast to the rigid, top-down mechanics that had characterized the administration of many of the "Grupos" (despite the radical leftist underpinnings that motivated their formation), the dynamics of feminist collaborative endeavors were fluid. They could help to forge a horizontal network of intimate exchange—a system of *communicating vessels,* as Lara has described it, for and between women.[17]

—

12— Magali Lara, op. cit., p. 418.

13— Carol Hanisch, "The Personal Is Political," in *Notes from the Second Year: Women's Liberation; Major Writings of the Radical Feminists,* New York, Radical Feminism, 1970, p. 76.

14— Ibid, p. 76.

15— Magali Lara, op. cit., p. 420.

16— Idem.

17— Magali Lara and María Minera, "Formas menores: una conversación a distancia entre Magali Lara y María Minera," in *Del verbo estar. Magali Lara,* Mexico, Museo Universitario del Chopo, UNAM, 2018, p. 74.

Receptacles and Channels

The active and intimate exchanges that occurred during small group sessions were crucial to the achievements of the feminist movement. But what if those methods of recognizing systemic problems rooted in patriarchal structures were able to expand beyond those synchronous, face-to-face sessions? What if those methods were able to inhere in the images and objects that feminist-aligned artists were making? In other words, what if artworks themselves were able to serve as *communicating vessels*? A *vessel* can signify both a receptacle, especially for fluids, and, in the anatomical sense, a channel through which fluid flows. In Lara's practice, both meanings are relevant. Her images—especially her images that depict water—serve as receptacles, recording personal experiences and documenting instances of intimate exchange between women. Simultaneously, they serve as channels, opening up pathways for virtual and imagined dialogues.

From the beginning, Lara's solo practice and collaborative endeavors were united through the recurrence of key images and themes. She created a malleable set of icons that took on differing meanings as they appeared again and again in different contexts. Starting around 1979, showerheads appear in her drawings, assuming animated personalities. One cocks its head, one cranes its neck, one weeps salty tears and, in several drawings, the showerheads seem to ventriloquize for the artist, speaking in the first person: "Don't cry for me," one says; "I'm longing for a child," another confesses.[18] During this same period, in 1980, Lara worked with the Mexican poet Carmen Boullosa to create the book *Lealtad.* She made a group of images that responded to a series of Boullosa's poems, which spoke of a woman's psychic experience and the lingering effects of acts of sexual violence. On one striking page, Lara's showerhead reappears. It rains down on a pair of lips that gradually morph into a pair of underwear, their pink stain sliding down to pool at the crotch. Alongside Lara's images of gaping black maws and slick and queasy phallic objects

—

18— For a discussion of the gendered connotation the showerhead takes on in a set of Lara's images from 1979–1980, see Madeline Murphy Turner, "Confronting the Monster: The Antipatriarchal Mail Art of Polvo de Gallina Negra and Magali Lara in 1980s Mexico," *Latin American and Latinx Visual Culture* 6, no. 4, October, 2024, pp. 58–60. Available at: https://doi.org/10.1525/lavc.2024.6.4.45.

that appear elsewhere in *Lealtad,* the bloodstained underwear invites a visceral reaction. The drawing compounds the "excessive intimacy" present in Boullosa's poem and vice versa, creating an emotionally affecting reading/viewing experience.[19] *Lealtad* was "existential, painful, furious," one writer suggested; its pages "conjured up loneliness" and described "the suffering of desire."[20] Lara's images worked together with Boullosa's poems to push back against the silencing of women's discussions of their interior lives and sexual experiences, including experiences of sexual violence. As the weeping showerhead moves between artistic mediums as well as between images that Lara made on her own and images she made in dialogue with Boullosa, it maps a wide range of intimate encounters.

A few years later, Lara collaborated with the Mexican photographer Lourdes Grobet on the book *Se escoge el tiempo* [*Time Is Chosen*] (1983), which featured a series of photographs of bathrooms shot by Grobet upon which Lara intervened. The bathrooms shifted between the public and the private, sterile, homey and decrepit. Lara's interventions—fragments of text, highlights and embellishments scribbled in orange, black and a bright sky blue—emphasize watery flows. Bright blue marks drip from faucets and showerheads, they pool in and splash wildly from sinks and toilet bowls and they stream from a bathtub faucet in an undulating wave. These scenes speak to ephemeral encounters: exchanged glances in the mirror as one washes one's hands or reapplies one's lipstick and the way those intimate yet fleeting social interactions operate in dialogue with acts of introspection. At the same time, these scenes address the practical aspects that must be attended to in the bathroom, whether public or private: the realities of women's bodily experience. Like Lara's collaboration with Boullosa from a few years prior, her collaboration with Grobet documents a dialogue between contemporary creators. It records the discussions unfolding between women creators as they sought out spaces to examine aspects of women's lives that weren't allowed to be discussed publicly—the very topics that feminist small groups aimed at addressing. Alongside *Lealtad, Se escoge el tiempo* serves as a receptacle for feminist exchange.

—

19— Aurelio Asiain, "La salvaja de Carmen Boullosa," *Vuelta,* no. 160, 1990, p. 31.

20— José Luis Alcubilla, "Magali Lara, una de las artistas plásticas de México más imbuidas en la narrativa visual," *Uno Más Uno,* July 30, 1984.

But Lara's investigations of water in the late 1970s and early 80s went beyond recording the actual exchanges that had taken place between herself and other creators. They envisioned new channels for feminist thought that could reach across space and time. Her work suggests that face-to-face conversations, long-distance dialogues and even imagined exchanges are not equivalent but are all valid and valuable in their own right. The pages of *Se escoge el tiempo* oscillate between a conversation occurring specifically between Lara and Grobet as they pass the images back and forth and a much broader conversation between countless anonymous women. Those anonymous women are especially visible in the images that foreground the graffiti left behind on bathroom walls. Grobet and Lara's marks overlap with anonymous ones to generate a hum of whispered dialogues that echo off the tiled walls. "These photos cannot be silent," one reviewer wrote, suggesting that the pages of the book unfold into an "intimate confession."[21] Lara and Grobet's conversation expands to incorporate a broad array of unnamed women who participate in acts of intimate exchange.

At the same time, Lara's interventions enabled her to connect to women artists across time, highlighting continuities in the experiences of Mexican women that spanned generations and dreaming up imagined exchanges. "Water isn't enough for me," Lara wrote on one page of *Se escoge el tiempo*; "to drink my life away," Grobet added below.[22] The two texts are scrawled in black amid a wave of dashed blue lines that, when added to a photograph of an empty bathtub, transform the ambivalent view into a scene of introspection and emotional vulnerability. It summons up another image of introspection situated in a bathtub: Frida Kahlo's *Lo que el agua me dio* [*What the Water Gave Me*] (1938). Kahlo's dreamlike painting offers her viewers a first-person perspective. We gaze upon the artist's legs and feet, partially submerged in the bathwater. A smattering of images, some of which reference earlier paintings by the artist, are assembled into a surreal landscape that floats on the water's surface. While Kahlo is best known for her attention to complex forms of self-representation, this painting stands out in its sustained focus on interiority. Through

—

21— "Lourdes Grobet y Magali Lara presentarán su libro *Se escoge el tiempo* en la galería Los Talleres," *Uno Más Uno*, November 14, 1983.

22— Magali Lara, email communication to author, January 26, 2025.

this oblique reference, Lara enters into dialogue with Kahlo, each artist making herself emotionally vulnerable.

Lara had repeatedly responded to this particular painting in a series of works from the late 1970s. In a collage titled *Agua* [*Water*] (1979), a photocopy of Kahlo's painting is accompanied by wavy pastel lines. These lines extend Kahlo's bathwater, transforming it into a diagram of the passage of time. As one plumbs deeper into the water, each level is labeled with a stage of life: childhood, adolescence, youth, maturity and old age. The last is crossed out, perhaps referencing Kahlo's untimely death at the age of just 47. A photostat from the year prior refers to the same painting. Sans serif letters (copied from mass-produced stickers) spell out "lo que el agua me ha dado" ["what the water has given me"].[23] They are juxtaposed with a series of handwritten words that are parceled out across columns of lipstick prints. The words (*Frida, yo, soy, dos o más, amo, a, Diego,* a blurred *muerte*) don't quite add up to logical phrases, and the direction in which the viewer is meant to read is destabilized, creating slippages between the repeated *Frida* and Lara who seems to speak in the first person. Together, these images map an imagined intimacy between Lara and Kahlo. Suggestions of shared experiences are described through a shared iconographic vocabulary. This imagined intimacy is reinforced through the lipstick print in particular—an index of intimate contact between the artist's lips and the paper that invokes Kahlo's own use of the lipstick print on the photographs and letters that she sent to lovers, friends and acquaintances.

This notion of the artwork as a site of possibility for imagined intergenerational intimacy was furthered several years later in a collective theatrical endeavor titled *Trece señoritas* [*13 Misses*] (1983). A collaboration between Carmen Boullosa, the performance artist Jesusa Rodríguez, the composer Liliana Felipe and Lara, who designed the scenography and costumes, the play was an homage to Kahlo. But it was specifically an homage to a version of Kahlo that Boullosa, Rodríguez, Felipe and Lara constructed from their investigations of Kahlo's paintings.[24] Central to Lara's

—

23— This painting has been referred to under both the title *Lo que el agua me dio* [*What the Water Gave Me*] and *Lo que el agua me ha dado* [*What the water has given me*].

24— Bruce Swansey, "Teatro: *13 señoritas*," *Proceso*, July 18, 1983; Madeline Murphy Turner, "*What Women Write: Artist's Books, Postal Objects, and*

stage design was, once again, Kahlo's 1938 *Lo que el agua me dio.*[25] As theater critic Bruce Swansey wrote, *Trece señoritas* was "an exploration of intimacy out of which emerges a character constructed from fragments of paintings, from information that comes directly from the painter's work."[26] As the group of women worked on the project together over the course of close to a year, a literal intimacy (between the four creators) and an imagined intimacy (between the creators and this invented version of Kahlo) unfolded in parallel.[27]

Lara's sustained attention to these imagined intimate exchanges opens up the possibility for other sorts of imagined or virtual exchanges. Such exchanges need not be limited to those that occur between creators, but can expand to the virtual exchanges that occur between artist and viewer. What I want to propose is that we read Lara's works in the same way that she was reading Kahlo's works in the late 1970s and 80s: as *communicating vessels.* Filled with allusions to water, Lara's images refuse fixity. Meaning ebbs and flows and pools and eddies. Her works are simultaneously receptacles—vulnerable records of her own experiences—and channels—openings for both her collaborators and her viewers to find resonances and affinities.

Estuaries

On their own, Lara's images of water are modestly scaled. But tracing the theme of water across her practice—as it moves between individual and collective projects, as it provides both a contemporary and intergenerational point of confluence—reveals the potency that those images accrue. As they flow together, they gather force. Lara's images combine expressions of emotional and personal vulnerability on the part of the artist, records of literal intimate exchanges between the artist and other women creators

—

Independent Theater in Mexico City (1979–92)." Doctoral dissertation, New York University, 2023, p. 133.

25— Madeline Murphy Turner, op. cit., p. 134.

26— Bruce Swansey, op. cit.

27— Turner notes that Boullosa, Rodríguez, Felipe and Lara began the project sometime in 1982 and continued working on it until its premier in July, 1983. See Madeline Murphy Turner, op. cit., p. 133.

and renderings of imagined intimacy. In so doing, they make space for viewers to engage with the work on multiple levels: to be affected by the artist's emotional vulnerability, to observe the value of both literal and virtual dialogues around women's experiences and to find affinities with their own experiences. They engender a viewing experience akin to the feminist organizing strategy of the small group.

Discovering that problems that had felt idiosyncratic are in fact shared unveils the systemic roots of those problems. It reveals that they are shaped by patriarchal structures and that they cannot be solved on an individual basis—that they require "collective action, for a collective solution."[28] In Lara's artworks, the small group can operate across a global and intergenerational network. Viewers can find resonances with the experiences of other women across space and across time. The artworks themselves become *communicating vessels.* Rivulets of individual encounters gather into streams of shared experience. Those streams gain strength, running faster and more powerfully as the network of conversation grows. Tributaries merge into rivers that flow into estuaries where feminist channels meet the oceanic force of the patriarchy head on.

—

28— Carol Hanisch, op. cit., p. 76.

Different Ways of Conceiving Writing: Through the Body, Through Appropriation...*

Magali Lara

*Written during "Volver a la escritura," IV Escuela de Arte Crítica de La Tallera, coordinated by Verónica Gerber Bicceci, 2023.

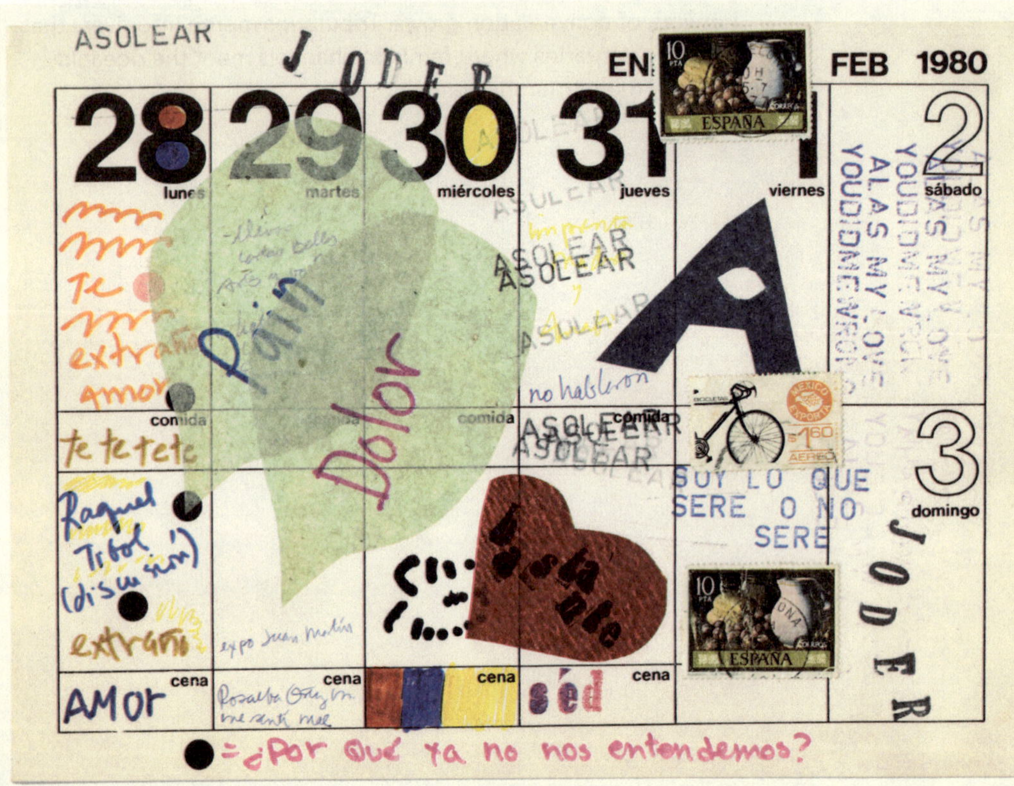

1980, 1980. Digitalización—Digitization: Berenice Hernández [Cat. 101]

Obstacles

I've always wanted to be a writer, but there's something about the act of writing that stops me and makes me think twice. There's an obstacle that I can't pin down, though I'm not certain it's entirely imaginary either. I also know that my desire to write has to do with this same obstacle.

For a long time, I thought my awkward relationship with writing was related to the construction of identity—what we now accept as the doctrine of identity. For instance, when I was at art school at the ENAP in Mexico City, female artists and writers weren't taken as seriously as males. There was this category of *those... other... women...* We were a different species. In the context of the Latin American boom years, females were viewed with a certain condescension, as if being female were a "natural" obstacle in order to be educated, clever, in order to make meaningful work. You could write, you could look good, you could be accepted in the group, but you weren't really a *writer*.

The act of writing means a whole lot more than just putting together a text; it entails a form, a way of using language. As a child I went to a school run by nuns and always got perfect marks in composition, but in my teens my spelling got topsy-turvy. What I mean is by then I was butting heads with words—with the way I was supposed to, was expected to write. I (my body) felt I (it) needed something else, but I wasn't finding it in what I knew.

To this day I suffer from a level of dyslexia that becomes a wild racket when it's time for me to write. Oddly, that same defect got me published in a visual poetry magazine in the 1970s, because the mistakes I unconsciously made led to a different interpretation, an emotive interpretation that seeps through the writing; though I didn't know exactly what it was, it was clearly there.

To sum things up, I felt there was no place for me in our normative conception of language; the same way that I didn't feel represented by the image of femaleness that prevailed at the time—the only one deemed to be *authentic femininity*, anyway.

It's in those years I heard about the "anti-psychiatrists," a school of clinicians in the 1970s who explained schizophrenic discourse as a symbolic narration of the visions and unease that schizophrenics experienced. They also advocated for better living standards for people with mental illnesses—importantly, outside of psychiatric institutions. R. D. Laing and David Cooper wrote about how mental illness leads people to tell their stories in peculiar ways, using metaphors or following a logic that may make sense to them though it's sometimes hard for others to decode. This structure is often based on prior censure by their parents or social circle, which stops them from saying what causes them pain, anxiety or pleasure. This censure or state of interdiction is subjective: it may not have been explicitly imposed. It can be the result of a misunderstanding—of a set of instructions that are contradictory and thus cannot have a desirable outcome, as in the case of the double bind.[1] Laing used poems/diagrams to visualize this territory that is off-limits since it's surrounded by these obliquely stated obstacles; or to illustrate the confusing structure underlying the double bind.

When I understood what it meant to value schizophrenic language, that this madness made sense as it manifested family-imposed prohibitions, which are experienced fragmentarily, and then reconstructed *by saying what cannot be said,* I realized I was also approaching things from a different angle: from the body of a woman who was not allowed to manifest her (or its) lived experiences, in a society where she or I had no right to state my desires or contradictions. And so, when I was unable to write, I decided to draw; I made diagrams, visual poems. It's curious that, at the time, many poets were working along the same lines.

In Brazil, through concrete poetry,[2] images were used interchangeably with text, leading to an intermediate space between the two. This resonated throughout Latin America, in what was then mail art, and would now be called self-published artists' zines. It all expressed the opposite of an interdiction: a desire, instead, to explore language, to appropriate it, using other forms, setting language in motion in order to set it free. To paraphrase Clemente Padín, a visual artist from Uruguay who published "zines," it was also about finding one's identity, which entailed questioning the meaning of "modernism/modernity" and rejecting established discourse. Parallels

—

1— The expression was coined by anthropologist Gregory Bateson, referring to a situation in which someone receives various contradictory messages; Bateson was trying to describe a possible origin for schizophrenia other than what was then assumed to be an organic dysfunction of the brain.

2— A genre of poetry emerging in 1930 in which visual and spatial considerations had the same importance as rhyme and rhythm do in traditional poetry. The aesthetics of concrete poetry provided a significant ideological incentive for the development of other mid-twentieth-century art forms.

are easily drawn between the emergence of the Noigrandres collective in Brazil in 1952,[3] Oyvind Fahlström's manifesto *For Concrete Poetry* in Sweden in 1953, and Swiss-Bolivian poet Eugen Gomringer's *The Book of Hours and Constellation*s in Switzerland, also in 1953.

Today I wonder what it means for Latin America *to be* (or to have been) *modern*. If it can allow us to reexamine the colonial past and the differences between individual identity and nationhood. The Anthropophagy movement did exactly that in Brazilian visual art and literature; Mexico then cultivated the idea of a poetic language, which could be centered on the work of Octavio Paz, who, along with the Muralists, lent us a debatable concept of our own nationhood. As my friend/colleague Maris Bustamante likes to say, "We have to be wary of the ruling party—the political hegemony—we all have inside us."

The Body Interposes Itself

I eventually managed to construct a visual narrative in which the separate realms of image and text were not opposed to each other but existed, instead, in a state of uneasy tension; this was because I somehow allowed myself to inhabit the obstacles—dwell on my blockages. And yet, my nagging desire to write started branching out in different directions.

In 1986, I had my first solo show at the Carrillo Gil Museum. It was titled *La infiel* [*The Unfaithful Woman*][4] after a poem by Carmen Boullosa, with whom I'd worked collaboratively on books since 1980. I asked her for this poem of hers so I could use it to arrange the paintings and drawings in the show as if they were chapters in a novel, alluding to a gradual change in my practice. The first drawings were full of words, which seemed to be taking over or taking the place of images. In contrast, groups of recent paintings I was showing for the first time had barely a sentence

—

3— This collective, whose members included Haroldo de Campos, Décio Pignatari and Augusto de Campos, initiated the concrete poetry movement, trying to break through the restrictions of language and extend it to other fields of art practice, even the political sphere.

4— Translator's note: the term means "unfaithful," specifically, when used as a noun in Spanish, here rendered female by the article; it also connotes a broader lack of loyalty to someone or of faith in something.

scrawled on them. My initial adoption of painting was also a challenge to what I then felt was the primacy of that medium—painting as the art form *par excellence*—since for me, it was important to construct an artifact that confronted the viewer's gaze, while also setting up a narrative between the works in the exhibition space.

The obstacles I come up against in writing are of a different nature. I learned a lot about structure reading the work of Virginia Woolf, with her inner dialogue, or Marguerite Duras, who repeats the same story over and over, telling it each time a different way; or from the powerful yet non-descriptive images of poets like Sylvia Plath and Denise Levertov in the US in the 1970s, or Boullosa and Gloria Gervitz in Mexico. They all broke with the canons of literature and let in that *other self*, that *otherness*, which had been pushed aside because it belonged to everyday life, to the world of women, the world of care and affects.

My question to myself was then: how do I construct a space that incorporates the vulnerability of the writer as it's expressed in such key works of the twentieth century—with such suggestive titles as—*The Metamorphosis*, *One-Dimensional Man*, *The Ballad of the Sad Café*, or *Le diable au corps*? Then again, how does one allow a reader or spectator to engage in multiple games the way that Cortázar does in *Hopscotch* or in the essays and short stories that he published in the 1980s, where the book itself became an art object or visual device? Of course, Beauvoir's *The Second Sex* and Hélène Cixous's *Coming into Writing* were also urging me, in a way, to write from the point of view of *being a woman*—or being *female* and *from Mexico* but *not from the city*, or being *an outsider*, being *odd, curious*? This entailed some deconstruction of self as well as appropriating the culture's dominant language to make it my own. But then again, who can claim *not to be odd, curious*?

I'm interested in what *not totally knowing* what you're showing means: in this risk-taking lies the possibility of something unknown, something hidden and perhaps monstrous that lurks behind every obstacle. Though terrifying at first glance, it enables much more vital practice... than abiding by the courtesies and, ahem, "good taste" of middle-or-upper-class Mexican society. Collecting all sorts of texts then became a habit of mine: in my sketchbooks, I copied or cut-and-pasted, underscored and annotated anything from my readings that spoke to me. Comic books had inspired me to reject the conventions of traditional drawing in order to work with sequences and engage in other forms of image alteration. What would happen if I dealt the same way with text?

In 1997 I made a series titled *TO REPEAT*: an allegory about female desire based on an attempt to once again deal with visual poetry through drawing, though this time, representing the abject body (as female bodies are often portrayed). I wrote Roberto Tejada, a good friend, poet and art critic, to ask him for a preface to the catalog. I also sent him all the quotes I'd compiled and the sentences that appeared in the drawings, as well as short texts I'd written about my dreams or my work. His response surprised me: *This is the text you need*. My cut-and-paste method had produced something entirely unlike the essay I was asking him to write, yet that structure contained my voice.

This led to what I can now call my writing. I'm obviously not the only person who copies texts: Kathy Acker stated she "plagiarized" maniacally, using a strategy resembling Borges's *Pierre Menard*; in Maggie Doherty's opinion, by stealing material from other authors, she recreated an identity that let her write the autobiography she needed. I did a similar thing with Deleuze and Guattari's *Kafka: Toward a Minor Literature*: I used it to escape the Oedipal construct—that space imposed on us since childhood by family values, whether it's conscious or not, and hindering us from becoming something different.

So, I've come to understand that in my fumbling for material and collecting citations, I've cobbled up a kind of writing that's tied to drawing—to the way I draw. In it—as in any experiment—there's a hypothesis, though it's based on a figure rather than a concept, and this allows me to shift the personal to a more abstract plane. Always in dialogue with other artists or texts by other writers. This is how I made *Satori, Glaciers,* and more recently, *Toda historia de amor es una historia de fantasmas* [*Every Love Story Is a Ghost*]:[5] these are conversations with other writers, with the text itself; I write from the perspective of an *us.*

For the Oulipo collective,[6] it was important to create new writing strategies, which they called "anticipating plagiarism," and which consisted of taking a past work and reusing its structure. They came up with new guidelines and challenges—like banning the use of certain letters—that allowed them to produce

—

5— Three solo shows, respectively at: Galería Nina Menocal, 2002; Sala de Arte Público Siqueiros, 2009, and Seminario de Cultura Mexicana, 2021.

6— An acronym composed of the first syllable of each of three French terms: *ouvrage, littéraire, potentiel.*

original work often combining excerpts from other texts by various authors. Many of these strategies, which we find innovative today, have always been around though we may have forgotten about them; every period creates its own formats and rules. Oulipo was founded in 1960 by Raymond Queneau and François Le Lionnais as they tried to find various ways to obstruct the process of writing, or availed themselves of mathematical formulas which they believed to be of benefit. Queneau wrote something I've wanted to pen myself: *A Hundred Billion Poems*, published in 1961, with ten sonnets whose verses all rhyme and are entirely rearrangeable. For readers, it's a kind of I-Ching, where one can ask the poem every day for messages. This reminds me of the novels that Mario Bellatin released after fighting with his publishers; every paragraph bore a picture of tiny scissors, urging you to cut them up and create your own novel.

I used this method of appropriation—which has a lengthy history in visual art—to create what I call *other ways of reading*. They allowed me to have a much more *brazen* relationship with the texts and authors that surrounded me in every project. It reflected a change in the relationship between texts and images seen in literature at the time, but also in a field of intersection that includes the *linguistic turn* (in 1970s philosophy) and the visual quality that writing and the discourse around images have acquired: an exploration that attempts to create a synesthetic language.

The difficulty I talked about initially keeps hounding me, in this very text, as I write and rewrite it. I think that if Ulises Carrión decided to tell the story of *new books* using examples from the visual arts rather than literature, it must be because it permitted him to imagine new structures that allow language to move in different directions.

What relationship is there between body and writing? Between identity and language? Between wanting to write and the idea of being a writer? I'm not the only one asking these questions. I think that writing, like drawing, is something we all want to have access to in order to manifest our vision of the world... and perhaps of ourselves. It allows us to understand what's outside us, but also what's inside us: things we still need to name.

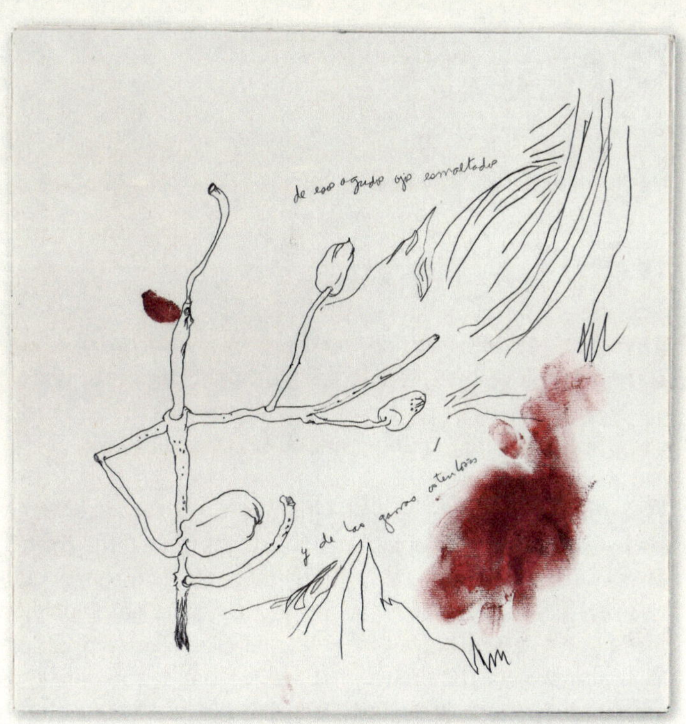

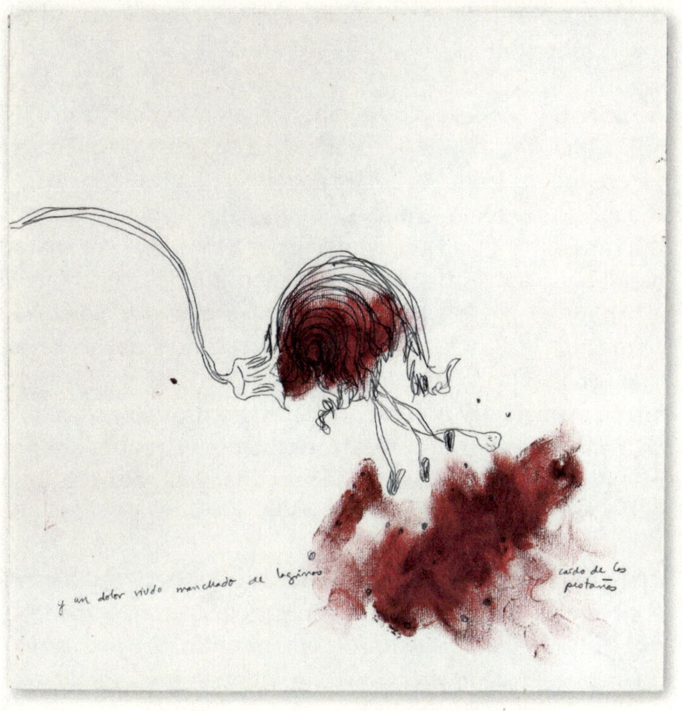

Máscara [*Mask*], 1995. Foto—Photo: Cortesía de la artista—Courtesy of the artist [Cat. 40]

Glossary

Magali Lara

Abstract. My last works center on spontaneously drawn shapes and how their colors relate to each other. It's not abstract work at all: what I'm interested in are the tiny details of existence, the force of microscopic things that build our structure.

The animal. This dual being—which is me but also something else—makes me irrationally anxious. Does it stalk me from inside or outside? My relationship with writing is like an animal stalking its prey: is it running away from me or trying to catch up with me? I don't know. This is a lot like what I look for in my paintings: something that's alive, that stays there, skulking or prowling around the picture, like words crawling out of a fax machine as if they were ants. This is something that frightens and yet fascinates me. It's the story of the body that is me.

Accident. I was dreaming again: only nightmares. I can't remember what happened, but I woke up screaming. This was before the accident. But when I did lose control of the car, and I thought I was going to die, I was very calm. In slow-motion, I felt the car swerving and colliding against a tree. I wasn't injured—I didn't get a scratch, actually—but something in me died when it happened. I'm told that with this kind of shock, you lose one of the nine souls you have. Something of the sort was left behind there, in that landscape. It's poignant, to me, that a tree stopped me from going right off the road and also possibly stopped the car from flipping over. A tree! Like the time I went to see Ana after Elso had died, and she reminded me that she was alive. Damaged, of course, but at my age, who isn't?

Alzheimer. I'm told that people who suffer from Alzheimer's lose their intellectual and physical capacities but conserve their sense of taste and their ability to feel emotion. No one ever mentions the many different ways someone with dementia might look at you. There's one look that clearly means that nothing makes sense. As if the world were made up of dislocated, aggressive fragments that can't be put back together, in spite of all the exhausting violence we might exert in trying to do so. There are other looks. There's one with which my mother appeared whole, her entire self, as I remember it, at her best; I find it especially moving, when otherwise, she couldn'tuttera single recognizable sound, an insurmountable barrier preventing her from ever reaching again those words that she so loved to use. In some timeless place that lies behind us, I meet her again simply by looking. Mom and I together in this space consisting of illness, the loss of her wits and a body left to strangers. A quick, unwavering glance: there's no mistaking it. She loves me, she's aware we belong together. She is at a loss for words that might state who or what I am. Before she stopped using words altogether, whenever we'drun into someone and exchangedgreetings, she'd tell them I was her cousin. In her world, even before her illness, *friend* was synonymous with *sister*. There was no *mother*or*daughter*: these termstroubled her.So it was *sister, friend, cousin*. Every Tuesday, she got together with them for coffee and talked about whatever was new at home. We daughters were thrilled to hear what they might say to each other. There were no aunts or grandmothers, they were all the same age. How much does identity have to do with memory? Half-erased drawings, sentences that begin like they used to but can't be completed, flitting about in a mouth rendered useless, unable to give vent to what lies inside it. My mother keeps smiling, her eyes wrinkle, like mine do, and her face relaxes, her expression's friendly. She also gets angry. Without much shame, trapped in a body that she despises or that makes her uncomfortable and that someone else keeps clean. She puts her lipstick on flawlessly without even looking in the mirror. It's the first drawing I ever saw and wanted to copy. Not on myself but out there, taking with me what she summoned up: beauty, seduction, closeness. I don't want to provide an interpretation for her symptoms. It's that loss, that emptiness where everything seems to be discontinued, where identity, or who we were, gets disoriented or blurred and withdraws, leaving us cornered by sensations, raw flesh exposed to a world that offers no containment, one in which compassion is mainly communicated by words. I understand that having been there in those strained moments is what's allowed me to untangle the complexities of my relationship with my mother in order to establish another one, where

I'm not as wolfish and don't want a definition of what I am. Is it because it's my mother who's looking at me? Or because I dare to look her in the eye? My grandmother was a very stubborn woman with an ugly temper. She didn't want to be where she was: one reason for her crankiness. She was always imagining that if she were somewhere else, with her other daughter, she'd feel better, be happier. Her mood kept getting worse year after year and she said awful things about her daughters. She'd steal things. Food scraps, half-eaten pastries she'd keep in her closet like the family jewels. I can understand the urge. In my teens, I'd sometimes go to my mother's bedroom and I'd take something, a hair clip, a nail file, tweezers. The point was to grab something that was within reach, that was useful but that would go unnoticed. I figure my grandmother was stealing the nourishment she never gave. I don't remember her face, only her voice... and I don't like it. Mother, daughter, grandma. They lost their wits in different ways. My mother, who won't forget her beauty and who confronts us with being her daughters, while being so vulnerable, leaves me alone, an adult.

Case histories. I've always thought of myself as a painter of interiors. My favorite topics are everyday life, kitchen-sink dramas of little apparent relevance, unregistered feelings that make up our personalities and relationships. I think everyday objects are imbued with their owners' personalities and, in a way, capture or reenact emotional scenarios, or should I say, conditions halted in time that regulate our affective behavior. Since it was hard to see clearly from inside my own skin, I liked to jump into other people's—into Frida Kahlo's, for instance, or those of women in pictures whose face you couldn't see. Many collaborative projects I did had that intent: by telling your story, disclosing your identity, you followed a course full of little tricks to seduce your listeners, something that made me feel more fragmented, like I was splitting into multiple selves.

The crux. My first husband's illness, the accident in which my brother and his wife died, were things that, to me, shone a sharp light on the body's brutality, physical pain and the pain of loss. I also ascertained through this that everyone has a different way of experiencing grief. It's like motherhood or adolescence: each person goes through these experiences as something personal, unique, in isolation from others; at the same time, it's something we can recognize or acknowledge in others. In ordeals like these, we find what's closest to our own projective personhood, but then the pain finds us and shows us what's missing, what lurks behind the scenes. What if there are other versions of ourselves that are better adjusted and more at ease with themselves than we ever even tried to be? I had no interest in nature until I had to deal with death. For some reason, it let me see the landscape. Motherhood, or the vulnerability of that condition, made me look for solace in the plant kingdom. Why did I feel safer among plants? I thought their morphology might contain and describe my emotions. I realize I'm telling my own mother's tales about the circumstances of a maternal body belonging to a woman sick with melancholy, with the sadness of loss, with the bodily sensation of loving and being loved. And somewhere in these tales, the crux of it all is beauty.

The eschatologyof feelings. If we deem things to represent lingering affective situations, then bathrooms and beds are some of my favorites. A bathroom shows someone's relationship with their own body. I love that they're normally white, as if the ritual of cleaning oneself was a more exact fulfillment of the act of confessing, getting absolved, and feeling purified. It's an existential space: like in the shot in Hitchcock's *Psycho* where the blood mixes with the water and goes down the drain, ceasing to exist, merging with nothingness. I'm equally obsessed with beds: the bed is the mother or, then again, where other aspects of our lives happen—like dreaming, being sick and dying. It's a place of pain and pleasure, but maybe what I'm really interested in here is that it can be a place where you meet the other, whether imaginary or real, maybe not today, but eventually. What do our bedsheets say about our lives? What kinds of drawings do we make in our nighttime journeys? What do they mean? Are the indicative of symptoms or fate? Are they like the lines of our hands or the wrinkles on our faces that speak of our past and future?

Childhood and that stuff. In my dreams, childhood appears as a place of imposed silence, of utmost stillness so as not to break something alarmingly fragile, and a stifling sense of awkwardness that hinders all movement. It's an emotionally violent place and the only map there is for it is a face. There's something in pictures from childhood, in some portrait pictures of children, where the eyes suggest foreknowledge, a promise of something that will only make sense in the future. In turn, the body always speaks of the present, of sex and contact with others. Body language. But what exactly is it saying? For years I got postcards of naked women not looking at the camera, sensual women who let themselves be seen in somewhat intimate situations that had more to do with routine than provocation. I always asked myself what had sparked their being sent to me. I saw the similarity between their ambience, the objects represented, and the subjects of my drawings. The woman was the only thing that remained unapproachable.

Every love story is a ghost story. Everyone's character is typically manifested not only by what one chooses to avoid, but by the defense mechanisms one uses. To Reich, the shell is a vessel and a representation of the conflicts of our past in play with the present. We are our own subjective landscape. A provocative idea that allows us to think of ourselves as a changing yet fixed place, while it reminds us of Susan Rubin Suleiman's description of female Surrealist photographers, who assembled their own collections of pictures, based on their potential to be manipulated, disassembled and reassembled, reimagined and projected, in order to reinvent themselves as subjects.

The face and the body. What's the difference between face and body? In traditional Chinese medicine the face reappears in the body in the same that the body reappears in its entirety on one's ears and feet. To me, the face is a public space hewn by time, which both reveals and conceals things. The body, on the other hand, is something that happens from the inside, though we're used to looking at it as a container or shell. I tend to see it as symptomatic of an inner landscape. Through its posture, proportions, etc., it tells me about another site of identity which intrigues me. But there's an obstacle to this: I can only see reality tangentially. For years, I had a recurring dream in which I couldn't fully open my eyes: something was happening where I was living that I couldn't see, much less speak of. This is what got me interested in photography: I can look at a face happening, a body interpreted which is still itself but isn't me. I don't take photographs, but like finding them, establish that relationship that allows me to fill in the blanks. I'm playing at being my lookalike, my own stand-in, again. I fill in the blanks to stories told by others.

Flowers and sex. I once heard that the emptiness we feel as women, our need for the other, probably issues from the womb, while empty, waiting to be filled. In a series of drawings that I made in 1986 for an exhibition I had at the Carrillo Gil Museum, a recurrent motif is a triangle with a deliberate center that is so utterly camouflaged by the very narrative painting around it that I only realized it was there recently. These works are a turning point from my more conceptual work to a type of figuration that I'd associate with María Izquierdo's and other "lesser" representatives of the Mexican School of Painting who brilliantly depicted still lifes, for example. There is nothing more metaphysical than Izquierdo's series of paintings depicting fish (red snappers, to be precise), which remind us that epiphanies can also occur in ordinary, everyday situations. To me, these pieces meant reprising the stories of my mother and grandmother, who painted still lifes and flowers, associated with my desire to reproduce or reiterate the event. Painting led me back to a place where traditions were important. I always have the feeling that it's an enormous challenge to find a personal way of painting in Mexico, and that this is part of the reason why people still want to paint.

Future. In 2013, in the south of France, I had a baffling experience: I felt enveloped by darkness, I couldn't make out the horizon. It happened in the most fortuitous manner, in the middle of the night, when I went outside my sister's house to smoke a cigarette. Everything glued itself to me, like a collage. It was stifling... there was nothing but a black hole. "This is the future" is what I thought. We know nothing about it, we don't understand how it's already crept inside us, or where it may be leading us. There was a certain beauty to it all, but it was terrifying. Everything is in motion, nothing is fixed.

Inclement weather. The world ended in 2012. Not exactly how I'd imagined it would. A massive comet did not strike the planet, as Lars von Trier had hoped, but instead, many of the things I believed stopped making sense. Suddenly our survival as a species cast an apocalyptic shadow: environmental devastation, the destruction of everything that made up our past. Each of us could not keep form wondering, when did the end of the world begin? We're helpless, and no belief can relieve this dejection.

The landscape. Glacial erosion. 1.- Identifying with a tree with chopped-off branchesis what made me consider nature's forms as a possible vocabulary. 2.- I was born in Mexico City but my parents came from Yucatán. We lived in a neighborhood far from the city center, then recently developed, and our neighbors were all from Yucatán. My parents remained fixated on Mérida, turning a blind eye to Mexico City. I finally saw it looking for my own identity as a teenager and then by taking part in local artists' collectives of the 1970s. 3.- The landscape was urban, there was no interest in mountains or plants. When I was twenty-five I decided to start painting again and got to using flowers for two reasons. One was that my mother and grandmother both painted flowers: it was something they did together, and I wanted to be included, belong there. The other is that against my mother's will my father named me Margarita Rosa. I discovered something in flowers thanks to a photo-book by Irving Penn that my mother gave me: it staged the drama of life and death, of beauty in its full splendor and in its state of decay. I'd read Japanese literature and knew that *ikebana*was a representation of the life cycle, the earth, sky and human beings. But I didn't see the landscape speaking to us on an emotional level until after my partner died. 4.- Identifying with flowers lays in a visual association established between nature and being female: art history, Georgia O'Keeffe and Frida Kahlo made me rethink my mother and grandmother's associations with the topic. If feminist theory showed me a way to reconceive my work and its relation to the body without describing it, then Mondrian and Beuys were who showed me that one can't be literal without the image losing some of its power. 5.- My own personal malaise but also motherhood and widowhood turned landscape into a place where I could figure out what it meant to belong. 6.- It's become clear to me that simple forms can create complex symbolic relations. I choose a subject, but also a means, a strategy to deal with it. "Abstract" and "figurative" are just two extremes in a set of techniques used to represent different kinds of emotional, non-descriptive landscapes. 7.- During my trip to the glaciers in Argentina, I made a lot of pencil and blue gouache sketches. Drawing and writing are a lot alike, to me—like twin sisters. A drawing can contain a story the same way a sentence can hold a latent statement. So I put this material together with a feeling of sadness inspired by the landscape and my awareness of its death. 8.- In 1985, my brother Rolando was in a car accident; his wife and a colleague of his were in the vehicle with him. None of them survived. People we knew who were driving behind them told us what happened. It happened the same year as the Mexico

City earthquake. I lived in an apartment building near the UNAM. The earthquake hit on September 19, and there was an aftershock the next day around 5 pm. I heard mothers screaming in unison the names of their kids. The shriek was so frightening it made my knees buckle. I started packing in order to leave but I couldn't figure out what to take. I must've packed things as useless as what people with Alzheimer's may remember of their identity. My mother had those lapses: she sometimes remembered how to apply lipstick, but sometimes grabbed the tube to bite it. She'd get excited whenever she saw a child: she never forgot she'd had kids. 9.- My father died five years ago and my brother Juan José almost exactly a year later. His death wreaked more havoc than expected, although my two eldest brothers had always been bitter rivals. 10.- Listening to the sound of the glacier, the ice falling and the hole carving itself in it, was like listening to my family falling apart again; however, since it had happened so many years earlier, I hadn't been able to picture it that clearly in my mind's eye. There was beauty in that loss, like there was in the ice floes I saw drifting on the lake. I can go over my childhood again, along with my parents in their better days, without owing anyone anything. Each of us decided when it was time to go and I watch most of my siblings and I grow apart though they were once a part of me and I know I'll miss them. Like when my first husband died, a part of me did so too. Like with the tree with chopped-off branches, it changed the way I related to myself and the world. 11.- Isn't this something you learn in horticulture or agriculture? Cutting one piece off to save the rest. There's nothing more entrenched than the sense of belonging. The history of a landscape is also the history of the interrelation between different elements that form a whole. Turning this into an animation means transforming this loaded personal tale into a metaphor of contemplation. I don't want to have an opinion—I just want to witness and feel the beauty and the difficulties of undergoing changes. Nothing changes if nothing is lost. With this work, I want to establish a connection between two contemporary art strategies: the contemplative approach, which is deliberately slower and demands an emotional openness though it still uses a conceptual structure to put everything together; and the relational perspective, which allows the viewer to reinterpret the work, or sense (emotionally perceive) the landscape's story by following it as well as other explicit and implicit texts or narratives. 12.- Why not give a contemplative meaning to a medium that is usually consumed at a rapid pace?

And give a body to that emotion. There are many artists who happen to work with this need to communicate with an audience in a clever yet less strictly intellectual manner, associating images with personal emotions, creating ties of belonging. Ultimately, to turn one's private life into a more open space to share personal experiences.

No eyes. From the beginning, I didn't want to see anything. It was what I heard that made me realize I was in a place where I was being asked to be something I didn't quite understand: mother, wife, sister. All of it for other people, to such a point that I couldn't even recall what I liked or wanted to do myself. I couldn't sleep either. And it's in my dreams that I hear things most clearly.

Pause and separation. When and how does a relationship end? I don't know. But I imagine that it can be triggered by the tiniest of gestures that upsets a routine, and then slowly grows into an abyss between two beings who thought they might be together for good. Mine began to end when I stopped drinking tea and started drinking coffee. It upset the mysticism of "we two are one" and my own body started manifesting symptoms of fatigue. Before any breakup there's a pause, you look into each other's eyes to make sure you've got it right, that there's nothing left to do, that the black hole of the future is already here, now. The funny thing is that he knew before I did that I had decided to go. Only now do I understand his anger. He said nothing. And it took me a while to realize I'd made that decision.

Red, black and white. I made my first drawings very simply using only black and red pencil on white paper. These were domestic objects with bodily references that speak of the oppressive emotional world. Almost every year I do a series with these same colors; they remind me of the tale of Snow White, who is given the gift of beauty by her mother with this palette. As the tale goes, the mother, pricks herself with a needle, and then wishes she had a daughter, listing qualities inspired by the sight of her own blood. Beauty interests me.

Shell. I discovered this concept from Wilhelm Reich through my interest in what the body says. Mine is a stranger with whom I communicate through symptoms. I like the idea of constructing it like a landscape that's the product of negotiation between past and present; because it's true that in recent years, my childhood and adolescence have come back to the fore, as if my parents' deaths made me remember I'd started going down a different road back then... that a lot of what I held to be true was nothing but a series of misunderstandings. What we tell ourselves to convince ourselves that events and repetitions have some purpose? Or was it my personality that brought them on? Maybe it's really all just a huge misunderstanding. Growing older could be about dismantling our identity and leaving the past unexplained—just being a landscape, and that's it.

Skay and desire. I derive a certain pleasure from children's games where the goal has sexual overtones, even though I might not know what the strategy might be to reach it. Pleasure is an important element of my practice and so is seduction. I like leaving typos in texts because they can reveal latent structures, or more obstacles: like a hurdle before you have the guts to jump over it. The mouth is a recurrent topic, sometimes standing in for a vagina, or the two organs merging into one. Mouths are indeed a central motif in much of my work, even becoming a sort of primordial wound. Why do I associate the mouth with stories my mother told me her identity was grounded in her imagination, and telling stories was one of her passions. I lent a lot of importance to she'd say, and sometimes I realized she was exaggerating or even lying to me, and it made me feel a sort of panicked awe, as if the world could be invented all over again. She often told me quite personal things and it's from her that I heard the tale of a body as something distant and elusive that violently imposed itself. In a series of drawings that I made in 1986 for an exhibition I had at the Carrillo Gil Museum, a recurrent motif is a triangle with a deliberate center that is so utterly camouflaged by the very narrative painting around it that I only realized it was there recently. These works are a turning point from my more conceptual work to a type of figuration that I'd associatewith María Izquierdo's and other "lesser" representatives of the Mexican School of Painting who brilliantly depicted stilllifes, for example. There is nothing more metaphysical than Izquierdo's series of paintings depicting fish (red snappers, to be precise), which remind us that epiphanies can also occur in ordinary, everyday situations. To me, these pieces meant reprising the stories of my mother and grandmother, who painted stilllifes and flowers, associated with my desire to reproduce or reiterate the event. Painting led me back to a place where traditions were important. I always have the feeling that it's an enormous challenge to find a personal way of painting in Mexico, and that this is part of the reason why people still want to paint.

Skin past forty. I've always employed the white surface or background as part of my work's process. I'm interested in this feeling of emptiness or unfinished work. It was logical that someday, I'd conceive a need to address the issue of aging on that same surface, as a point of departure to deal with memory, the body and identity. Over these past years I've looked at my work again, attempting to find a leitmotif. I can see that marks, gashes and creases occupy an important place like a kind of involuntary writing made with and on the body. This series has a similar purpose: talking about painting from the perspective of a surface marked by travels, changes and accidents that make it unique. The work also acquires a patina over time, it ages, it can be dated, like we can.

Stealing from you what belongs to me. This is a quote from *Migraciones*, a book-length poem that Gloria Gervitz spent over twenty years writing. I like it because it talks about envy, a feeling I know well. After my parents' death and my whole family tore itself apart, I was left spitting venom. Words and looks that reminded me how mean I'd been, how difficult it is to belong. But the biggest discovery I made was that I've fallen in love with sad men, thinking I might save them, when it's my own melancholy what's isolated me from the world, far away from my own self.

Semblanza

Magali Lara
Ciudad de México, 1956

Reside en Cuernavaca, Morelos, donde enseña pintura en la Universidad Autónoma del Estado de Morelos. Estudió Artes Visuales en la Escuela Nacional de Artes Plásticas (ENAP) de la UNAM y es miembro del Sistema Nacional de Creadores de Arte desde 1994. En 2023, Lara fue nombrada miembro de número de la Academia de Artes de México del INBAL. Fue galardonada con la Medalla al Mérito en Artes por el Congreso de la Ciudad de México en 2019 y con la Medalla Bellas Artes por el INBAL y la Secretaría de Cultura 2024. El trabajo de Lara evidencia una profunda relación entre la literatura y las artes visuales; como ella misma dice, "la idea de poesía visual es central para la mayoría de mis obras". Su práctica artística abarca pintura, dibujo, cerámica, tapiz y animación en video. Sus exposiciones destacadas incluyen *Magali Lara: paisajes interiores* en The James B. Duke House, junto con el Instituto de Bellas Artes de la Universidad de Nueva York y el Institute for Studies on Latin American Art (ISLAA), 2024; y *Trópico fantasmático: borramientos* en La Tallera, Cuernavaca, Morelos, México, 2023. Reconocida por sus libros de artista, Lara integra texto e imagen, explorando diversos procesos gráficos. Sus proyectos recientes invitan a reflexionar sobre la existencia y la colaboración creativa.

Biographical Sketch

Magali Lara
Mexico City, 1956

Magali Lara lives in Cuernavaca, Morelos, where she teaches painting at the Universidad Autónoma del Estado de Morelos. She studied Visual Art at the ENAP and has been awarded grants from the Sistema Nacional de Creadores de Arte since 1994. She received the Medalla al Mérito en Artes 2019 from the Congreso de la Ciudad de México, and the Medalla Bellas Artes 2024 from the INBAL. Lara's work betrays a profound interconnection between textual and visual media; in her own words, "the idea of visual poetry is central to most of my pieces." Her multilayered practice involves the use of painting, drawing, ceramics, weaving, video animation and installation. Among her exhibitions, we should mention *Magali Lara: Interior Landscapes* (James B. Duke House, IFA/NYU & ISLAA) in 2024, and *Trópico fantasmático: borramientos Spectral Tropics: Erasures* (La Tallera, Cuernavaca) in 2023. Widely recognized for her artist's books, Lara melds text with image in her experiments with various graphic and printmaking processes. Her most recent projects ponder human existence while involving multiple forms of creative collaboration.

Catálogo
—
Catalog

La presente lista de obra obedece a la estructura del guion curatorial y está organizada por núcleos temáticos, los cuales, a su vez, están ordenados de manera cronológica y alfabética.

Debido a la naturaleza y complejidad del proyecto expositivo, es posible que esta lista de obra sufra cambios posteriores al cierre de edición.

Las piezas son cortesía de la artista, a menos que se indique lo contrario.

—

This list below follows the structure of the curatorial script and has been ordered by the categories used in the exhibition, and these have been listed chronologically and alphabetically.

Due the nature and complexity of the exhibition project, this list of works may be subject to changes following the completion of this publication.

The pieces are courtesy of the artist, unless stated otherwise.

MURO Y FRAGMENTO—WALL AND FRAGMENT

1. Sin título (B002) [Untitled (B002)], 2019
De la serie *Coraza*—From the series *Armor*, 2019–2020
Pastel, tinta, gouache, papel recortado sobre papel—Pastel, ink, gouache, cutouts on paper
50 × 70.5 cm
Colección—Collection Alex y Gaby Davidoff

2. Sin título [Untitled], 2021
Instalación—Installation
Dibujo, pintura y grafito sobre muro—Drawing, painting, and graphite on wall
493 x 352 cm
Colección MUAC (DGAV, UNAM)
Adquisición a través del—Acquisition through Programa Pago en Especie SHCP, 2021

a. *Noche abierta (2)* [*Open Night (2)*], 2021
De la serie *Toda historia de amor es una historia de fantasmas*—From the series *Every Love Story Is a Ghost Story*, 2021-2024
Óleo sobre lino en bastidor de madera—Oil on linen on wooden stretcher
180 x 150 cm

b. Sin título (C001) [Untitled (C001)], 2018
De la serie *Coraza*—From the series *Armor*, 2019–2020
Lápiz, Pastel, gouache, papel recortado sobre papel—Pencil, pastel, gouache, cutouts on paper
50 x 35 cm

c. Sin título [Untitled], 2018
De la serie *Toda historia de amor es una historia de fantasmas*—From the series *Every Love Story Is a Ghost Story*, 2021–2024
Barra de carbón comprimido a muro—Compressed charcoal bar on wall
352 x 352 cm

3. *Estiro los dedos* [*I Stretch My Fingers*], 2025
Carbón sobre pared—Charcoal on wall
Medidas variables—Variable dimensions

4. *La piel son nubarrones negros* [*Skin of Black Storm Clouds*], 2025
Carbón sobre pared—Charcoal on wall
Medidas variables—Variable dimensions

FUTUROS—FUTURES

5. *Salón Azul* [*Blue Room*] (*4, 5, 6, 11, 13, 14, 21, 26, 32, 37, 47, 52, 53, 57, 58, 59, 63, 68*), 2011
Gouache sobre papel de algodón—Gouache on cotton paper
15 × 15 cm c/u—each
Cortesía de la artista y—Courtesy of the artist and—Galería RGR, México

6. *Salón Azul* [*Blue Room*] (*7, 8, 10, 15, 20, 28, 29, 33, 34, 44, 49, 54, 67, 70*), 2011
Gouache sobre papel de algodón—Gouache on cotton paper
15 × 15 cm c/u—each
Cortesía de la artista y—Courtesy of the artist and—Galería RGR, México

7. *Futuro* [*The Future*], 2013
Óleo sobre tela—Oil on canvas
180 × 250 cm
Colección MUAC (DGAV, UNAM)
Adquisición a través del—Acquisition through Programa Pago en Especie SHCP, 2013

8. *Futuro 1* [*The Future 1*], 2013
Óleo sobre tela—Oil on canvas
250 × 180 cm
Cortesía de la artista y—Courtesy of the artist and—Galería RGR, México

9. *Futuro 3* [*The Future 3*], 2013
Óleo sobre tela—Oil on canvas
250 × 180 cm
Cortesía de la artista y—Courtesy of the artist and—Galería RGR, México

10. *Futuro 4* [*The Future 4*], 2013
Óleo sobre tela—Oil on canvas
180 × 250 cm
Cortesía de la artista y—Courtesy of the artist and—Galería RGR, México

11. *Futuro 5* [*The Future 5*], 2013
Óleo sobre tela—Oil on canvas
180 × 250 cm
Cortesía de la artista y—Courtesy of the artist and—Galería RGR, México

12. Sin título (2) [Untitled (2)], 2016
De la serie *Intemperie* —From the series *Stormy Weather*, 2013-2020
Óleo sobre lino—Oil on linen
175 × 145.5 cm
Cortesía de la artista y—Courtesy of the artist and—Galería RGR, México

13. *Ella sabe* [*She Knows*], 2021
Libro de artista—Artist's book
Lápiz, tinta, gouache, recorte de papel sobre papel de algodón—Pencil, ink, gouache, cutout on cotton paper
20 × 237.5 cm (desplegado)—(foldout)
Cortesía de la artista y—Courtesy of the artist and—Galería RGR, México

CUERPOS Y ÓRGANOS—BODIES AND ORGANS

14. *El mundo* [*The World*], 1997

15. *Ojos* [*Eyes*], 1997

16. *Pliegues* [*Folds*], 1997

17. *Por el fuego* [*Through the Fire*], 1997

18. *Se arde* [*Burning*], 1997

19. *Todo está en llamas* [*Everything is on Fire*], 1997

20. *Todos los sentidos* [*All the Senses*], 1997
De la serie *Llamas*—From the series *Flames*, 1997-1998
Tinta, lápiz sobre papel albanene—Ink, pencil on vellum paper
22.5 × 29.5 cm

21. *Ayuno* [*Fast*], 1998

22. *Decir* [*To Say*], 1998

23. *Padre* [*Father*], 1998

24. *Salida* [*Exit*], 1998
De la serie *Kafka y la cama*—From the series *Kafka and the Bed*, 1998
Lápiz, tinta sobre papel—Pencil, ink on paper
79 × 106.5 cm
Cortesía de la artista y—Courtesy of the artist and Galería RGR, México

25. *Cae* [*It Falls*], 1999
Bordado sobre tapiz alto liso de lana, teñido con anilinas minerales y tejido a mano, colchón, textos de vinil—Embroidery on a flat-woven wool tapestry dyed with mineral anilines and handwoven, mattress, vinyl texts
300 × 400 cm
Colección MUAC (DGAV, UNAM)
Adquisición a través de—Acquisition through Fondos del Programa de Egresos de la Federación, 2012

26. *Ojos* [*Eyes*], 1999
De la serie *Allá*, From the series *There*, 1989–1990
Gobelino—Tapestry
250 × 330 cm
Colección—Collection CASAREYNA

27. *Café* [*Coffee*], 2000
Díptico—Diptych
Café, grafito sobre papel de algodón—Coffee, graphite on cotton paper
122.5 cm × 94.5 cm c/u—each

28. *La máquina del deseo 2* [*The Desire Machine 2*], 2000
Pigmento, grafito sobre papel de algodón—Pigment, graphite on cotton paper
97 × 127 cm

29. *La máquina del deseo 3* [*La máquina del deseo 3*], 2000
Pigmento, grafito sobre papel de algodón—Pigment, graphite on cotton paper
97 × 127 cm

30. *Después de la lluvia* [*After the Rain*], 2009
Tríptico—Triptych
Óleo sobre tela—Oil on canvas
244 × 366 × 13 cm c/u—each
Colección—Collection Sergio Autrey

31. *Me quiero ir 1* [*Want to go 1*], 2010
Lápiz sobre papel—Pencil on paper
50 × 70 cm
Cortesía de la artista y—Courtesy of the artist and Galería RGR, México

32. *Me quiero ir 2* [*Want to go 2*], 2010
Lápiz sobre papel—Pencil on paper
50 × 70 cm
Cortesía de la artista y—Courtesy of the artist and Galería RGR, México

33. *Me quiero ir 3* [*Want to go 3*], 2010
Lápiz sobre papel—Pencil on paper
50 × 70 cm
Cortesía de la artista y—Courtesy of the artist and Galería RGR, México

34. *Me quiero ir 4* [*Want to go 4*], 2010
Lápiz sobre papel—Pencil on paper
50 × 70 cm
Cortesía de la artista y—Courtesy of the artist and Galería RGR, México

RAMIFICACIONES Y DESGARRAMIENTOS—RAMIFICATIONS AND RENDINGS

35. *Del verbo* [*Of the word*], 1992
Libro de artista—Artist's book
32 × 23.5 cm
Fondo El Archivero, Centro de Documentación Arkheia, MUAC, (DGAV, UNAM)

36. *Tener/desear* [*To Have/To Desire*], 1992
Acrílico sobre tela—Acrylic on canvas

150 × 240 cm
Colección MUAC (DGAV, UNAM)
Adquisición—Acquisition, 1998–1999

37. *El árbol de la intuición* [*The Tree of Intuition*], 1993
De la serie *El árbol del cuerpo*—From the series *The Tree of the Body*, 1994
Acrílico, papel sobre tela—Acrylic, paper on canvas
150 × 200 cm
Colección privada—Private Collection

38. Sin título [Untitled], 1993
Acrílico y papel sobre tela—Acrylic, paper on canvas
154 × 113 cm
Cortesía de la artista y—Courtesy of the artist and Galería RGR, México

39. *Columna vegetal* [*Vegetation Column*], 1995
Acrílico y recorte de papel sobre tela—Acrylic and cutout on canvas
160 x 80 cm

40. *Máscara* [*Mask*], 1995
Libro de artista—Artist's book
Lápiz, óleo, pastel sobre papel—Pencil, oil, pastel on paper
13 hojas sueltas—13 looseleaf sheets
29.5 × 29 cm c/u—each

41. *En modo alguno aprehensible* [*By No Means Apprehendable*], 1995
Óleo sobre madera—Oil on wood
120 × 49 cm
Colección—Collection Ana Lara

42. *No se repara sin tocar* [*You Can't Repair without Touching*], 1995
Pastel sobre papel de algodón—Pastel on cotton paper
53 × 56.5 cm
Cortesía de la artista y—Courtesy of the artist and Galería RGR, México

43. Sin título [Untitled], 1995
De la serie *Ramificaciones*—From the series *Ramifications*, 1996
Políptico—Polyptych
Óleo sobre madera—Oil on wood
220 × 200 cm c/u—each
Colección—Collection Ana Lara

44. *Sobre el amor* [*On Love*], 1995
Pastel sobre papel de algodón—Pastel on cotton paper
77 × 57 cm
Cortesía de la artista y—Courtesy of the artist and Galería RGR, México

45. *Esto es* [*This is*], 1996
Libro de artista—Artist's book
Lápiz y pastel sobre papel fabriano—Pencil and pastel on Fabriano paper
32.5 × 46 cm
Fondo El Archivero, Centro de Documentación Arkheia, MUAC (DGAV, UNAM)

46. *Primavera* [*Spring*], 1997
Óleo sobre tela—Oil on canvas
150 × 240 × 4 cm
Colección—Collection Ana Lara

47. *Venus* [*Venus*], 1998
Óleo sobre tela—Oil on canvas
150 × 240 cm
Colección privada—Private Collection

48. *Me duelen las rodillas* [*My Knees Ache*], 2011
Libro de artista—Artist's book
Tinta china sobre papel—Indian ink on paper
23.5 × 261 × 2 cm (desplegado)—(unfolded)
Colección—Collection FEMSA

49. *Que hurte en ti lo que me pertenece* [*Let Them Steal in You What Belongs to Me*], 2011
Libro de artista—Artist's book
33.1 × 24.2 × 0.9 cm
Cortesía de la artista y—Courtesy of the artist and Galería RGR, México

50. *El principio* [*The Beginning*], 2012
Libro de artista—Artist's book
Acuarela sobre papel—Watercolor on paper
29.7 × 21.5 cm

INTERIORES—INTERIORS

51. *Habitación* [*Bedroom*], 1985
Acrílico sobre tela—Acrylic on canvas
180 × 180 cm
Colección—Collection Françoise Reynaud

52. *Bodegón verde* [*Green Still Life*], 1987
Óleo sobre tela—Oil on canvas
80 × 100 cm
Colección—Collection Banco Nacional de México, Banamex

53. *Un olor* [*A Smell*], 1987

54. *Vegetación* [*Vegetation*], 1987
De la serie *Construcción sentimental*—From the series *Construction of the Feelings*, 1987
Grabado, aguafuerte, aguatinta sobre papel de algodón—Engraving, etching, aquatint on cotton paper
Placa—Plaque: 59 × 60 cm
Papel—Paper: 121 × 80 cm

55. *Dibujos* [*Drawings*], 1988
De la serie *Territorio*—From the series *Territory*, 1989
Tinta, recorte de papel sobre papel—Ink, cutout on paper
227 × 55 cm

56. *Fragilidad* [*Fragility*], 1988
Libro de artista—Artist's book
Tinta sobre papel—Ink on paper
36 × 25 cm
Colección—Collection Museo de Arte Carrillo Gil /INBAL/Secretaría de Cultura

57. *Agua derramada* [*Spilled Water*], 1989
Acrílico sobre tela—Acrylic on canvas
150 × 200 cm
Colección—Collection Ana Lara

58. *El dolor* [*Pain*], 1989
Acrílico sobre tela—Acrylic on canvas
150 × 150 cm
Colección—Collection Mónica Jiménez, Manolo Rivero

59. *Milán I* [*Milan I*], 1989

60. *Milán II* [*Milan II*], 1989
De la serie *Tala*—From the series *Carving*, 1989
Pastel, recorte de grabado sobre papel de algodón—Pastel, engraved cutout on cotton paper
65.5 × 38.5 cm
Cortesía de la artista y—Courtesy of the artist and Galería RGR, México

61. Sin título [Untitled], 1989
Acrílico sobre tela—Acrylic on canvas
184 × 184 cm
Colección—Collection Lucy Lara

62. Sin título [Untitled], 1989
Acrílico sobre tela—Acrylic on canvas
85 × 106 cm
Colección—Collection Lucy Lara

63. *Territorio* [*Territory*], 1989
De la serie *Territorio*—From the series *Territory*, 1989
Acrílico sobre tela—Acrylic on canvas
150 × 200 cm
Colección—Collection Gerardo Suter

64. *Los dos bordes de una herida simple* [*The Two Edges of a Simple Wound*], 1997

65. *Miembro que lame* [*Licking Limb*], 1997

66. *El ojo avizor* [*The All-Seeing Eye*], 1997

67. *Su boca* [*Her Mouth*],1997
De la serie *Repetir*—From the series *Repeat*, 1998
Gouache, lápiz, bolígrafo, lápiz de cera sobre papel—Gouache, pencil, ballpoint pen, wax pencil on paper
30.5 × 40.7 cm

TRAZOS Y TEXTURAS—LINES AND TEXTURES

68. *Hazlo* [*Do It*], 1999
De la serie *Allá*—From the series *There*, 1999
2 piezas de cerámica—Pieces of ceramic
34.5 cm Ø c/u—each

69. *Hazlo* [*Do it*], 1999
De la serie *Allá*—From the series *There* , 1999
2 platos de cerámica—Ceramic dishes
34.5 cm Ø c/u—each
Colección—Collection The Vergel Foundation

70. *La boca que no alcanza* [*The Mouth That Can't Reach*], 2002
2 platos de cerámica—Ceramic dishes
34 cm Ø c/u—each

71. *El ojo avizor* [*The All-Seeing Eye*], 2001
Animación digital—Digital animation
6' 42"
Producción—Production: Magali Lara
Dirección—Direction: Israel Alcocer Obregón
Animación—Animation: Luis Hidalgo
Audio—Sound Design: Juan Luis Repeto

72. *Madre* [*Mother*], 2002
De la serie *Madre*—From the series *Mother*, 1999-2002
3 piezas de cerámica—Pieces of ceramic
31 cm Ø c/u—each

73. *Miento* [*I Am Lying*], 2002
10 piezas de cerámica—Pieces of ceramic
23 cm Ø c/u—each

74. *No me acuerdo* [*I Can't Remember*], 2008
Animación digital—Digital animation
2' 18"
Dirección y animación—Direction and animation: Magali Lara
Post-producción—Post -producción: Luis Hidalgo
Música—Music: Yao-Dajuin (*Satisfaction of Oscilation*)

75. *Después de la lluvia* [*After the Rain*], 2011
Animación digital—Digital animation
6' 30"
Producción—Production: Sergio Autrey
Dirección—Direction: Magali Lara, Luis Hidalgo
Animación—Animation: Luis Hidalgo
Música—Music: Stephan Micus

76. *Intemperie* [*Stormy Weather*], 2015
Animación digital—Digital animation
7' 40"
Dirección—Direction: Magali Lara
Animación—Animation: Luis Hidalgo
Música—Music: Iannis Xenakis

LA ESCATOLOGÍA DE LOS SENTIMIENTOS—THE SCATOLOGY OF FEELINGS

77. *El origen* [*The Origin*], 1981
Tinta china sobre papel—Indian ink on paper
75 × 110 cm

78. *El sol* [*The Sun*],1981
Tinta china sobre papel—Indian ink on paper
75 × 110 cm

79. *De la misma, la misma habitación* [*From the Same, the Same Room*], 1984
Conjunto de grabados—Set of engravings
Aguafuerte y aguatinta sobre papel de algodón—Etching and aquatint on cotton paper
196.5 × 45.5 cm

80. *De NY, un abril y...* [*From NY, One April and ...*], 1984
Libro de artista—Artist's book
Tinta sobre papel—Ink on paper
27.3 × 9.1 cm
Fondo Magali Lara/Elso Padilla, Centro de Documentación Arkheia, MUAC, (DGAV, UNAM)

81. *Quiero arraigo* [*I Want a Sense of Rootedness*], 1985
De la serie Historias de casa—From the series Domestic Stories, 1982-1983
Acrílico sobre tela—Acrylic on canvas
80 x 120 cm

82. *Cama, New York* [*Bed, New York*], 1985
Acrílico sobre tela—Acrylic on canvas
60 × 80 cm
Colección—Collection The Vergel Foundation

83. *El arraigo, Vivo y desdoblar* [*Rootedness, Living & Unfolding*], 1985
Tríptico—Triptych
Carboncillo y pastel al óleo sobre papel—Charcoal and oil pastel on paper
56 x 76 cm c/u—each

84. *Olvidarme de tu nombre* [*Forgetting Your Name*], 1985
De la serie *La infiel*—From the series *The Unfaithful Woman*, 1985
Acrílico sobre tela—Acrylic on canvas
180 × 180 cm
Colección—Collection Museo de Arte Carrillo Gil /INBAL/Secretaría de Cultura

85. Sin título [Untitled], 1985
Acrílico sobre tela—Acrylic on canvas
80 × 120 cm
Colección—Collection Rogelio Cuéllar

86. *19 de abril* [*April 19*], 1986
Acrílico sobre tela—Acrylic on canvas
80 × 120 cm
Colección particular—Private collection

HISTORIAS DE CASA—DOMESTIC STORIES

87. *Semana* [*Week*], 1976
Pastel al óleo, tinta sobre papel—Oil pastel, ink on paper
58.5 × 47 cm

88. Sin título [Untitled], 1976
De la serie *Secuencias*—From the series *Sequences*, 1976-1979
Grafito, pastel al óleo, tinta sobre papel—Graphite, oil pastel, ink on paper
28.5 × 36 cm

89. *Objeto* [*Object*], 1977
Grafito y tinta sobre papel de algodón—Grafito y tinta sobre papel de algodón
56.5 × 78 cm

90. *Secuencias* [*Sequences*], 1977
De la serie Objetos domésticos—*From the series Household Utensils*, 1980-1981
Grafito, tinta y recorte de papel sobre papel de algodón—Graphite, ink and paper cutout on cotton rag
78.5 x 58 cm

91. *Secuencia I* [*Sequence I*], 1977
Tinta sobre papel—Ink on paper
35 × 50 cm

92. *Secuencia II* [*Sequence II*], 1977
Tinta sobre papel—Ink on paper
35 × 50 cm

93. *Tijeras* [*Scissors*], *ca.* 1977
Tinta y pastel al óleo sobre papel
79 × 58 cm
Colección—Collection Jesusa Rodríguez

94. Sin título [Untitled], 1977
De la serie *Tijeras*—From the series *Scissors*, 1977
Tinta y pastel sobre papel—Ink and pastel on paper
35.5 x 40.5 cm

95. *Ventana* [*Window*], 1977–1978
Collage sobre papel—Collage on paper
31 × 28.5 cm
Colección—Collection Jesusa Rodríguez

96. *Ventana* [*Window*], 1977–1978
Collage sobre papel—Collage on paper
31 × 28.5 cm
Colección—Collection Marcela Rodríguez

97. *Ventana* [*Window*], 1977–1978
Collage sobre papel—Collage on paper
31 × 28.5 cm
Colección—Collection Luis Arturo Molina Ancona

98. *Frida Kahlo. Objeto Biográfico* [*Frida Kahlo. Biographical Object*], s.f.—n.d
De la serie—From the series Frida, 1978
Libro de artista, fotocopia—Artist's book, photocopies
30 x 22.5 cm
Fondo El Archivero, Centro de Documentación Arkheia, MUAC (DGAV, UNAM)

99. *Life/Vida,* **1978**
De la serie—From the series **Frida,**
1977
Fotoestato—Photostat
53.5 x 41.5 cm

100. *Dos* [*Two*], **1979**
De la serie—From the series ***Frida,***
1978
Pastel, recorte de papel sobre papel de algodón—Pastel, cutout on cotton paper
56.5 × 76.5 cm

101. *1980,* **1980**
Libro de artista en forma de calendario-bitácora— Artist's book in the form of a logbookcalendar
Recortes, cartas, apuntes, dibujos, fotografías—clippings, letters, jottings, drawings, photographs
26.6 × 18.7 cm
Fondo Magali Lara/Elso Padilla, Centro de Documentación Arkheia, **MUAC, (DGAV, UNAM)**

102. *Autorretrato* [*Self-Portrait*], **1980**
Libro de artista—Artist's book
Tinta y sellos de goma—Ink and rubber stamp
14 x 21.5 cm
Fondo El Archivero, Centro de Documentación Arkheia, MUAC (DIGAV, UNAM)

103. **Sin título** [Untitled], **1980**

104. **Sin título** [Untitled], **1980**
De la serie *Infancia*—From the series *Childhood*, **1979-1980**
Tinta sobre papel—Ink on paper
30.5 × 45 cm

105. *Deprisa* [*In a Hurry*], **1981**
Fotografía intervenida—Intervened photograph
Plata sobre gelatina—Gelatin silver print
35.5 × 28 cm

106. *Dos historias* [*Two Stories*], **1981**
Libro de artista—Artist's book
Impresión offset—Offset
21.5 × 14 cm
Fondo Magali Lara/Elso Padilla, Centro de Documentación Arkheia, MUAC (DGAV, UNAM)

107. *Histoire de timbre(e)s x2* [*Historias de timbre(e)s x2—Stamp Stories x2*], **1981**
Colección—Collection **Zerosscopiz 6237**
Timbres—Stamps, **1980**
De la serie *Objetos domésticos*—From the series *Household Utensils,* **1980-1981**
Revista y planilla de timbres postales—Magazine and postage stamps
29 × 25 cm y—and **29.3 × 12.5 cm**

108. *Lealtad* [*Loyalty*], **1981**
En colaboración con—In collaboration with **Carmen Boullosa**
Libro de artista—Artist's book
18.5 × 17.5 cm
Fondo El Archivero, Centro de Documentación Arkheia, MUAC (DGAV, UNAM)

109. *Neográfica* [*Neográfica*], **1981**
Fotostato—Photostat
34.2 × 44.5 cm

110. *Nunca más I* [*Never Again I*], **1981**
Fotografía intervenida—Intervened photograph
51 × 40 cm

111. *Nunca más II* [*Never Again II*], **1981**
Fotografía intervenida—Intervened photograph
Plata sobre gelatina—Gelatin silver print
51 × 40 cm

112. *Nunca más III* [*Never Again III*], **1981**
Fotografía intervenida—Intervened photograph
Plata sobre gelatina—Gelatin silver print
51 × 40 cm

113. *Nunca más IV* [*Never Again IV*], **1981**
Fotografía intervenida—Intervened photograph
Plata sobre gelatina—Gelatin silver print
51 × 40 cm

114. **Sin título** [Untitled], *ca.* **1981**
Acuarela sobre papel—Watercolor on paper
60 × 76 cm
Colección—Collection **Jesusa Rodríguez**

115. *Las arrugas del remordimiento* [*The Wrinkles of Remorse*], **1982**

116. *De la limpieza y lo inútil de ciertos rencores* [*Of Cleaning and the Uselessness of Certain Rancours*], **1982**

117. *Delegar culpas* [*Delegating Blame*], **1982**

118. *Historias de casa* [*Domestic Stories*],**1982**

119. *Pero... se derrama* [*But... It's Spilling*], **1982**

120. *El recuerdo o tu propia piel* [*Memory, or Your Own Skin*], **1982**

121. *Si la luna se sonriera* [*If the Moon Were to Smile*],**1982**
De la serie *Historias de casa*—From the series *Domestic Stories,* **1982-1983**
Tinta, carbón, lápiz sobre papel—Ink, charcoal, pencil on paper
70.5 × 100 cm

122. *Todos los días otro punto de vista* [*Everyday Another Point of View*], 1982
De la serie *Historias de casa*—From the series *Domestic Stories*, 1982-1983
Tinta, pastel sobre papel—Ink, pastel on paper
70.4 × 100 cm
Colección—Collection Alex y Gaby Davidoff

123. *El libro del olvido* [*The Book of Forgetfulness*], 1983
Fotograbados en prensa plana a partir de dibujos en tinta china—Flat photoengravings from India ink drawings
12 × 12.5 cm
Fondo El Archivero, Centro de Documentación Arkheia, MUAC (DGAV, UNAM)

124. *Se escoge el tiempo* [*The Time is Chosen*], 1983
En colaboración con—In collaboration with Lourdes Grobet
Fotografía intervenida—Intervened photograph
16.5 × 21.5 cm

125. *Se escoge el tiempo* [*Time is Chosen*], 1983
Libro de artista—Artist's book
Impresión fotomecánica—Photomechanical print
15 × 23 cm
Fondo Magali Lara/Elso Padilla, Centro de Documentación Arkheia, MUAC (DGAV, UNAM)

126. *Trece señoritas* [*13 Misses*], 1983
Conjunto de invitación, poster y fotografía de registro—Invitation, poster, and photographic record
48 × 50.8 cm

127. *Trece señoritas* [*13 Misses*], 1983
2 reproducciones digitales—digital reproductions
20 × 26 cm cada una—each one

128. *Los zapatos de tacón* [*High Heels*], 1983
Libro de artista—Artist's book
Tinta sobre papel—Ink on paper
15.8 × 197 cm (desplegado)—(unfolded)

129. *Abrir* [*Opening*], 1984

130. *Destino* [*Destiny*], 1984

131. *Desvestir* [*Undressing*], 1984

132. *Entrega* [*Surrender*], 1984

133. *Gorra de baño* [*Shower Cap*], 1984

134. *Huir* [*To escape*], 1984
De la serie *Dibujos sucios del mes de julio*—From the series *Dirty Drawings of the Month of July*,1984
Lápiz, pastel sobre papel—Pencil, pastel on paper
44.5 × 58 cm

135. *Cocinar hombres* [*Cooking Men*], 1985
De la serie *Cocinar hombres*—From the series *Cooking Men*, 1985-1986
2 fotografías—photographs
21.5 × 27.9 cm

136. *Cocinar hombres* [*Cooking Men*], 1985
De la serie *Cocinar hombres*—From the series *Cooking Men*, 1985–1986
3 invitaciones independientes y 1 colofón—3 invitations and 1 colophon
43 × 56 cm

137. *Sabor a mí* [*Taste of Me*], 1985
Libro de artista—Artist's book
18 × 8.9 cm
Fondo El Archivero, Centro de Documentación Arkheia, MUAC (DGAV, UNAM)

138. *La enemiga* [*The Enemy*], 1986
Poemas—Poems: Carmen Boullosa
Libro de artista—Artist's book
Tinta y acuarela—Ink and watercolor
15.5 x 16 cm
Fondo El Archivero, Centro de Documentación Arkheia, MUAC (DGAV, UNAM)

139. *Mi nombre* [*My Name*], 1986
Libro de artista—Artist's book
20.5 × 14 cm
Fondo Magali Lara/Elso Padilla, Centro de Documentación Arkheia, MUAC (DGAV, UNAM)

140. *Mis poemas (algunos) favoritos* [*(Some of) My Favorite Poems*], 1986
Libro de artista—Artist's book
Acuarela, tinta sobre papel—Watercolor, ink on paper
27.5 × 19.9 × 8 cm

141. *Polvo* [*Dust*], 1986
Libro de artista—Artist's book
16 × 16 cm
Fondo El Archivero, Centro de Documentación Arkheia, MUAC (DGAV, UNAM)

142. *Cómo te perdí* [*How I Lost You*], 1989
Libro de artista—Artist's book
Tinta china sobre papel algodón—India ink on cotton paper
14 × 258 cm (desplegado)—(unfolded)

143. *Cuaderno con ilustraciones* [*Notebook with illustrations*], s.f.—n.d.
19 dibujos—drawings
Pluma estilográfica de cuchillos—Fountain pen made of knives
10.1 × 15.5 cm c/u—each

Fondo Magali Lara/Elso Padilla,
Centro de Documentación Arkheia,
MUAC (DGAV, UNAM)

144. *Secuencia* [*Sequence*], 2022
Reproducción basada en el libro de artista *Libro de las secuencias 7.4*—Reproduction based on the artist's book *Book of Sequences 7.4*, 1978
Libro de artista—Artist's book
Impresión offset—Offset
18.5 × 24.8 × 1 cm

Créditos de la exposición
—
Exhibition Credits

Curaduría—Curatorship
Cuauhtémoc Medina · IIE
Virginia Roy Luzarraga · MUAC

Asistencia a la exposición—Assistance to the exhibition
Estudio Magali Lara
Minerva Ayón
Luis Hidalgo
David Sánchez B.

DIRECCIÓN GENERAL DE ARTES VISUALES (DGAV)

Directora—Director
Tatiana Cuevas Guevara

Asistente ejecutiva—Executive assistant
Angélica Hernández Reyes

Asistente de dirección—Director's assistant
Julia Pérez Schjetnan

Secretaria técnica—Deputy director
María Gabriela Gil Verenzuela

Planeación y estadística—Planning and data management
Guadalupe Vázquez Arroyo

MUSEO UNIVERSITARIO ARTE CONTEMPORÁNEO
CURADURÍA—CURATORIAL DEPARTMENT
Subdirectora de curaduría—Chief curator
Lucía Sanromán Aranda

Curadoras adjuntas—Adjunct curators
Alejandra Labastida Escalante
Virginia Roy Luzarraga
Jaime González Solís

Curadora de la colección artística—Artistic collection curator
Pilar García

Asistente curatorial—Curatorial assistance
Ana Romandía Gómez

CENTRO DE DOCUMENTACIÓN ARKHEIA
Curadora de acervos documentales—Archive collection curator
Elva Peniche Montfort

Asistente curatorial—Curatorial assistant
Fernanda Dichi Bocanegra

Biblioteca—Library
Catalina Aguilar González

Asistente—Assistant
Mónica Núñez Hernández

COMUNICACIÓN—COMMUNICATIONS DEPARTMENT
Subdirectora de comunicación—Deputy director of communications
Ekaterina Álvarez Romero

Difusión y medios—Publicity and media
Francisco Domínguez Morales

Prensa—Press
Eduardo Lomas

Identidad gráfica—Visual Identity
Andrea Bernal Castillo

Luis Israel Trejo Lecona

Editorial—Editorial
Vanessa López García

Roberto Edmundo Barajas Amieva
Yerem Mújica Toscano

CONSERVACIÓN Y REGISTRO—CONSERVATION AND REGISTRAR
Subdirectora de conservación y registro—Deputy director of conservation and registrar
Julia Molinar Cruz

Asistente ejecutiva—Executive assistant
Beatriz Angulo Molina

Colecciones en tránsito—Travelling collections
Elizabeth Herrera Cisneros

Asistente—Assistant
Mariana Arenas Alarcón

Registro de obra—Artwork registrar
Manuel Magaña Muñoz

José Cortés Trejo
Carlos Oregón Loyola
Isidoro Peña Flores

Restauración—Restoration
Alejandra Lechuga Álvarez

EXHIBICIONES—EXHIBITIONS
Subdirector de exhibiciones—Deputy director of exhibitions
Joel Aguilar Fernández

Asistente ejecutiva—Executive assistant
Edith Ocampo Uribe

Diseño y producción museográfica—Exhibition design and production
Cecilia Pardo Rojo

Byron Franco Vallejo
Triana Jiménez Serrano

Museógrafos—Preparators
Enrique Castillo Hernández
Javier Lira Solís
Víctor Vidal
Alberto Villaruel Palma

Informática y medios audiovisuales—IT and audiovisual media
Salvador Ávila Velazquillo

Técnicos audiovisuales— IT Technicians
Antonio Barruelas Pérez
Edgar Carbo Tapia
Mario Hernández Acosta
Alberto Mercado Pérez

PROGRAMAS PÚBLICOS—PUBLIC PROGRAMS
Subdirector de programas públicos—Deputy director of public programs
Julio García Murillo

Programa académico—Academic program
Guillermo García Pérez

Coordinación de Cátedras Extraordinarias—Coordination of Extraordinary Lectures Series
Daniela Cárdenas

Coordinación de seminarios académicos—Coordination of academic seminars
Alejandra Monroy Mena

Programa pedagógico—Pedagogical program
Natalia Millán

Comunidades—Communities
Miriam Barrón García

Vinculación artística—Artistic relations
Quetzalli García

Mediación—Mediation
Aidee Vidal

Logística de programación—Programming logistics
Karina Abigail Martínez García

Auditorio—Auditorium
Mauricio Cueva Bobadilla

VINCULACIÓN—OUTREACH
Subdirectora de vinculación—Deputy director of outreach
Gabriela Fong Mercado

Procuración y alianzas estratégicas—Fundraising and strategic alliances
Ma. Teresa de la Concha Guijarro
Diego Rafael Torres Cano
Ana Paula López Nieto

Amigxs del MUAC—Friends of MUAC
Andrés Zafra

Comercialización—Retail Sales
Alexandra Peeters Muñoz-Najar
Juan Carlos Rojas

Finanzas—Finance
José Vázquez Rodríguez

UNIDAD ADMINISTRATIVA—ADMINISTRATION AND FINANCE
Daniel Correa Huitrón

Asistente ejecutiva—Executive assistant
Guadalupe de la Luz Jiménez

Bienes y suministros—Purchansing
Mirella de la Rosa Velasco

Mantenimiento y seguridad—Maintenance and safety
Roberto Arreortua Ramírez

Jimena Mancilla Aguilar
Mauricio Galván Flores

Personal—Human resources
Antonio Espinosa de los Monteros

Presupuesto y contabilidad—Budget and accounting
Diana Molina Rosario

Luis Ángel García González

Servicios generales—General services
Germán González Baez

PATRONATO FONDO DE ARTE CONTEMPORÁNEO A. C.

Colaboradores MUAC
—
MUAC collaborators

Mariana Camargo Meléndez
Marisol Castillo Fernández
Aldebarán Espinosa Solares
Fabiola Fragoso Contreras
Cristine Galindo Adler
Melinna Guerrero Romo
Mariana Hernández Cruz
Nora Hernández Fernández
Berenice Hernández Martínez
Sebastián Mariscal Yániz
Mitsai Monzalvo Rojas
Daniel Ocampo
Melina Gabriela Ramírez Zermeño
Jonas Rosas Ramos
Ana Cristina Sol Sañudo
Sofía Terán Vallejo
Diana Vallejo Galindo
Lizbeth Vázquez Huerta
Marijose Vázquez Morales
Guadalupe Zaldivar de la Rosa

Servicio social—Interns
Mariel Herrera García
Andrea Millán Esquivel
Karen Mirelle Zavala Muñoz

Agradecimientos
—
Acknowledgements

El Museo Universitario Arte Contemporáneo, MUAC, UNAM, agradece a las personas e instituciones cuya generosa colaboración hizo posible la exposición *Magali Lara. Cinco décadas en espiral.*

—

The Museo Universitario Arte Contemporáneo, MUAC, UNAM, wishes to thank the people and institutions whose generous assistance made possible the exhibition *Magali Lara: Five Decades in Spiral.*

Ariel Aisiks, Sergio Autrey, Carmen Boullosa, Magda Carranza, Rogelio Cuéllar, Alex y Gaby Davidoff, Ricardo González Ramos, Mónica Jiménez, Ana Lara, Lucy Lara, Robert Littman, María Aurora Molina, Arturo Molina Ancona, Silvia Molina, Angélica Moreno, Claudia Ramírez, Françoise Reynaud, Manolo Rivero, Jesusa Rodríguez, Marcela Rodríguez, Gerardo Suter, Mark Swain.

Banco Nacional de México (Banamex), Colección Femsa, Galería RGR, Institute for Studies on Latin American Art (ISLAA), Museo de Arte Carrillo Gil/INBAL/Secretaría de Cultura, W–Galería.

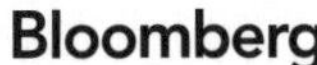

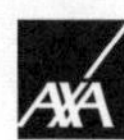

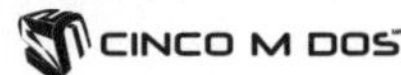

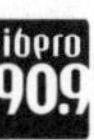

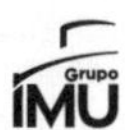

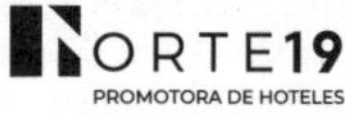

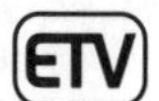

Publicado con motivo de la exposición *Magali Lara. Cinco décadas en espiral* (5 de abril a 19 de octubre, 2025) MUAC, Museo Universitario Arte Contemporáneo. UNAM, Ciudad de México.

—

Published on occasion of the exhibition *Magali Lara: Five Decades in Spiral* (April 5 to October 19, 2025) MUAC, Museo Universitario Arte Contemporáneo. UNAM, Mexico City.

Textos—Texts
Maggie Borowitz, Cuauhtémoc Medina · IIE,
Virginia Roy Luzarraga · MUAC

Dirección editorial de la colección Folios—
Editorial Direction of Folios Collection
Ekaterina Álvarez Romero · MUAC

Edición—Edition
Vanessa López García · MUAC

Gestión editorial—Editorial management
Roberto Barajas Amieva · MUAC

Coordinación editorial—Editorial Coordination
Melinna Guerrero Romo, Yerem Mújica Toscano · MUAC

Corrección—Proofreading
Stella Cuéllar, Julianna Neuhouser, Itzel Torres Arias

Traducción—Translation
Gregory Dechant, Juan Francisco Maldonado,
Richard Moszka

Diseño maestro— Master design
Periferia Taller Gráfico

Formación—Layout
Alejandra Guerrero Esperón, Lizette Apresa Méndez

Preprensa—Prepress technician
Gabriela Latapí Ortega

Coordinación de acervo documental—
Coordination of documentary collection
Mariana Camargo Meléndez

Magali Lara. Cinco décadas en espiral se terminó de imprimir y encuadernar el 5 de abril de 2025 en los talleres de Artes Gráficas Panorama S.A de C.V, Avena 629, col. Granjas México, 08400, Iztacalco, Ciudad de México. Para su composición se utilizaron las familias tipográficas Jungka y Space Mono. Impreso en Domntar Lynx White de 216 g, Snow cream de 60 g, Couché de 150 g y Mantequilla de 60 g. La supervisión de producción estuvo a cargo de Alejandra Guerrero Esperón y MUAC. El tiraje consta de 2000 ejemplares.

—

Magali Lara: Five Decades in Spiral was printed and bound on April 5, 2025 in Artes Gráficas Panorama S.A de C.V, Avena 629, col. Granjas México, 08400, Iztacalco, Mexico City. Typeset in Jungka and Space Mono. Printed on 216 g Domntar Lynx White, 60 g Snow cream, 150 g Couche and 60 g Mantequilla. Production supervision was done by Alejandra Guerrero Esperón and MUAC. This edition is limited to 2000 copies.

—